ONTOLOGIE DE LA VIE ET ÉTHIQUE DE LA RESPONSABILITÉ SELON HANS JONAS

À LA MÊME LIBRAIRIE

DE HANS JONAS

Essais Philosophiques, Du Credo ancien à l'homme technologique, édité par D. BAZIN et O. DEPRÉ, révison scientifique et préface par O. DEPRÉ, 456 p., 2013.

.

SUR HANS JONAS

DEPRÉ (O.) ET LORIES (D.), *Vie et liberté. Phénoménologie, nature et éthique chez Hans Jonas.*, 224 pages, 2003.

HOTTOIS (G.) (éd.), *Aux fondements d'une éthique contemporaine. H. Jonas et T. Engelhardt.*, 256 pages, 1993.

HOTTOIS (G.) ET PINSART (M.-G.) (dir.), *Hans Jonas. Nature et Responsabilité.*, 192 pages, 1993.

PINSART (M.-G.), *Hans Jonas et la liberté. Dimensions théologiques, ontologiques, éthiques et politiques.*, 336 pages, 2002.

BIBLIOTHÈQUE D'HISTOIRE DE LA PHILOSOPHIE

NOUVELLE SÉRIE

Fondateur : Henri GOUHIER Directeur : Jean-François COURTINE

ONTOLOGIE DE LA VIE ET ÉTHIQUE DE LA RESPONSABILITÉ SELON HANS JONAS

par

Éric POMMIER

PARIS

LIBRAIRIE PHILOSOPHIQUE J. VRIN

6 place de la Sorbonne, V[e]

2013

Imprimé en France

ISSN 0249-7980
ISBN 978-2-7116-2517-8

www.vrin.fr

ABRÉVIATIONS

OUVRAGES LES PLUS CITÉS DE HANS JONAS

ÉL	*Évolution et liberté*, trad. fr. S. Cornille et P. Ivernel, Paris, Payot & Rivages, 2000
ENÉ	*Entre le néant et l'éternité*, trad. fr. S. Courtine-Denamy, Paris, Belin, 1996
PE	*Philosophical Essays*, Englewood Cliffs, N.J. Prentice Hall, 1974; *Essais Philosophiques, Du Credo ancien à l'homme technologique,* édité par D. Bazin, revu et préfacé par O. Depré, Paris, Vrin, 2013.
PEF	*Pour une éthique du futur*, trad. fr. S. Cornille et P. Ivernel, Paris, Payot, 1998
PR	*Le principe Responsabilité*, trad. J. Greisch, Paris, Champs-Flammarion, 2000
PhV	*Le phénomène de la vie*, trad. fr. D. Lories, Paris, De Boeck, 2001
TME	*Technik, Medizin und Ethik*, Frankfurt-am-Main, Suhrkamp, 1985

AVANT-PROPOS

TROIS VÉCUS FONDAMENTAUX

Hans Jonas occupe encore à ce jour une place marginale au sein des études philosophiques et il ne lui a probablement pas encore été accordé en fait la place qui lui revient pourtant de droit. Cela ne tient pas simplement au manque de recul sur son œuvre, sa mort relativement récente n'ayant pas encore permis à l'analyse de son travail de porter tous ses fruits, ni même au caractère partiel des traductions livrées au public. Trop « métaphysicien » pour l'ambiance analytique de la tradition anglo-américaine dans laquelle il a évolué une longue partie de sa vie, peut-être pas assez « humaniste » pour le continent européen dont il a pourtant reçu l'essentiel de son héritage intellectuel, Hans Jonas se présente comme une exception au sein du paysage culturel d'une époque dont il est pourtant un témoin privilégié et exemplaire. C'est ce paradoxe d'une existence qui a traversé son siècle de manière pleinement engagée [1] et qui fait cependant figure d'*hapax* au plan philosophique que nous voudrions préalablement soulever ici. On pourrait dire que c'est parce que le philosophe a pris au sérieux sa vie qu'il occupe une place à part au sein du champ philosophique, au point même de nous conduire à en relire l'histoire. La philosophie est en effet d'abord pour lui une épreuve de la vie. C'est en interrogeant celle-ci dans ses différentes dimensions, ontologiques, éthiques, religieuses, que l'on s'ouvre à la compréhension philosophique. Mais c'est en faisant de la philosophie qu'inversement on s'ouvre à un mode d'existence plus authentique, si bien

1. Hans Jonas a reçu l'enseignement de Husserl, Heidegger et de Bultmann, été l'ami de Hannah Arendt, fréquenté Leo Strauss, Günther Anders, Karl Löwith, Hans-Georg Gadamer. Mais il a également lutté contre la barbarie hitlérienne et est revenu en Allemagne sous l'uniforme de soldat britannique pour libérer son pays. Il est ensuite un des premiers à avoir philosophé sur la crise écologique et à s'être penché sur les problèmes éthiques soulevés par les nouvelles techniques médicales.

que la philosophie n'est pas l'autre de la vie, comme si elle devait plutôt voisiner avec la mort[1], mais une de ses dimensions et probablement la plus essentielle. De ce point de vue, il ne serait pas abusif d'affirmer que la transformation de notre existence par la philosophie est une exigence même de la vie, qui en son fond est donc essentiellement philosophique. Conscience philosophante et vie ne seraient pas dans un rapport d'extériorité mais au contraire dans une relation d'implication réciproque et c'est très intimement que la pensée serait inséparable d'une certaine éthique.

C'est en tout état de cause ce dont témoignent la vie et la pratique philosophique du penseur allemand dont l'unité peut se traduire par l'expression d'un souci pour la vie, dotée de valeur, et dont le cours aventureux culmine avec l'émergence de l'humanité. Ce souci pour la cause de la vie et de l'humanité fait l'unité, y compris temporelle, de l'existence de chercheur de Hans Jonas :

> Si (...) je devais résumer ce qui, à mon sens, a promu la volonté de et ce qui du connu devint une expérience vécue, je dirai que ce fut tout d'abord le passé qui toujours mérite d'être rendu présent dans le savoir, que ce fut ensuite le toujours-déjà présent, c'est-à-dire la vie qui, dans sa constitution permanente, cherche d'elle-même à être comprise et que, finalement, ce fut l'avenir qui, sous l'éclairage de notre souci à son égard, s'avère toujours menaçant et à préserver. Néanmoins le souci présuppose également que son objet en vaille la peine et tout ce que j'avais compris jusque-là de ce qui a été et de ce qui est confluait vers la foi que la grande aventure de l'être ici en jeu, que la vie et l'homme, méritaient bien la peine et même le tourment qui les entourent (...)[2].

Attaché d'abord au passé, c'est sur l'étude de la période gnostique qu'il porte son intérêt de jeune doctorant, et lorsque dans « la science comme vécu personnel »[3], dans lequel il restitue son cheminement intellectuel à la lumière des expériences vitales et fondatrices qu'il fit, il évoque cet intérêt, c'est en insistant sur l'air de famille qu'il fut conduit à découvrir entre ce moment de l'Antiquité tardive et l'ambiance « existentialiste ». L'examen de ce passé ne fut pas vain et la clé de lecture que représentèrent pour lui les existentiaux heideggériens se transforma en serrure que la clé gnostique lui permettait à présent d'ouvrir. En d'autres termes, le vécu fondamental

1. Platon déclarant que philosopher droitement, c'est s'exercer à mourir. Cf. *Phédon*, trad. fr. M. Dixsaut, Paris, GF-Flammarion, 1991, 67e.

2. H. Jonas, *Wissenschaft als persönliches Erlebnis*, Göttingen, Vandenhoeck & Ruprecht ; « La science comme vécu personnel », trad. fr. R. Brisart, *Études phénoménologiques*, 8, 1988, p. 32.

3. *Ibid.*

d'une déliaison de l'âme et du corps, de l'homme et du monde, du monde et de Dieu caractéristique du moment gnostique éclaire en retour le rapport au monde contemporain sur le mode du délaissement et de l'angoisse que « l'existentialisme », dans son sens le plus large, exprime. Fort de cette prise de conscience, qui est également le point de départ d'une relecture magistrale, bien qu'indicative et polémique, de l'histoire de la philosophie, comprise à partir du climat de mort au monde dans lequel le « sujet » évolue, Hans Jonas peut construire le projet d'élaboration d'une nouvelle philosophie, à partir d'un nouveau vécu, qui constitue d'ailleurs comme le pendant du premier. Et si ce sentiment de rupture avec soi, avec le monde et même avec Dieu, provenait d'un oubli de notre condition incarnée ? Ne serait-ce pas à condition de prendre pour thème de réflexion le corps *vivant* qu'on surmontera ces dualismes mortifères, s'il est vrai que le divorce de la conscience et du corps mécanique, de l'homme et de la nature résultent de son oubli, et que cet oubli engendre des apories au plan de la compréhension de l'être[1] ? Le questionnement, non plus historique mais désormais ontologique de Jonas porte alors sur « la nature de l'être et, par-là, celle aussi de *l'être de la nature* »[2]. La vie sera le judas nous permettant d'y voir clair en ce qui concerne l'être et de nous tourner vers une philosophie du présent, celui de la vie telle qu'elle est depuis toujours, en elle-même, pourrait-on dire. Ce n'est donc pas seulement une enquête philosophique portant sur un objet particulier et dont l'étude serait bornée par des limites historiques qui intéresse Jonas. Son souci est manifestement de rompre avec une certaine logique de l'histoire, « une ontologie de la mort », afin de penser une « ontologie de la vie ». Que cette démarche ait été initiée durant la seconde guerre mondiale, où il fut envoyé sous les drapeaux et où le corps dans sa dimension organique et vulnérable devenait un objet de préoccupation majeure, n'est pas anecdotique. Qu'elle se soit d'abord réalisée loin des livres a également une signification philosophique, que n'aurait pas dédaignée Montaigne[3]. Cet intérêt général pour l'être et la vie est aussi une profession de foi philosophique de la part du penseur qui, avec la question de la science de l'être, inaugure un aspect plus personnel de son œuvre. La philosophie doit être générale parce qu'elle est intégrative par nature. Elle doit donc lutter contre la spécialisation tout en s'en nourrissant. À cet égard « la vulgarisation » joue un rôle primordial en permettant aux

1. *Cf.* chap. I.
2. H. Jonas, *Wissenschaft als persönliches Erlebnis*, *op. cit.*, p. 21.
3. Montaigne, *Essais*, Livre I, chapitre XXV, *Du Pédantisme*, « Bibliothèque de la Pléiade », Paris, Gallimard, 1962.

profanes d'accéder aux contenus spécialisés. De sa qualité dépend au fond le maintien d'une pensée philosophique qui doit avoir la vocation de l'universel[1]. En particulier, la pensée de la vie ne peut faire l'économie, selon Hans Jonas, d'un détour par la biologie, dont le sens est notamment de « désidéaliser » la philosophie trop marquée par le primat de la conscience. Cette importance accordée à la science du vivant ne doit néanmoins pas être trop hâtivement interprétée comme une soumission à une ontologie de l'objet, comme si la volonté jonassienne de « désidéaliser » à tout prix le sujet revenait à accréditer aveuglément le point de vue de l'objectivation. C'est en effet, comme nous aurons l'occasion de le voir[2], du point de vue d'une expérience qui se veut unitaire que Jonas prétend déduire la dualité sujet-objet. Mais cette dernière découverte d'une vie, qui unifie la dualité que nous sommes en tant que corps et en tant qu'esprit, d'une vie qui ouvre un monde[3] et qui rend possible la liberté, au point même de servir de fil directeur dans notre lecture de l'évolution biologique, est également un préambule de l'éthique. L'affirmation de notre liberté d'agir en conscience, de vivre dans l'horizon d'un monde doté de significations, nous invite en effet à normer notre action conformément à des valeurs régulatrices. Mais cette invitation n'est pas encore un devoir. Or c'est précisément l'expérience de la vulnérabilité de notre être-au-monde face à l'extraordinaire développement de la puissance technique, conséquence de l'évolution biologique, qui autorise Jonas à s'effrayer du tour auto-destructeur que notre histoire pourrait prendre. L'angoisse pour l'humanité de l'homme, pour la vie qui en est le socle ou plutôt la condition biologique essentielle, mais aussi pour la nature dans son ensemble, en laquelle se manifestent déjà les germes d'un être-au-monde devient le thème principal de la mélodie jonassienne. L'ontologie tourne à l'éthique, selon un ordre d'exposition qui ne doit pourtant pas masquer l'unité originaire de cette réflexion, puisque c'est de l'être même de la vie que provient un appel qu'on peut ne pas suivre mais auquel il est difficile ou impossible de se rendre sourd. L'office propre de la pensée est alors de se mettre au service d'une telle cause, de telle sorte que la réflexion éthique apparaisse déjà comme un acte de l'éthique inscrit dans la table de la loi ontologique. Si le philosophe est un homme de communication, c'est en prenant pour objet et principe même de la discussion *la chose* qui est à

1. La dépendance est cependant réciproque. La philosophie reçoit de la science des concepts auxquels elle a un rapport critique, qui peut être fécond pour l'activité scientifique.

2. *Cf. supra*, p. 46.

3. *Cf. supra*, p. 50.

défendre et qui nous appelle[1], à savoir la vie et la vie de l'humanité. Cette seule remarque indique d'ailleurs déjà la distance qui sépare Jonas aussi bien de l'éthique de la discussion d'Habermas[2] et d'Apel que de la vision de la pensée que son essentielle amie, Hannah Arendt, se faisait. Contre elle, il affirme que la pensée a beau être solitaire dans sa conception, elle n'en demeure pas moins solidaire du monde dans lequel elle s'exprime et se communique, et comme telle elle constitue un événement marquant, fondateur. Elle contribue à orienter le monde et donc à *agir* sur lui[3]. Contre eux, on ne saurait faire de la seule analyse de la pratique du discours conséquent la norme de nos décisions et de nos actions, puisque celui-ci n'est rendu possible que par la considération de la chose de valeur sur quoi il doit porter[4].

L'interrogation d'ampleur du philosophe frappe ainsi par la nouveauté de son objet. Il s'agit de porter au concept le souci pour l'humanité *en tant que vivante*, ce qui requiert de prendre pour thème la notion de vie, singulièrement oubliée, estime Hans Jonas, par la tradition philosophique. Et c'est dans cette proposition qu'il faudrait alors, nous semble-t-il, voir la véritable raison de l'écho, encore assez faible, rencontré par la pensée du philosophe allemand. Toute réévaluation d'une telle entreprise intellectuelle conduirait alors en effet à une relecture de notre tradition, de notre culture, et même de notre humanisme, marqués peut-être plus qu'on ne l'imagine par un gnosticisme de l'ombre. Quoi qu'il en soit, c'est ce souci de l'humain et du vivant qui porte Hans Jonas vers la philosophie et c'est cette philosophie qui lui permet d'élargir sa «conscience» à l'échelle du monde, à la fois, au plan théorique et au plan pratique. C'est ce souci qui lui permet de s'émanciper de l'héritage intellectuel, trop marqué par «l'ontologie de mort», tout en s'en faisant aussi l'héritier. De fait le penseur est toujours le fils de son époque et il reste pris dans les rets de sa symbolique. C'est donc contre elle qu'il naît à sa propre pensée. C'est contre elle qu'il peut donner sens à son expérience fondatrice. C'est elle qu'il reconfigure à la lumière de ce *dire nouveau.* Mais c'est aussi grâce à elle que sa philosophie prend forme. Il en reste donc jusqu'à un certain point dépendant. Notre évaluation de l'approche jonassienne doit donc prendre en compte ce en quoi nous

1. H. Jonas, *Wissenschaft als persönliches Erlebnis*, *op. cit.*, p. 28-29.

2. *Cf.* chap. VIII.

3. H. Jonas, *Entre le néant et l'éternité*, trad. fr. S. Courtine-Denamy, Paris, Belin, 1996, p. 102-103. Désormais cité *ENÉ*.

4. H. Jonas, *Wissenschaft als persönliches Erlebnis*, *op. cit.*, p. 28-29.

pourrions rester inconscients de l'influence de cette tradition sur nous mais aussi ce en quoi Jonas pourrait encore rester pris dans cette tradition, comme si sa conceptualisation n'était pas encore à la hauteur de son intuition.

INTRODUCTION

ANTHROPOLOGIE ET ONTOLOGIE

Ayant ainsi rappelé la manière même dont Jonas envisageait le développement de sa pensée, nous voudrions insister ici sur ce qui constitue, à nos yeux, le cœur de son propos. Le projet de Hans Jonas nous semble tout entier tourné vers le souci de penser le lien entre l'anthropologie et l'ontologie, en prenant le thème de la finitude de la vie comme point d'articulation entre ces deux domaines d'investigation. C'est parce que la vie dont l'homme provient est finie que l'homme se pense, pense ce qui est, et pense son devoir. C'est cette finitude de la vie qui le conduit à s'ouvrir à la question de son être et de sa responsabilité. C'est ce point de vue qu'il nous faut justifier davantage, notamment en se demandant s'il s'agit bien là d'une approche philosophique nouvelle.

On pourrait effectivement mettre en question le caractère véritablement original de cette pensée. Emmanuel Kant, déjà, semble avoir posé, de manière radicale, le cadre permettant d'envisager l'humanité dans sa finitude ainsi que dans sa dignité propre, exigeant respect et préservation. Au plan théorique en effet, il fait incontestablement de la finitude la structure de la subjectivité, puisque la connaissance humaine ne produit ni n'engendre son objet qu'elle doit au contraire recevoir et qui lui est donc donné. L'esthétique transcendantale affirme que la passivité de notre connaissance n'est pas le résultat d'un constat empirique mais un *a priori* de notre subjectivité, qui est donc intrinsèquement conduite à s'ouvrir à l'extériorité et à recevoir d'elle sa matière. Le sensible n'est pas la dégradation d'un savoir de l'infini, rationnel en droit. Il est la condition constitutive de la connaissance. L'homme n'est donc pas relativisé au regard d'un absolu qui serait la norme puisque c'est au contraire cet absolu qui est relativisé au regard de cette norme qu'est la sensibilité pure humaine. Ce résultat se retrouve au plan de l'entendement, puisque le concept pur ne saurait former, à lui seul, une connaissance. C'est seulement en schématisant que l'imagination transcendantale peut appliquer ce dernier au donné. La connaissance est donc un travail de l'entendement, relatif à un moment de passivité ou de dépendance, et non la vision d'un absolu, la contemplation d'Idées. C'est d'ailleurs pourquoi la raison, quand elle est laissée à elle-même, insoucieuse de se critiquer, sombre paradoxalement dans des illusions totalisantes qui sont son propre. Elle croit atteindre l'inconditionné alors qu'elle a quitté le sol sûr de l'objectivité. La raison déraisonne lorsqu'elle unilatéralise le principe de raison et croit en son pouvoir de saisir l'absolu. (Tel est par exemple le sens de la réfutation par Kant de la preuve ontologique. Toute existence ne se donne que dans une expérience possible et la pensée ne peut par elle-même prouver aucune existence.) Cependant, la critique de ses droits permet à la raison de faire de l'absolu un idéal, relatif à elle. C'est en effet relativement à la structure de notre subjectivité que l'absolu peut avoir un sens, comme Idée, et loin qu'elle soit dévalorisée au regard de celui-ci, c'est la dévalorisation ontologique de l'absolu qui permet d'ériger pour ainsi dire comme absolu, ou plutôt comme centre de référence pour la connaissance, la subjectivité humaine. Car si le sujet ne peut justement pas être un absolu – ce serait reconduire une des illusions propres à la raison –, c'est qu'il faut voir en lui une structure formelle. Le sujet transcendantal assure la synthèse des représentations dans l'unité de l'aperception, sujet qui possède une activité propre puisqu'il est l'auteur de la schématisation, le lieu d'une ouverture au temps.

Cette finitude de l'homme est la condition de l'interrogation trans-objective. L'anthropologie conduit donc à la métaphysique. C'est parce qu'il ne peut tout objectivement qu'il lui faut *penser*. Seul un être limité a besoin de comprendre. Loin que ce soit parce que nous sommes toujours déjà en contact avec l'absolu que nous cherchons à en clarifier notre accès, il faut au contraire affirmer que c'est parce que nous sommes toujours en-deçà de lui que nous tendons vers l'Idéal.

On peut d'ailleurs trouver l'équivalent d'une telle finitude au plan pratique. De même qu'au plan théorique le concept est intrinsèquement lié à l'intuition et possède, en dépit de sa spontanéité, une réceptivité, via le schème, on pourrait estimer, avec Heidegger que l'imagination transcendantale *doit* pouvoir lier la loi morale au respect[1]. En effet, nous ne pouvons avoir conscience de la loi, que la raison produit, qu'à travers le respect, sentiment pur, par lequel la loi est reçue par l'homme et grâce auquel il se découvre comme soi agissant librement. Le respect me permet de prendre conscience de moi comme subjectivité pratique, comme personne ou liberté refusant de se laisser déterminer par ses seules inclinations sensibles. C'est là un moment de réceptivité originaire, d'ouverture essentielle, de transcendance, qui marque l'existence même de la passivité au cœur de l'activité. C'est sous la condition de ce moment que le sujet peut se savoir libre et peut se reconnaître comme étant lui-même, dans cet acte de soumission à soi-même. C'est de cette façon que s'exprime d'une part la finitude du sujet pratique – en tant qu'il montre une dimension de spontanéité réceptive – mais également l'unité du sujet en tant que fini, puisque son activité au plan théorique comme au plan pratique requiert la réceptivité, à même la spontanéité (dans l'activité de l'entendement théorique ou de la raison pratique), ce qui suppose l'intervention de l'imagination transcendantale[2]. C'est en elle que se trouverait la clef d'une conception homogène de la finitude de l'homme, conception devant laquelle Kant aurait malheureusement ultimement reculé selon Heidegger.

Il reviendra certes à Cassirer de rappeler que la raison pratique qui formule la loi le fait sans aucune référence à la sensibilité (contrairement à la raison théorique dont les Idées n'ont de signification qu'à condition d'être référées à l'activité de l'entendement, qui suppose lui-même la réceptivité sensible.) La raison pratique investit le domaine suprasensible. Et alors que le schématisme de l'imagination a pour vocation de « temporaliser » les catégories de l'entendement, la « typique du jugement pur pratique » exclut cette temporalisation. Par ailleurs, l'analyse du respect ne permet pas de faire apparaître une réceptivité de la raison. Il faut en effet distinguer la production de la loi de sa conscience[3]. La réceptivité n'intervient donc qu'au plan du respect tandis que l'engendrement même de la loi a bien lieu au niveau de la raison pure, indépendamment de toute réceptivité. La distinction kantienne entre l'homme et l'être raisonnable fini a pour fonction de rappeler que c'est en tant que rationnel que l'homme est fini, que c'est parce qu'il est raisonnable que la morale a pour lui la forme

1. Heidegger, *Kant et le problème de la métaphysique*, § 30, trad. fr. A. de Waelhens et W. Biemel, Paris, Gallimard, 1953, p. 213-217.

2. *Ibid.*, p. 216-217.

3. *Cf.* la présentation qu'Alain Renaut fait de *Débat sur le Kantisme et la Philosophie (Davos, mars 1929), et autres textes de 1929-1931*, Paris, Beauchesne, 1973, dans *L'ère de l'individu*, Paris, Gallimard, 1989, p. 272-279.

du devoir et non parce qu'il est sensible ou ouvert à une donation extérieure, bref que son humanité excède sa dimension empirique et qu'il vaut mieux que ce que la nature a fait de lui [1].

Cependant, quand bien même on pourrait contester, avec Cassirer, la lecture que Heidegger fait de l'écart entre la première et la seconde édition de la *Critique de la Raison Pure* et de ses implications sur la raison pratique, lorsqu'il montre que les audaces de la théorie du schématisme sont désormais tempérées par un retour d'une suprématie de l'entendement [2], quand bien même on souscrirait à l'idée d'une raison qui serait finie en elle-même plutôt qu'en relation à une instance de réceptivité [3], la distinction entre l'être et le devoir ne faisant sens que pour un être fini, un être infini étant immédiatement tout ce qu'il doit être, il faut de toute façon reconnaître l'hétérogénéité de la conception kantienne de la subjectivité entre les deux critiques et par conséquent contester sa prétention à penser le caractère fini de la subjectivité : au regard de la détermination de la finitude du sujet par la réceptivité telle qu'elle s'exprime dans *la Critique de la Raison Pure*, il y a un recul de la *Critique de la Raison Pratique*. Le sujet pratique, en tant qu'*homo noumenon,* fait irruption hors de la finitude [4].

C'est là ce qui le conduit à affirmer ultérieurement [5] dans *Les problèmes fondamentaux de la phénoménologie* [6], que l'être du sujet n'est pas compris pour lui-même chez Kant. En effet, au fond, il ne peut saisir le mode d'être de la subjectivité transcendantale au plan théorique, puisqu'en montrant que les catégories de la nature ne permettent pas de comprendre l'être du Moi, il n'en tire pas la conclusion que son interprétation ontologique

1. *Ibid.*, p. 279-288.

2. Heidegger, *Kant et le problème de la métaphysique*, *op.cit.*, p. 299.

3. A. Renaut, *L'ère de l'individu*, *op. cit.*, p. 283 *sq.*

4. On peut signaler ici deux perspectives de résolution. La première, suivie par l'idéalisme allemand et par exemple par Fichte, montrera comment la raison pratique constitue la clef d'un système, puisque le moi ne s'apparaît à lui-même comme libre qu'en posant comme limite un non-moi – condition du sujet théorique – voué à être dépassé à l'infini. La seconde proposée par Alain Renaut et Luc Ferry maintient la perspective d'une éthique de la finitude, en distinguant le contenu du discours, portant sur l'infini, et la modalité du discours, réfléchissant, trahissant le point de vue fini du sujet. *L'ère de l'individu*, *op.cit.*, p. 292-296. L'autonomie du sujet doit donc être interprétée comme une Idée par le sujet réfléchissant, ce qui permet de la concilier avec la notion de finitude.

5. Heidegger, *Kant et le problème de la métaphysique*, *op. cit.*, paraît en 1929 mais provient du cours prononcé dans le semestre d'hiver 1925-1926, tandis que *Les problèmes fondamentaux de la phénoménologie* (trad. fr. J.-F. Courtine, Paris, Gallimard, 1985), provient des cours du semestre d'été 1927. Cependant les présupposés de l'analyse kantienne sont déjà présentés dans *Kant et le problème de la métaphysique*, *op.cit.*, p. 79 *sq.*

6. *Ibid.*

requiert alors de se délivrer des limites que lui impose la tradition. Cela est d'autant plus troublant, qu'il entreprend pourtant une telle interprétation au plan pratique – pourtant jugée impossible au plan de la raison théorique – en posant la distinction moyen/fin qui permet de séparer l'être de la personne de l'être des choses[1]. Mais cette lecture demeure insatisfaisante faute de penser l'articulation, au plan de l'être, du moi pratique et du moi théorique. Or cette insuffisance provient d'une dépendance ininterrogée à la métaphysique de la production. Le kantisme reste pris, en dernier ressort, dans une logique héritée des Grecs, pour lesquels l'être est l'être-produit. C'est pourquoi, alors que *Kant et le problème de la métaphysique* avait pour vocation de montrer en quel sens le philosophe critique effectuait une avancée dans la représentation que l'on pouvait se faire de notre humanité et de son rapport à la métaphysique, il importe à présent, aux yeux d'Heidegger, d'insister sur le poids de l'histoire de l'ontologie traditionnelle – à laquelle le kantisme n'échappe pas –, car c'est à condition de la « détruire », c'est-à-dire de se la réapproprier, qu'on pourra s'affranchir de ses limitations. Dès lors, si l'être fini ne peut appréhender l'absolu, c'est dans la mesure où il n'en est pas l'auteur. L'horizon ontologique, dont Kant dépend, est l'horizon antico-médiéval. De ce point de vue, comprendre suppose de *produire* l'étant fini, qui est fini parce qu'il est produit, et voilà pourquoi la connaissance de l'absolu est réservée à Dieu, spontanéité absolue. Le maintien par Kant de la notion d'intuition originaire, dont nous sommes privés, témoigne bien de cette dépendance à un tel horizon. Nous-mêmes, en tant que nous ne nous produisons pas, ne pouvons comprendre la structure de notre moi. Aussi longtemps que nous resterons dépendants de cette conception de l'étant en tant que produit, il ne sera pas possible de comprendre l'être de l'homme. Tant que la réceptivité, marque de la finitude, ne sera pas interprétée pour elle-même, originairement, et non de façon dérivée au regard d'un présupposé sur l'absolu, l'homme ne pourra venir à la compréhension explicite de son être.

Si la démarche kantienne n'est pas à la hauteur de son projet, il semble néanmoins qu'elle permette de prendre la mesure de la nature et de la difficulté de la tâche qui s'impose à la pensée philosophique. Lorsque Kant fait de la question « qu'est-ce que l'homme ? » celle qui unifie les trois autres qui s'imposent à la raison humaine – Que puis-je ? Que dois-je faire ? Que m'est-il permis d'espérer ? –, il ne réalise pas encore pleinement, selon Heidegger, en quel sens l'anthropologie de l'homme, compris comme fini, se relie de manière intime à la métaphysique. Car seul un homme peut se

1. *Ibid.*, p. 181-182.

poser de telles questions. À l'être infini il est impossible de se demander ce qu'il ne peut pas, ce qu'il ne doit pas faire et ce qu'il lui est interdit d'attendre. Cette négativité trahit très essentiellement l'homme, au sens où elle le révèle à lui-même, si bien que ces questions métaphysiques se concentrent dans la question même de l'être de l'homme, en tant précisément qu'il est fini. « Ainsi, par ces questions, la raison humaine ne trahit pas seulement sa finitude mais encore manifeste-t-elle que son intérêt le plus intime se concentre sur cette finitude même[1] », écrit Heidegger. La question de la finitude de l'homme est donc la condition essentielle de l'instauration de la métaphysique, en ce que l'homme doit s'estimer depuis la possibilité de sa compréhension de ce qui est, mais en toute indépendance à l'égard des présupposés véhiculés par la tradition. En particulier, l'anthropologie ne saurait être vue comme une ontologie régionale, la description d'un secteur particulier de l'étant.

Heidegger nous permet de poser pour elle-même la question du lien intime entre le caractère fini de l'homme et la métaphysique. Si le *Dasein* a une structure métaphysique, c'est qu'il est l'étant par excellence pour lequel la question de son être se pose. L'assomption de son être-envers-la-mort lui révèle sa finitude radicale en même temps qu'elle l'ouvre à une compréhension authentique de l'être : « plus originelle que l'homme est la finitude du *Dasein* en lui »[2]. Heidegger propose ainsi une ontologie fondamentale qui ne réduit pas l'être humain à son humanité et qui permet de comprendre « l'homme », ou plutôt le *Dasein*, dans sa relation à l'être[3]. En outre, il ouvre la perspective d'une éthique de la finitude[4], à condition naturellement de ne pas comprendre celle-ci sur la base d'un *étant* fondateur. C'est d'ailleurs seulement en adoptant ce point de vue qu'on peut comprendre comment, d'une part, Heidegger se défende d'emprunter le registre des valeurs alors qu'il décrit le mode d'être *authentique* du *Dasein* et comment, d'autre part, après la *Kehre*, il affirme que l'humanisme métaphysique pense l'homme *trop bas* – semblant réintroduire par là un vocabulaire axiologique – lorsqu'il le définit par différence avec

1. Heidegger, *Kant et le problème de la métaphysique*, *op. cit.*, p. 273.

2. *Ibid.*, p. 285.

3. L'analytique existentiale se substitue à (et en un sens est la condition de) l'anthropologie. L'ontologie est la vérité de la métaphysique, considérée en tout cas en tant que « science de l'être. »

4. Contrairement, selon nous, à ce qu'estime A. Renaut, *L'ère de l'individu*, *op. cit.*, p. 289. *Cf.* également É. Bimbenet, « Heidegger : l'ontologie d'un point de vue éthique », *Alter*, n° 13, 2005, p. 135-164.

l'animalité, restant en ce sens prisonnier du cadre étroit de l'étantité[1]. L'éthique conserve donc bien une pertinence à condition de la concevoir dans l'horizon de l'être et l'homme possède bien une dignité à condition de la comprendre sur une base ontologique.

LA FINITUDE DE LA VIE

Il était indispensable de faire ce rappel sommaire, puisque c'est très rigoureusement sur le thème de cette articulation de l'anthropologie[2] et de l'ontologie qu'Hans Jonas délaisse son statut de connaisseur de la Gnose pour initier une philosophie qu'il pourra revendiquer en son nom propre. *Entre le Néant et l'Éternité*, dont le sous-titre est « Vers la doctrine de l'homme », est le premier livre publié par le penseur allemand dans lequel il aborde un thème philosophique pour lui-même et avec le souci du présent[3]. La préface de cet ouvrage commence ainsi : « La quête de l'essence de l'homme doit trouver son chemin dans les rencontres de l'homme avec l'être »[4]. On ne saurait imaginer, mise à part la substitution du terme homme à celui de *Dasein*, de tonalité plus heideggérienne. Jonas pose la question de l'homme dans l'horizon de celle de l'être. La question de la présence humaine dans le monde est la question inaugurale aussi bien du point de vue de l'existence de l'homme que de son sens. L'homme est en

1. Heidegger, *Ueber den Humanismus*, trad. fr. par R. Munier, *Lettre sur l'Humanisme*, Paris, Aubier, 1964, p. 55.

2. J'indique ici, outre *Entre le néant et l'éternité*, quelques références essentielles au traitement de la question anthropologique : H. Jonas, *Le phénomène de la vie*, Essai VII et transition, trad. fr. D. Lories, Paris, De Boeck, 2001 (désormais cité *PhV*) ; *Le Principe responsabilité*, trad. fr. J. Greisch, Paris, Champs Flammarion, 2000 (désormais cité *PR*), chap. IV et p. 410 *sq.* ; *Puissance ou impuissance de la subjectivité ?*, trad. fr. C. Arnsperger, Paris, Éditions du Cerf, 2000 ; *Pour une éthique du futur*, trad. fr. S. Cornille et P. Ivernel, Paris, Payot, 1998 (désormais cité *PEF*), p. 88 *sq.* ; *Évolution et liberté*, trad. fr. S. Cornille et P. Ivernel, Paris, Payot & Rivages, 2000 (désormais cité *ÉL*), p. 59 *sq.*, p. 214 *sq.* À ce propos, il faut noter, d'une part, que la différence anthropologique tend à s'accuser et à s'autonomiser à l'égard de la vie au fil des œuvres de Jonas, d'autre part, qu'alors que la première anthropologie jonassienne est assez silencieuse sur ce point la responsabilité en vient à s'intégrer à l'équipement ontologique de l'humanité. L'être de l'homme inclut son être responsable.

3. Il est vrai que la mise en œuvre de la partie biologique de sa philosophie est antérieure à cette publication.

4. H. Jonas, *Zwischen Nichts und Ewigkeit. Zur Lehre vom Menschen*, Göttingen, Kleine Vandenhoeck-Reihe, 1963 puis 1987, p. 3. Nous traduisons. L'essentiel des textes de ce recueil a été traduit dans *Entre le néant et l'éternité*.

effet celui par qui l'être prend explicitement l'allure d'une question. Tout se passerait alors comme si l'enjeu de ce propos consistait à saisir l'être en deçà de son découpage entre l'essence théorique et l'existence purement factuelle, découpage qui condamne en effet la pensée soit à entériner de manière brute et factuelle l'existence de l'humanité sans y chercher davantage de raison, soit à enfermer cette raison d'être dans une essence atemporelle au risque de faire de l'humanité une simple idée dépourvue de traduction concrète. Il s'agit pour Jonas de saisir le mode d'être de l'humanité pour lui-même, en deçà de ce découpage abstrait de l'existence et de l'essence, du fait et de l'idée. L'humain est cela qui tout en existant interroge le sens de son existence. De là peut découler une double tentation, estime Jonas. La première, platonicienne, consistera à éterniser le sens d'être, en faisant de l'être une figure idéale et éternelle. La seconde à l'inverse, portée par le nihilisme moderne et par Nietzsche, dissoudra, l'être dans le devenir, dans un néant de détermination essentielle, qui conduit l'homme à s'interpréter de manière aussi variable qu'il y a de périodes historiques vécues. Or c'est autrement qu'il faut interpréter l'être ambigu de l'homme, le mixte de néant et d'éternité qu'il est. D'une part en effet il est vrai que l'homme se définit par sa capacité d'interpréter variablement son être. C'est un être historique. Mais d'autre part cette *capacité* interprétative, cette possibilité d'avoir et d'être une histoire pour soi-même, a un sens *ontologique* et transhistorique[1], qui ouvre par ailleurs la voie à une interprétation *métaphysique* qui réconcilie l'homme avec l'immortalité (à défaut de l'éternité.) Tel est le propos défendu par Jonas dans les trois leçons parfaitement articulées d'*Entre le Néant et l'Éternité*. C'est ce sur quoi nous voulons insister à présent.

Mais il faut noter que cette manière de conjoindre la question de l'homme avec celle de l'être est également, contre toute attente, une rupture définitive, qui en un sens n'aura de cesse de se creuser[2], avec la figure de Heidegger. Au sein d'*Entre le Néant et l'Éternité*, le divorce se déroule en trois temps. Dans « Gnose, existentialisme et nihilisme », Hans Jonas montre comment l'être-au-monde du *Dasein* évoque en vérité le dualisme et l'acosmisme gnostique. Cette affinité des deux pensées, à deux moments aussi éloignés de l'histoire, est troublante mais invite

1. Cette thèse sera approfondie dans un essai ultérieur : « Wandel und Bestand. Vom Grunde der Verstehbarkeit des Geschichtlichen », *Philosophische Untersuchungen und metaphysische Vermutungen*, Frankfurt am Main, Suhrkamp, 1994 ; trad. fr. *Évolution et liberté*, *op. cit.*, p. 83.

2. Nous pensons ici au texte intitulé « Heidegger et la théologie » de 1964 (*PhV*, p. 239) ainsi qu'au *Principe Responsabilité*. De manière plus générale, *cf.* chap. v.

à interpréter « l'existantialité » heideggérienne comme un nouveau gnosticisme, une nouvelle expérience de rupture d'avec le monde[1], à ceci près que la conception moderne de la nature, contrairement à sa conception gnostique ancienne, frappe par son indifférence, son absence d'intentionnalité, ce qui rend encore plus problématique l'inscription de l'existant dans cette nature, dont il provient pourtant. C'est la raison pour laquelle, quittant le sillage de ce nouveau nihilisme, il faut penser à nouveaux frais le rapport de l'homme au monde. Ceci exige de prendre en considération « le monde de la vie »[2]. Le deuxième essai insiste donc sur la différence anthropologique au regard de la vie dont l'homme provient. Contrairement à ce qu'affirme Heidegger[3], il faut donc comprendre l'homme directement à partir de la vie. Il ne s'agit pas de dissoudre l'homme dans un monisme naturaliste. Il ne s'agit pas davantage d'accuser, sur un mode dualiste sa différence d'avec la nature, puisque c'est cela qu'il convient au contraire d'éviter, si l'on veut rompre avec le nihilisme. Hans Jonas fait alors valoir que c'est le pouvoir de produire des images qui distingue l'homme de l'animalité, ce qui implique que c'est depuis cette animalité qu'il faut comprendre l'humanité[4]. Le pouvoir interprétatif de l'homme possède donc bien une assise ontologique. Dans un dernier essai, le philosophe proposera, sur une base non plus ontologique – grâce à laquelle il prétend décrire le mode d'être de l'homme pour lui-même –, mais métaphysique – qui laisse une place à l'imagination et à la spéculation –, une hypothèse sur l'origine de la vie et la destination de l'homme, en faisant intervenir la figure d'un Dieu, qui renonce à lui-même pour laisser être le monde[5]. Son sort est remis entre les mains de l'humanité, qui peut acquérir une immortalité sous la condition d'actes réalisés avec justice.

À l'aune de cette présentation, nous pouvons désormais mieux cerner la nature du projet jonassien, qui se comprend pleinement à partir de la reprise

1. Il revient à Natalie Depraz de montrer le caractère problématique d'une telle assertion dans « Le statut phénoménologique du monde dans la Gnose : du dualisme à la non-dualité », *Laval théologique et philosophique*, 52, 3 (octobre 1996), p. 639-641.

2. H. Jonas, *Zwischen Nichts und Ewigkeit*, *op.cit.*, p. 3.

3. *Cf.* chap. II.

4. L'imagination suppose la perception selon Jonas. Mais Heidegger refuse d'accorder la perception à l'animal. C'est dans une stricte séparation d'avec lui que l'homme peut percevoir, et à plus forte raison imaginer. *Cf.* chap. II.

5. Bultmann commentant, dans sa correspondance avec Jonas, le mythe de la théogonie jonassienne la compare à l'envoi de l'Être heideggérien. Mais Jonas récusera cette conception de l'Être qui le « théologise » en même temps qu'elle « ontologise » et immanentise Dieu. En cela il se rapproche de la critique que Jean-Luc Marion fera de la conception heideggérienne de Dieu. *Cf.* par exemple *Dieu sans l'être*, Paris, P.U.F., 1991, p. 58-80. *Cf.* chap. V.

critique de la question anthropologique telle qu'elle a été léguée par Heidegger. Non seulement en effet l'être de l'homme doit être pensé dans l'horizon de la vie mais il importe également de remarquer que c'est seulement sous cette condition qu'il sera possible de rompre avec le nihilisme conduisant à exiler la valeur hors du domaine de l'être, ce qui n'est pas sans porter préjudice à l'humanisme pratique. Le *Dasein* pensé abstraitement de toute incarnation ne permet pas de comprendre son inscription dans le monde. Cette conception est d'ailleurs solidaire d'une représentation objective de la nature qui ne permet pas de penser l'émergence d'un étant ouvert au monde en son sein[1]. Et la conception plus tardive du *Dasein* compris comme « berger de l'être », chargé de répondre à son appel, comme l'envisage Heidegger après le tournant, ne permet pas non plus de penser une éthique soucieuse de l'autre homme[2], prochain[3] ou lointain[4]. Enfin, la tentation de comprendre Dieu dans l'horizon de l'être est préjudiciable aussi bien à l'ontologie qui s'affranchit de toute prudence méthodologique en transgressant les limites de la condition humaine qu'à la théologie qui repose sur le maintien d'une transcendance comme telle,

1. *PhV*, p. 237.

2. Cette critique vise également le premier Heidegger. Certes celui-ci pense la notion de sollicitude et un des existentiaux du *Dasein* est le *mit-sein*. Ce souci pour autrui est authentique lorsqu'il se concrétise dans l'assomption vers la mort. Mais cette sollicitude n'est jamais une responsabilité pour autrui, puisque l'être-envers-la-mort est reconduction à mon ipséité et à mon essentielle solitude : je dois prendre en charge ma propre existence dont je ne peux me délester sur personne. Le rapport à autrui, quand il est authentique, consiste donc en un renvoi de chacun à la responsabilité envers soi-même. Il n'y a là rien de commun avec un appel à la responsabilité pour autrui qui proviendrait de lui, comme c'est le cas chez Emmanuel Levinas par exemple. *Cf.* chapitre 7. Mais ce défaut d'éthique ne conduit pas Jonas à revenir vers l'approche kantienne de la morale. Même s'il rend compte de sa déception devant la conduite de Heidegger – philosophe de l'engagement selon Jonas, dont la pensée aurait au moins dû le prémunir de succomber à la séduction de l'opinion commune durant les heures sombres de l'Allemagne nazie, – déception renforcée par l'étonnement de voir Julius Ebbinghaus adopter une conduite exemplaire en raison de sa force de conviction kantienne (*PEF*, p. 45-47), Jonas conserve une distance définitive à l'égard du kantisme. Il ne lui reproche pas seulement de ne pas prendre la mesure de la finitude humaine – le fait nouveau de la contemporanéité est la possibilité d'une disparition effective de l'humanité – ou de ne pas penser le respect pour la vie. La philosophie pratique kantienne demeure formelle faute de penser la dignité d'un point de vue *ontologique*. Le respect pour la liberté d'autrui suppose la reconnaissance de ma propre liberté – qui ne peut être acquise que du point de vue d'une philosophie de la biologie, telle qu'elle est développée dans *Le phénomène de la vie*, *op.cit.* (*Cf.* également *Puissance ou impuissance de la subjectivité ?*, *op. cit.*) – et que je sois affecté ou interpellé par la chose même. Cf. *PR*, p. 177-178. L'éthique jonassienne, contrairement à la démarche kantienne, est donc hétéronome.

3. *PhV*, p. 259.

4. Nous pensons au principe de responsabilité envers les générations futures.

seulement accessible par la foi, et à la métaphysique qui se doit de préserver la distance propre à la transcendance[1]. Il nous semble alors que l'intuition de Jonas consisterait à ressaisir l'être avant sa séparation entre l'existence et l'essence, ce qui permet de penser des vérités ontologiques, mais aussi avant sa séparation entre le fait et la norme, ce qui permet de penser une justification ontologique de l'éthique[2]. Comme Hans Jonas le note de manière remarquable dans un texte tardif: « l'Être tel qu'il témoigne de lui-même ne manifeste pas seulement ce qu'il est mais également ce que nous lui devons »[3]. Or ce double attendu exige de prendre pour thème d'investigation la vie[4]. C'est d'ailleurs seulement depuis ce point de vue que le philosophe proposera également une métaphysique de la vie, à disjoindre de son ontologie, lorsqu'il posera la question de son origine et de sa destination, sous sa forme humaine. Au questionnement éthico-ontologique succédera une quête métaphysique, pensant d'une autre façon, mais de manière complémentaire, le rapport entre l'être et la vie, la vie et la valeur[5]. Le projet de notre ouvrage n'a d'autre ambition que d'explorer cette intuition ontologico-éthique d'une conception de l'être qui prétend nous renseigner, d'une part, sur le sens de l'être et, d'autre part, sur celui du devoir, mais aussi sur l'unité dont il témoigne, en prenant la vie comme unique clef d'une telle investigation. Car seule une ontologie de la vie peut

1. *Ibid.*, p. 239-262.

2. *PR*, p. 96-98.

3. *PEF*, p. 75-76.

4. Tels seront les objets du *Phénomène de la vie* et du *Principe Responsabilité*.

5. Des *suppositions métaphysiques* prendront le relais des *recherches philosophiques*, pour reprendre les termes du titre d'un ouvrage tardif: *Philosophische Untersuchungen und metaphysische Vermutungen*, Frankfurt-am-Main, Suhrkamp, 1994. En vérité, cette double approche accompagne Jonas très tôt dans son œuvre. Elle est commandée par son projet même. La déliaison de type gnostique repérée dans notre contemporanéité exige, d'une part, de relier l'homme à soi-même (son âme à son corps) et l'homme au monde, mais aussi, d'autre part, l'homme et le monde à Dieu, l'origine. Sur la distinction des régimes de discours, on peut citer un extrait de la préface du livre que nous venons d'évoquer, que nous traduisons et qui évoque l'écart entre les deux premières parties du recueil – consacrées à l'ontologie et à l'éthique de la vie – et la troisième, spéculative : « Le rapport indiqué à l'objet est flagrant dans les contributions de la première et deuxième partie de ce recueil, qui demeurent totalement dans le domaine de l'expérience et du prouvable. Celles de la troisième partie vont au-delà : elles s'aventurent avec la question de Dieu dans l'inconnaissable, et le titre de « philosophique » peut leur être contesté. La question du nom m'importe peu. Je respecte l'arrêt ascétique aux limites, que la philosophie a appris depuis Kant. Mais le droit des esprits est inextinguible, il les contraint à pousser leurs questions-même, là où l'on ne peut encore attendre que des réponses à deviner et à exprimer par images. Sans élever de prétention à la connaissance, il faut qu'une réflexion de ce genre soit transmise afin que, selon mon expérience, elle trouve un écho certain. »

rendre raison d'une éthique de la responsabilité, qui est la manière dont le devoir peut se dévoiler à l'homme s'il s'en donne les moyens. L'ouverture au monde dont témoigne la vie et qui culmine chez l'homme nous révèle en même temps un devoir vis-à-vis de lui. L'homme ne peut s'ouvrir à lui sans avoir le devoir de s'en reconnaître responsable. Ce phénomène d'une existence biologique qui connaît des degrés croissants de liberté s'affirme comme responsabilité de la vie pour la vie lorsque ce vivant humain qu'est l'homme émerge du processus évolutif. Comme nous le verrons, ce n'est plus simplement la valeur qui habite la vie mais aussi le sens d'un devoir ontologiquement inscrit en elle. Par l'homme, la vie se soucie d'elle-même et se fait un devoir de se préserver. Une telle intuition requiert naturellement une méthode propre à la déployer. Plus exactement, ce phénomène d'une vie comprise comme ouverture au monde et d'une vie humaine comprise comme porteuse d'une responsabilité ontologique requiert une phénoménologie à même de dévoiler cela qui n'apparaît pas de lui-même, pour des raisons qu'il faudra éclaircir[1], mais qui semblent provenir d'une tendance qu'a la vie de se voiler elle-même. Si Jonas ne revendique pas avec force le recours à la méthode phénoménologique et qu'il préfère parler de « philosophie de l'organisme » ou de « biologie philosophique », il faut cependant reconnaître que sa prétention à décrire le mode d'être de la vie se fait essentiellement selon une méthode qui a pour but de dévoiler le phénomène qu'elle est en rompant avec les catégories abstraites (la matière, l'esprit) qui prétendent l'interpréter. La réticence qu'il montre à l'idée d'utiliser le terme de « phénoménologie » signifie moins sa dépendance à l'égard de l'ontologie de la science, et de la biologie en particulier, que la conviction forte de la dépendance de la phénoménologie, y compris dans son prolongement heideggérien, à la philosophie de l'esprit. C'est la raison pour laquelle le terme d'ontologie sied mieux à la démarche jonassienne lorsqu'on souhaite rendre compte de l'esprit de sa tentative.

ONTOLOGIE ET ÉTHIQUE DE LA VIE

Ce livre a pour but de montrer comment la finitude de la vie (et par conséquent aussi celle de l'humanité) requiert de l'homme une réponse. Réinscrire l'humanité dans le cours de la vie implique non seulement de notre part une révision de nos catégories ontologiques mais également une

1. *Cf.* en particulier les chap. I et chap. VII.

redéfinition des termes de notre responsabilité, y compris envers nous-mêmes. C'est parce que c'est en l'homme que l'être, pour ainsi dire, se dédouble et prend la forme de l'existant et de l'idée qu'il devient une question pour lui-même. C'est aussi parce qu'en l'homme, et avec lui, l'être court un danger d'une envergure inédite que sa raison d'être devient problématique et requiert de notre part une responsabilité de premier ordre. L'anthropologie est inséparable d'une ontologie, en ce qu'elle en est le mode d'accès propre mais aussi en ce qu'elle reçoit d'elle un éclairage de vérité, y compris éthique. C'est pour mettre au jour cette ambition jonassienne que nous avons choisi de construire cet ouvrage en deux parties. Chacune d'entre elle est amenée à faire varier le point de vue de Hans Jonas en le confrontant à des philosophies avec lesquelles il a explicitement dialoguées ou avec lesquelles il aurait pu le faire. Il s'agit à chaque fois de faire apparaître tel ou tel aspect original de sa démarche, de mieux faire surgir sa singularité, mais aussi d'éclairer les autres pensées en portant au premier plan ce qui pourrait les aider à se dépasser elles-mêmes. Il s'agit en particulier de ne pas occulter ce qui, selon nous, limite la portée de l'œuvre de Jonas, et donc de le traiter comme un auteur *vivant*. La première partie porte sur l'ontologie de la vie et entend présenter la manière dont le philosophe pose la question de l'être à partir de la question de la vie. Ceci suppose de montrer dans un premier chapitre en quel sens il est permis de dire que la démarche de Jonas se présente comme une *phénoménologie* de la vie. Dans un second chapitre, nous montrons comment celle-ci permet de jeter un jour nouveau sur le phénomène de l'animalité, phénomène qui est lui-même l'occasion de mettre à l'épreuve une telle phénoménologie. Mais puisque Jonas prétend que l'histoire des théories de l'être est commandée par un oubli de la vie, il a fallu voir en quoi celles des pensées qui prétendent mettre en question le dualisme classique de l'âme et du corps, et qui prennent le phénomène de la vie, ou en tout cas celui de « l'organisme », au sérieux, restent tributaires d'une « ontologie de la mort » ou à tout le moins manifeste un défaut de radicalité du point de vue de l'optique jonassienne. C'est là le moyen de prendre la mesure de l'originalité véritable de la méthode philosophique mise en œuvre par Jonas. C'est pourquoi nous nous sommes tournés, d'une part, vers une métaphysique dont on peut dire qu'elle est une pensée « de la vie » (celle de Spinoza avec laquelle Jonas dialogue explicitement), d'autre part, vers une biologie contemporaine originale, celle de Varela. La discussion de la théorie de l'auto-poïèse varelienne sera également une transition vers notre seconde partie consacrée à l'éthique de la responsabilité qui est aussi, et en même temps, une éthique de la vie. S'il est incontestable que c'est devant le constat du changement de nature de la technique que le philosophe allemand prend la mesure du vide éthique de la civilisation contemporaine et de la nécessité de le combler, c'est pourtant, nous semble-t-il, dans une discussion implicite et discrète avec Heidegger que l'on peut comprendre le sens de l'émergence du projet éthique de Hans Jonas. C'est pourquoi nous y consacrons notre cinquième chapitre. Or la venue au premier plan du thème de la responsabilité nous invite, dans les deux chapitres qui suivent, à créer les conditions d'un dialogue, d'une part, avec Paul Ricoeur pour lequel la responsabilité occupe une position clef au sein de la « petite éthique », d'autre part, avec Emmanuel Levinas, dont on sait à quel point son éthique la porte au premier plan. Grâce à ces rapprochements qui sont aussi l'occasion de confrontations, nous désirons montrer, à nouveaux frais, le statut singulier que l'éthique de Jonas occupe au sein de la pensée contemporaine, tout en restant fidèle à notre exigence de lecture critique permettant un éclairage réciproque des philosophies entre elles. Cette méthode a pour but d'indiquer les conditions de pensée d'une responsabilité ontologique qui s'enracine dans la vie. À cet égard, le huitième chapitre qui initie une discussion avec l'éthique de Habermas se présente comme crucial, puisqu'il s'agit d'une confrontation avec un auteur qui tout en conservant un lien avec la philosophie du sujet transcendantal prend pour thème de sa réflexion la naturalité de notre condition en tant qu'elle doit être préservée. Par-delà l'apparente similitude de projet, il conviendra de mettre au jour ce qui démarque l'attitude philosophique propre à Jonas. Pour conclure, il sera alors intéressant de se demander dans quelle mesure l'éthique de la responsabilité a pour vocation essentielle de garder ouvert l'horizon de l'avenir et ce, contre une tendance à la technicisation de notre existence qui, en nous présentant l'illusion d'une marche en avant, nous ferait en réalité piétiner sur place, voire renoncer à l'idée de tout progrès, de toute projection vers le futur[1].

1. Les chapitres I et III ont été publiés dans les revues *Alter* en 2011 et *Conatus* en 2010. Ils ont été intégralement revus et je les remercie de m'avoir autorisé à reprendre ces textes. L'avant-propos, l'introduction et les autres chapitres sont inédits.

PREMIÈRE PARTIE

L'ONTOLOGIE DE LA VIE

CHAPITRE PREMIER

LA TRANSCENDANCE DE LA VIE DESTRUCTION, RÉDUCTION ET CONSTRUCTION CHEZ HANS JONAS

Le phénomène de la vie regroupe un ensemble d'articles rédigés par Jonas sur une période allant de 1950 à 1965. Tout en ayant eu pour projet d'y exposer une théorie achevée de la vie, comme de nombreux appendices et transitions entre les articles en témoignent, l'auteur reconnaît cependant que son livre consiste avant tout en une succession d'essais, au sens de tentatives et d'expérimentations, en vue de faire émerger une essence de la vie[1]. On peut dès lors se demander quelles seraient les grandes lignes de cette théorie de la vie, qu'il est toujours possible de deviner en creux dans l'œuvre de Jonas. De prime abord, sitôt qu'on pense la vie, sa signification éclate en deux entités distinctes, selon qu'on en considère les vécus ou bien la dimension organique. Si on se focalise sur le pôle subjectif, on aura une phénoménologie attachée à décrire les vécus de la conscience et les conditions de ces vécus ou bien une métaphysique de la conscience. Si on se concentre sur le corps organique, on aura alors une science de la vie, comprise comme explication des mécanismes biologiques rendant

1. Dans ses *Souvenirs*, Paris, Bibliothèque Rivages, 2005, p. 238, Hans Jonas explique que la rédaction du manuscrit original date des années 1960 et est postérieure à la confection de certains articles isolés. Le manuscrit fut examiné par l'*University of Chicago Press* puis refusé. Suite à ce rejet, l'auteur choisit de réunir les articles déjà existants sous forme de chapitre thématique et c'est cet ensemble qui donnera lieu au *Phénomène de la vie* tel que nous le connaissons aujourd'hui. Pourtant, l'examen des archives de Constance tend à montrer que le manuscrit original existait déjà au printemps 1957 puisque Jonas entretient à cette époque une correspondance avec des éditeurs (M. Lunt et M. Norden) qu'il rencontre et auxquels il communique pour examen des parties du manuscrit. *Cf.* HJ, 10-13-3. (Nous adoptons la codification en vigueur aux archives de Constance.) Ce manuscrit, composé de cinq parties, se laisse d'ailleurs reconstruire dans une très large mesure, et il peut être lu en l'état.

possible toutes nos activités vitales. Entre la vie vécue et la vie expliquée, il y a donc solution de continuité, et nous voici condamnés à l'alternative, théoriquement douloureuse, d'une pensée de survol, qui ignore ou minore l'inscription organique de notre conscience et une pensée du sous-sol, qui fait de la conscience, au mieux, un épiphénomène de la matière organique. Bref, la pensée de la vie est prise dans une tension dont les pôles sont le corps et la conscience, tension qu'elle refuse d'assumer comme telle, préférant céder à un des termes de l'alternative. C'est cette fracture au sein de la nature[1] qui conduit Paul Ricœur[2] à déclarer impossible toute tentative d'unifier des réalités qui relèvent de registre de discours inconciliable: «*Les sujets et les objets ne font pas addition; la nature comme totalité des objets et des sujets est une idée inconsistante*»[3]. Il n'y aurait donc pas d'ontologie permettant la conciliation de la matière et de l'esprit, puisque l'inscription de la conscience dans la nature signifie sa réification tandis que la description de la nature comme objet pour la conscience signifie son idéalisation. Entre l'écueil de l'objectivisme et celui du subjectivisme, il n'existe pas de troisième voie, et il semble qu'il faille renoncer à exposer les conditions de possibilité d'une pensée de la vie qui réunirait les deux entités distinctes du corps et de la conscience. Il serait donc sage de se satisfaire d'une division scientifique des tâches, assignant au biologiste l'analyse du corps organique et l'explication des lois qui lui sont propres, tandis que le phénoménologue explorerait les vécus d'une conscience, poussant au mieux l'enquête jusqu'à décrire les vécus d'une conscience incarnée, d'une conscience qui sent bien qu'elle est son corps. En ce sens moyennant une neutralisation de la portée ontologique de ces discours, on pourrait s'accorder à ne leur assigner qu'une valeur méthodologique, chacune de ces disciplines proposant des postulats facilitant sa recherche propre.

Mais cette césure entre l'esprit et la matière n'a pas simplement des conséquences au plan ontologique, comme si l'incapacité à penser l'unité de la vie interdisait du même coup de penser les articulations à l'œuvre dans l'être entre la matière, la vie et l'esprit. Elle en a aussi au plan strictement épistémologique. De fait, faute de comprendre cela grâce à quoi notre «esprit» peut s'ouvrir au monde, à savoir l'être-en-vie de notre

1. À la scission entre le corps et la conscience, au sein de l'homme vivant, correspond une scission entre la matière et l'esprit au sein de la nature.

2. *Cf.* chap. VI.

3. P. Ricoeur, *Philosophie de la volonté*, 1. *Le Volontaire et l'involontaire. Note sur la cosmologie*, Paris, Aubier, 1963, p. 397.

corps, il semble que nous ne puissions comprendre le statut exact de la causalité naturelle. Partagé entre la conception purement mathématique d'une matière au sein de laquelle nous pouvons toujours affirmer l'existence d'une force mais sans que nous ne puissions-nous en faire aucune représentation concrète et celle d'un esprit qui relie les idées qu'il se fait des choses grâce à la notion « psychologique » de causalité, il ne nous ait pas donné les conditions sous lesquelles nous avons la garantie d'avoir accès à l'être de la nature. La question de la vie doit donc être entendue aussi bien en son sens de génitif objectif que de génitif subjectif. Il s'agit de comprendre le sens de la vie en tant qu'elle est une question ouverte à la connaissance mais aussi comme cela d'où la connaissance provient. Objet et sujet de la connaissance, la vie est bien un problème central au plan ontologique comme au plan épistémologique. Mais c'est bien parce que cette double dimension de la vie nous est la plupart du temps masquée qu'il ait besoin d'une phénoménologie pour nous en restituer le phénomène. Tout se passe en effet comme si l'originarité de ce phénomène était non seulement immédiatement masquée par lui-même – et il faudra comprendre le sens de ce recouvrement du phénomène en vertu de son être propre – mais aussi par l'histoire des interprétations de l'être produites par l'homme. S'il doit y avoir une phénoménologie jonassienne de la vie, c'est par conséquent à condition non seulement de faire apparaître les présupposés historiques sous lesquelles le problème de la vie nous a été livré et formulé de manière inauthentique, mais encore d'indiquer en vertu de quelle nécessité la vie a, d'elle-même, tendance à se voiler.

La destruction

Selon Hans Jonas, c'est en restituant l'histoire du problème de la vie depuis son origine, qu'il sera possible de reprendre le questionnement à nouveaux frais. De la même façon qu'Heidegger diagnostiquait dans l'histoire de l'ontologie un oubli toujours croissant de l'être, et invitait le penseur à détruire, c'est-à-dire à se réapproprier, la tradition philosophique, afin de sortir de l'amnésie, Jonas entreprend de remonter aux origines de la pensée pour faire sortir la vie de l'oubli dans laquelle elle est tombée, en la dégageant des interprétations qui en recouvrent le phénomène à un point tel que « notre pensée est aujourd'hui sous la domination ontologique de la mort »[1]. Une telle « destruction » ne saurait donc avoir le sens d'une négation pure et simple de la tradition philosophique mais bien plutôt celle d'une déconstruction, en vue d'une construction à nouveaux frais du concept de vie. De fait l'entreprise phénoménologique esquissée par Jonas s'inscrit dans une histoire dont elle hérite les termes dans lesquels le problème de la vie a été posé[2].

Il semble en effet, comme nous le verrons, qu'aucune des doctrines contemporaines ne se trouve en mesure d'expliciter le phénomène de la vie. Or cet oubli de la vie contraste fort avec son omniprésence aux commencements de l'histoire de l'ontologie. Tout se passe en effet comme si nous étions passés d'un monde au sein duquel seule la vie faisait sens – et c'est le pan-vitalisme des origines – à un monde au sein duquel seule la mort est réelle, et c'est le pan-mécanisme ainsi que l'idéalisme. La première interprétation de la nature s'accorde en effet à réduire l'être à l'être en vie. L'animisme témoigne qu'à l'aube de la pensée, c'est la *psyché* qui animait la matière et en expliquait les mouvements. Le vent et les étoiles possèdent une âme qui dirige leur cours, régulier ou capricieux. Ne disons pas que le pan-psychisme est le fruit d'un anthropomorphisme spontané et naïf, puisqu'il n'existe pas encore de séparation avérée entre le domaine psychique et le domaine physique, entre le subjectif et l'objectif. Simplement, l'homme observe les mouvements de la nature, et les comprend comme tous également vivants, d'une vie qui est indifféremment matérielle et psychique. Dans cette configuration, il n'existe, à vrai dire, qu'un seul cas, démentant l'omniprésence de la vie. C'est le phénomène de la mort. Ce cas particulier remet en question la théorie générale de la nature. C'est avec l'expérience de la mort que surgit véritablement la première question, et que se produit un recul de l'esprit interrogatif à l'égard de la réalité extérieure. Le sens du problème apparaît ainsi dans le monde. Un phénomène étrange et étonnant se produit et demande explication. Pourquoi la mort apparaît-elle dans le monde ? Pour

1. *PhV*, p. 46.

2. Hans Jonas reprend donc ici la méthode heideggérienne de destruction mais en l'appliquant à la notion de vie. On peut se reporter à : *Les problèmes fondamentaux de la phénoménologie*, *op. cit.*, p. 40-42. Alain Boutot distingue deux rapports à la tradition chez Heidegger, d'abord en tant qu'elle omet le Dasein, et donc à la lumière de l'ontologie fondamentale, ensuite dans l'oubli de l'être et donc à la lumière de la pensée de l'être. Cf. *Heidegger*, Paris, P.U.F., 1995 (1989), p. 63. Il nous semble que l'analogie avec Jonas doit s'appuyer sur le premier type de rapport à la tradition. C'est le statut ontologique du corps vivant, lieu d'une ouverture au monde, qui est manqué par la tradition, plutôt que « la » vie ou le vivre.

autant, cette question ne peut encore trouver une réponse à sa mesure. La seule réalité reconnue par le pan-vitalisme est la vie. C'est donc depuis la vie que la mort doit être comprise. Si mort il y a, elle doit être un passage vers une autre vie, si bien que la négation même de la vie ne pouvait être encore comprise que comme une autre manière d'affirmer la vie. La présence des tombes qui atteste du phénomène de la mort, mais en nie aussi le caractère définitif, de même que le culte des morts témoignent de la réalité de la sur-vie.

Tout change avec l'ontologie contemporaine. La vie n'est plus ce qu'il y a de plus réel, au contraire, c'est la mort. Le pan-mécanisme succède au pan-vitalisme, et l'ontologie de la mort à l'ontologie de la vie. La nature en effet se comprend sur le modèle de la matière pure, comme un champ de masses et de forces inanimées, régies par les lois physique de l'inertie, de la gravitation, et telle que les mathématiques peuvent la modéliser. La nature doit être comprise pour elle-même, et la science condamne l'anthropomorphisme tout comme le zoomorphisme, qui sont des obstacles à cette compréhension. L'essentiel de la matière doit être vidé de tout attribut humain ou vital. Mais c'est alors le fait de la vie qui entre en contradiction avec la théorie générale de la nature. Avec le primat de la matière, c'est la mort en effet qui devient le plus naturel des phénomènes. Dans ce contexte, c'est désormais la vie qui est problématique. Comment une structure aussi complexe peut-elle émerger, et donner lieu à un comportement apparemment finalisé qui défie les lois de la nature ? De la même façon que la question de la mort avait tenté d'être résolue à partir de l'idée qu'on se faisait de la vie, il faut à présent comprendre la vie à partir de l'idée qu'on se fait de la mort. L'identité vitale se réduira à l'identité physique, et c'est le cadavre, qui deviendra la norme pour penser le vivant. Son inertie est en effet conforme aux canons de la physique scientifique.

Il faut rendre compte d'un tel revirement ontologique. D'où vient que la norme ontologique soit passée de vie à trépas ? D'où vient que le pur et simple constat de la vitalité des phénomènes ait pu être taxé de zoomorphisme et d'anthropomorphisme ? Nul doute ici que c'est le moment dualiste qui est à l'origine d'un tel tournant dans l'histoire de l'ontologie. C'est, en réalité, un faisceau de théories qui le constitue, mais c'est une expérience fondamentale qui en est à l'origine. Les différentes expressions du dualisme trouvent en effet leur unité dans le rapport que le vivant va nourrir à l'égard de sa propre mort[1]. Le monisme vitaliste indifférencié des

1. *PhV*, p. 24 : « la métaphysique dualiste (...) [a] des racines dans l'expérience de la mortalité. »

origines ne peut éluder longtemps le problème de la mort. Le cadavre se rappelle avec insistance à sa vue. Le caractère définitif de la décomposition contraste avec le caractère éphémère de la vie. La matière finit par imposer sa loi et se présenter telle qu'elle est: une pure et simple négation de la vie. Dès lors la vie ne peut se perpétuer, que sur un mode radicalement différent. Pour que vie il continue d'y avoir, il faut supposer une entité – l'âme – irréductible à la matière, qui n'en est que le véhicule momentané. Le corps est en lui-même mort et ne doit sa vie, provisoirement, qu'à son hôte psychique. Puisqu'on observe l'existence de corps sans âme, on doit bien pouvoir supposer l'existence d'âme sans corps. Cette coupure de l'âme et du corps prend une dimension cosmologique, avec l'opposition de la matière et de l'esprit. C'est désormais le tout de la matière qui est mort, tandis que l'esprit reçoit en lui tout ce qu'on retire à la matière : les qualités sensibles. On pourrait évoquer tout un corps de théories nées d'un tel rapport à la mort: l'orphisme qui fait du *soma* un *sèma*, du corps un tombeau ; la religion chrétienne, qui affirme la survie de l'âme quand le corps dépérit.

Mais c'est avec Descartes, selon Jonas, que le dualisme est affirmé de la manière la plus intellectuellement consciente, et qu'il prépare le mouvement de pensée par lequel la vie deviendra soit inintelligible, soit réduite à la mort. On ne saurait être plus net: «*Le dualisme cartésien laissa la spéculation sur la nature de la vie dans une impasse*»[1]. C'est qu'on ne comprend plus l'unité de la structure fonctionnelle du vivant avec le sentiment ou l'expérience dont il est aussi le lieu. Descartes sépare en effet très distinctement la substance étendue et la substance pensante. D'un côté la « vie » corporelle se réduit au déroulement d'une mécanique sans âme, de l'autre la pensée est dépouillée de toutes les fonctions d'animation vitale qu'elle avait encore chez Aristote. Il n'y a plus d'âme que rationnelle ; les fonctions végétatives et «sensibles» sont attribuées unilatéralement au corps, compris de manière mécanique[2]. D'une part, on ne comprend donc pas comment la décision volontaire de lever le bras peut bien déclencher l'acte physique de le lever, puisque seule une réalité physique peut mettre en mouvement une autre réalité physique, en vertu de l'homogénéité de la loi de cause et d'effet. Mais d'autre part, on ne comprend pas comment le processus physiologique de la perception peut bien créer en mon âme une image. Enfin, quel sens peut-on donner aux degrés d'organisation qu'on

1. *Ibid.*, p. 69.

2. *Cf.* Descartes, *Traité des passions de l'âme*, § 5-6, (AT, XI) ; *Cf.* Lettre à Regius en mai 1641 (AT, III, p. 370 *sq.*)

observe dans la sphère animale, dès lors qu'ils ne sont plus reliés à différents degrés possibles de conscience. La hiérarchie animale pouvait donc être observée mais sans possibilité pour elle de recevoir une signification. Le système cartésien dénie donc à la vie, cela qui semble pourtant s'imposer avec évidence à son sujet, à savoir, ce pouvoir de se vouloir elle-même. On pourra, il est vrai, nuancer ce jugement apparemment sévère de Hans Jonas à propos de la doctrine cartésienne. Descartes ne fait-il pas un effort pour définir l'existence d'une troisième notion primitive[1], grâce à laquelle l'union de l'âme et du corps, et donc la vie devient pensable ? Ainsi dans le *Traité des passions de l'âme,* Descartes montre à quelles conditions l'épreuve interne de l'union peut devenir intelligible. L'extension du corps humain n'est en effet pas un argument contre son union au principe spirituel, d'une part, parce que la divisibilité du corps vivant est relative au regard de celle de la pure matière – il y a une certaine indivisibilité du corps, distincte pourtant de celle de l'âme, qui tient à l'étroite solidarité des organes entre eux – d'autre part, parce que l'âme n'est pas reliée à telle ou telle partie du corps, ce qui en signifierait l'extension, mais bien au corps dans son ensemble[2]. Il semble donc y avoir une affinité entre le corps humain et l'âme, qui en expliquerait l'union. Descartes prétendra d'ailleurs pouvoir localiser de manière plus précise le siège de l'union, dans la glande pinéale[3], sans contredire pour autant l'idée d'une indivisibilité de l'âme. L'union du corps et de l'esprit ne serait d'ailleurs pas nécessairement l'apanage de l'homme. Les animaux eux aussi possèdent une glande pinéale[4], et Descartes reconnaît même que ce n'est guère que chez eux qu'il a observé une telle glande[5]. Certes, la présence de la glande n'est pas une condition suffisante de la présence d'une âme, mais elle en

1. Lettre à Élisabeth du 28/06/1643. Cette troisième notion fait, bien évidemment, écho à la question de l'union de l'âme et du corps tels que les sentiments ordinaires en attestent l'existence dans la sixième des *Méditations métaphysiques*.

2. Sur ces deux arguments, cf. *Traité des passions*, *op. cit.*, art. XXX.

3. *Traité des passions*, *op. cit.*, art XXXI-XXXII. La glande étant le seul organe du cerveau qui ne soit pas double, il est probable que c'est en elle seule que les deux images transmises par les organes visuels trouvent à s'unir : elle doit donc être le siège de l'esprit. Par ailleurs, elle rend possible le contact le plus direct et le plus simple avec la totalité organique. Elle facilite donc le lien entre l'indivisibilité absolue de l'âme et l'indivisibilité relative du corps.

4. *Cf.* les deux Lettres à Mersenne de fin 1632 (AT, III, p. 20), celle du 1er avril 1640 (AT, III, p. 47 *sq.*), Lettre à Meyssonnier du 29/01/1640. La glande pinéale est plus facile à observer chez l'animal, et la spécificité de la glande humaine tiendrait peut-être à sa plus grande mobilité et finesse.

5. Lettre à Meyssonnier.

constitue manifestement une condition nécessaire. La thèse de l'animal machine est d'ailleurs présentée davantage comme une exigence méthodologique que comme une vérité ontologique[1]. Il faut bien reconnaître pourtant que ces indications ne sauraient nous satisfaire. L'alternative est en effet bien la suivante. Soit on reconnaît la dualité stricte de l'âme et du corps, telle que l'entendement l'atteste en vertu de l'idée claire et distincte qu'il s'en fait, et dont la vérité est garantie par Dieu, et alors il faut reconnaître l'éclatement de la vie en deux entités distinctes, et avouer que le sentiment de vie (nos sentiments, nos sensations) n'a aucune valeur gnoséologique. Soit on reconnaît la valeur du sentiment dans le domaine des phénomènes psycho-physiques, mais alors il faut définir une autre source de vérité que celle de l'entendement, et même la remettre en question, dans sa prétention à nous dire quoi que ce soit du monde qui nous entoure. Non seulement par conséquent, c'est toute la métaphysique cartésienne qui serait remise en cause, mais en outre, la vie deviendrait l'objet d'un discours insaisissable, qu'alimente le sentiment. L'absurdité éclate, d'ailleurs, lors de la tentative cartésienne pour tenter de rendre compte du phénomène de l'union. Peu ou prou, en même temps qu'il reconnaît une indivisibilité relative du corps, il est conduit à affirmer une extension relative de l'âme[2]. Pourtant, cette extension ne peut recevoir d'autre statut que métaphorique ou pédagogique, sauf à revenir sur le dualisme substantiel, qui est l'acquis des *Méditations Métaphysiques*. Et c'est d'ailleurs bien le statut que Descartes lui accorde en dernier ressort[3].

1. Comme le remarque Pierre Guenancia: « Contre ceux qui s'imaginent être suffisamment intimes avec les bêtes pour soutenir qu'elles pensent comme nous, Descartes ne dit pas qu'il sait qu'elles ne pensent pas, mais qu'il ne connaît rien d'elles qui le contraigne d'affirmer qu'elles pensent. », dans *Descartes*, Paris, éd. Bordas, p. 73 En d'autres termes, c'est par refus de l'anthropomorphisme spontané que Descartes refuse d'attribuer, sans plus de preuve, la pensée aux animaux. *Cf.* de manière exemplaire la lettre à Morus du 5/02/1649 : « Cependant, quoique je regarde comme une chose démontrée qu'on ne saurait prouver qu'il y ait des pensées dans les bêtes, je ne crois pas qu'on puisse démontrer que le contraire ne soit pas, parce que l'esprit humain ne peut pénétrer dans leur cœur pour savoir ce qui s'y passe. » *Cf.* aussi, comme le fait remarquer Guenancia : *Réponses aux quatrièmes objections* (671-II) et *Réponses aux cinquièmes objections* (799-II).

2. *Cf.* notamment, Lettre à Élisabeth du 28/06/1643.

3. L'extension de l'âme se distingue de l'extension corporelle. Et dans la Lettre à Morus du 15/04/1649, il oppose « l'étendue de substance » propre au corps, à « l'étendue de puissance », appartenant à l'âme. Mais cette solution est ad hoc. Elle ne vaut que par le besoin d'unir l'âme au corps, et ne renvoie pas à l'expérience de l'âme, comme pure intériorité, telle que Descartes l'appréhende dans la réflexion. Comme dirait Merleau-Ponty, c'est un concept mythique, qui sert seulement à mettre une pancarte, pour indiquer l'irréductibilité du réel à la pensée. *Cf.* M. Merleau-Ponty, *L'union de l'âme et du corps*, Paris, Vrin, 1997, p. 15.

L'alternative est donc la suivante : soit on se satisfait de l'épreuve du sentiment afin de déclarer l'union du corps et de l'esprit vraie, mais alors on révoque en doute la dualité du corps et de l'esprit, en même temps qu'on remet en cause la véracité de l'entendement[1] ; soit au contraire, on reconnaît la vérité de la dualité, claire et distincte aux yeux de l'entendement, et telle que Dieu en est le garant, mais alors l'union, c'est-à-dire la vie, s'avère incompréhensible. La philosophie cartésienne ne parvient donc pas à penser l'unité d'une dualité et d'une unité, soit, à élaborer un discours qui évite à la fois l'abolition de la dualité du corps et de l'esprit dans une unité vague et confuse, en un mot sentimentale, et l'éclatement de l'unité qu'est la vie, dans une dualité d'entendement. Non seulement donc les points de vue de l'entendement et du sentiment sont contradictoires entre eux, mais en outre ils conduisent chacun à leur façon à décréter la vie impensable. Saurons-nous donc jamais réconcilier la vie et la pensée, ou bien faudra-t-il se résoudre à faire de la vie un mystère dont nulle intelligence n'est possible[2] ?

Nous pouvons à présent prendre la mesure du tournant, qui explique le passage d'une ontologie de la vie à une ontologie de la mort. En fournissant l'appareillage conceptuel permettant d'expliciter le rapport que l'homme nourrissait à l'énigme et au scandale de sa propre mort, le dualisme précipitait, selon Hans Jonas, la scission du monisme primordial indifférencié en deux substances bien distinctes. C'est d'ailleurs parce que le succès du dualisme ne s'explique pas seulement par sa portée méthodologique – en retirant de la nature tout ce qui pouvait appartenir à l'âme, on facilitait l'application de l'outil mathématique à la réalité extérieure – mais par l'expérience de la mort à laquelle il apporte une interprétation, que l'on peut parler à propos des ontologies post-dualistes d'« ontologie de la

1. Si nous sommes une réalité irrémédiablement mêlée, comment pourrions-nous expérimenter l'esprit pur, et donc nous faire une idée claire et distincte de la dualité du corps et l'esprit ?

2. Ce divorce, sans possibilité de conciliation entre l'âme et le corps, montre d'ailleurs toute sa force dans l'échec de la solution occasionaliste. En affirmant la possibilité d'une harmonie entre la série étendue et la série psychologique au plan de la synchronisation divine, on est contraint de penser la raison d'être du mécanisme vivant. Or puisqu'il ne peut être à dessein de lui-même, sauf à réintroduire en lui ce qu'on a précisément exclu, à savoir la jouissance de soi, et puisqu'il ne peut contenter quelque spectateur divin que ce soit – puisqu'il n'y ni sujet jouissant, faute d'une base organique accordée aux purs esprits, ni objet réjouissant, puisque les lois monotones de la nature président toujours aux mêmes agencements mécaniques – puisqu'enfin il ne peut être à dessein de l'homme, puisque celui-ci ne doit rien de ce qu'il a d'essentiel à ce type d'être, force est de conclure à l'absurdité de la vie corporelle.

mort »[1]. En même temps qu'il opérait une scission du monisme primitif, et qu'il donnait un sens à la mort, il rendait du même coup incompréhensible la vie. Son instabilité ontologique – préparait la voie à deux nouveaux monismes. Idéaliste ou matérialiste, l'ontologie contemporaine majore un des deux aspects de la réalité et réduit l'autre à celui qu'elle considère comme primordial. Ce faisant elle se heurte pourtant à des contradictions qu'elle ne parvient pas à surmonter. S'agit-il du matérialisme ? Posant la matière, il ne parvient pas à retrouver la vie, car soit mon corps vaut autant que n'importe quel corps, et on ne comprend plus sa spécificité, soit il fait exception au règne de la matière, mais on ne sait pas en vertu de quel principe ou de quel privilège. S'agit-il de l'idéalisme ? Soit mon corps est une idée comme l'est n'importe quel autre corps étendu, mais alors on ne comprend pas qu'il soit *mon* corps, à savoir ce fragment d'étendue qui me permet d'investir à ma façon le monde. Soit la spatialité l'habite vraiment et lui permet de rejoindre l'extériorité, mais alors il excède le statut purement idéal que lui reconnaît l'idéalisme. Faute de donner sens à la vie, ou à l'unité du corps et de l'esprit, les ontologies contemporaines font, de chacune de ces deux substances, des abstractions. Mais alors l'âme ne vit ni ne meurt : elle est sans rapport au monde, et ne peut le comprendre. Le corps matériel, quant à lui, est le fruit d'une construction idéale opérée par la conscience sans vie. Il est sans rapport véritable à l'activité. Cela signifie que, non seulement l'ontologie contemporaine ne parvient pas à éclairer la totalité psychophysique qu'est la vie mais en outre qu'elle se rend incapable d'accéder à une compréhension véritable de la nature qu'elle réduit à l'abstraction du corps matériel. L'interrogation sur la vie ne vaudrait donc pas seulement par elle-même, mais serait aussi la condition d'une compréhension de la nature dans son ensemble. Elle serait à la fois une dimension de l'être mais aussi une condition de sa compréhension. Hans Jonas affirme :

> Seul un monde objectivé comme pure extériorité étendue, tel que le conçoit le matérialisme, se laisse opposer une conscience pure qui n'y a aucune part, dans sa dimension et sa fonction – qui n'agit plus mais contemple seulement[2].

C'est seulement parce que le monde matériel devient une pure représentation spatiale, dans lequel certes des forces sont censées et des masses se mouvoir, mais sans qu'on puisse se faire une idée concrète de

1. *PhV*, p. 26.
2. *Ibid.*, p. 31.

cette force agissante, qu'on peut concevoir la conscience comme pure pensée. Elle n'y prend pas part, mais se contente de l'appréhender au titre de réalité idéale. Mais inversement, c'est seulement pour ce type de conscience désincarnée que le monde peut apparaître comme constitué de parties extérieures les unes aux autres, comme ils le sont à l'égard de la conscience. Cette étroite interdépendance du matérialisme et de l'idéalisme rend inintelligible le concept de causalité naturelle. Le matérialiste ne pourra jamais constituer en objet d'expérience la force à l'œuvre dans l'univers, car pour lui la réalité n'est à vrai dire qu'une étendue. Inversement, la conscience idéaliste ne pourra enchaîner de manière causale, en elle, l'ensemble des phénomènes, autrement que par une reconstruction abstraite.

Nous voyons donc mieux, à présent, les raisons de l'échec de l'ontologie contemporaine à cerner le phénomène de la vie, et à se rendre intelligible la nature dans son unité. En héritant du legs dualiste, en majorant un des deux aspects du réel et en tentant de retrouver l'autre, afin d'éviter l'inconcevable dualité psychophysique, chacune des deux ontologies, matérialiste et idéaliste, vise une totalisation, que son origine, comme partie d'un monisme total indifférencié, lui interdit de retrouver. Serait-il alors sage, comme nous le supposions en introduction, de nous satisfaire d'une division méthodologique des tâches ? Après tout, chaque discipline pourrait se cantonner au domaine de la réalité qu'elle connaît le mieux, sans s'occuper de l'autre, et en maintenant à l'arrière-plan de sa démarche, un dualisme transcendantal, qui la préserverait de toute contradiction. Mais un tel souhait est un vœu pieux. D'une part, l'unité ambiguë du phénomène de la vie nous oblige à reconnaître l'existence, dans la réalité, d'un troisième type d'être qui échappe au partage stricte de la matière et de l'esprit[1]. Et puisque la réalité contient en son sein cela qui remet en question le partage méthodologique souhaitée par chacune des ontologies, il faut contester la possibilité d'une telle répartition des tâches : « *Ainsi le corps organique signifie-t-il la crise de toute ontologie connue et le critère de "toute ontologie future qui pourra se présenter comme science."* »[2]. En renonçant à penser l'unité de la vie, l'ontologie se rendrait d'ailleurs incapable de penser l'âme et le corps. Si la vie constitue bien ce troisième type d'être, il faut en effet supposer que les deux premiers seront redéfinis à partir de ce troisième. La vie serait alors le point de départ

1. *Ibid.*, p. 28.
2. *Ibid.*, p. 29.

ontologique pour résoudre le problème de l'unité et de l'articulation des différences au sein de l'être.

Mais cela signifie aussi que c'est depuis l'expérience du corps vivant qu'on pourra donner sens à la causalité naturelle. Cela qui était impossible à partir des dispositifs matérialistes et idéalistes, deviendra sans doute possible, à partir de l'expérience que le corps vivant fait de son investissement causal, par force, dans le monde. En lieu et place de la neutralisation causale opérée par l'ontologie de la mort, nous aurons accès à une expérience de la force, qui est plus qu'une idée abstraite, et qui, en tant qu'agir, ouvre à la compréhension concrète des mouvements à l'œuvre dans la nature. Il n'y a pas lieu de regretter le passage par le moment dualiste, ni de se contenter d'un dualisme méthodologique, encore moins d'aspirer au retour à un monisme indifférencié. Le défi dualiste nous dresse au contraire un plan d'obligation stricte :

> Le dualisme n'a pas été une invention arbitraire, car la dualité qu'il affirme est fondée dans la réalité elle-même. Un nouveau monisme intégral, c'est-à-dire philosophique, ne peut défaire la polarité : il doit l'absorber dans une unité plus élevée de l'existence d'où sont issus les opposés comme des physionomies de son être ou des phases de son devenir. Il doit reprendre le problème qui originellement donna naissance au dualisme [1].

La réduction

Le dualisme a acquis son pouvoir d'extension du problème que la mort posait à la vie. Mais le sens de cette mort et le sens de cette vie ont été prédécidés à partir d'une lecture substantialiste de l'âme et du corps. Mourir signifiait la décomposition du corps et « l'envol » de l'âme. Le corps était au fond une réalité morte, et la vie était le propre de l'âme. Il s'agissait d'opposer l'extension, la multiplicité, l'extériorité à l'inextension, l'unité et l'intériorité de l'âme. Mais puisque l'unité de la vie nous fait défaut sitôt qu'on pense le corps et l'âme, sur le mode de l'opposition stricte, alors c'est qu'il faut au contraire partir de l'unité de cette dualité. La compréhension du phénomène de la vie ne pourra être effectuée que sous la condition de s'affranchir des ontologies de la mort, qui pensent la vie à partir de la réalité matérielle étendue, et de ce qui en est son complément obligatoire, l'âme pure de toute matérialité. Il faudra penser la vie, indépendamment d'une

1. *PhV*, p. 27.

conception de la mort, dans laquelle le corps n'est qu'un fragment d'étendue, et l'âme, la cause de la survie. Or, puisque cette vie que nous avons et que nous pouvons appréhender d'un point de vue extérieur à nous-mêmes est aussi une vie que nous sommes et dont nous avons un « savoir » intime, il ne paraît pas impossible de s'y ménager un accès authentique.

Nous avons vu que l'incapacité à porter au concept ce savoir implicite de la vie provenait du poids de l'histoire de la pensée qui nous invite à l'aborder en termes substantiels. Pourtant jamais la pensée à elle-seule ne pourrait entrer dans une telle impasse si une nécessité inhérente à la vie ne conduisait pas le penseur à une telle méprise. C'est donc au sein même de la vie qu'il doit y avoir un principe en vertu duquel la vie se dissimule au vivant qui veut la penser. L'entreprise phénoménologique ne doit pas se borner à déconstruire la tradition philosophique. Elle doit encore procéder à ce qu'on peut bien appeler une réduction [1], en vue de libérer notre regard afin de le rendre disponible à l'appréhension du phénomène vital. Hans Jonas fait en effet porter la responsabilité de notre tendance à substantialiser l'être et, par là-même, à penser la relation de l'âme et du corps comme juxtaposition entre deux substances, à notre situation perceptive. Ce sera donc seulement à condition de mettre entre parenthèses, pour ainsi dire, les données de la perception, que le champ de la vie sera à nouveau ouvert à notre investigation.

Dans le premier appendice du premier essai du *Phénomène de la vie* intitulé « causalité et perception », le philosophe reprend la distinction opérée par Whitehead entre « l'efficacité causale », qui échappe à la vue, et « l'immédiateté de présentation » [2], afin de montrer que les sens, la vue en particulier, sont insensibles à leur propre constitution causale. Cet aveuglement dévitalise la chose perçue en la substantialisant. Sur ce point, l'apport propre de Hans Jonas – qui rejette le terme d'immédiateté de présentation [3], sous prétexte que cette présentation visuelle n'est justement pas immédiate puisqu'elle manque le donné réellement immédiat qu'est la vie du corps – consiste à justifier davantage que Whitehead [4], selon lui, la

1. Ici encore nous renvoyons à ce qu'en dit Heidegger lorsqu'il expose « les trois éléments fondamentaux de la méthode phénoménologique » (*Les problèmes fondamentaux de la phénoménologie*, *op. cit.*, p. 39-40.)

2. Voir par exemple, Whitehead, *Procès et réalité*, trad. fr. D. Charles, M. Elie, M. Fuchs, J.-L. Gautero, D. Janicaud, R. Sasso et A. Villani, Paris, Gallimard, 1995, deuxième partie, chap. VIII.

3. *PhV*, p. 39.

4. Par ailleurs, il importe d'indiquer que la démarche de Jonas se veut phénoménologique et permet de rejoindre le phénomène de la vie, tandis que celle de Whitehead est spéculative et

cécité de notre perception. Il mobilise à cet effet une analyse aussi bien génétique que phénoménologique. C'est d'une part en indiquant les causes efficientes de la perception que nous expliquerons la substantialisation de l'être qu'elle opère. C'est d'autre part en procédant à une phénoménologie des sens, ce que Jonas entreprend dans le sixième essai du *Phénomène de la vie*, que nous comprendrons, par comparaison avec les autres sens, en quel sens la vision oublie et la vie et l'être. On pourra s'étonner du recours à cette double démarche, dont l'une semble exclure l'autre. Si nous mettons en œuvre une phénoménologie, n'est-ce pas précisément que nous souhaitons suspendre provisoirement notre croyance en un monde objectif, en un monde révélé par l'expérimentation scientifique ? Inversement, le recours à une explication objectivante n'annule-t-elle pas le témoignage des sens dont la description fidèle de nos vécus prétend nous faire part ? On pourrait alors reprocher à Jonas, en dépit de son souhait exprimé de réaliser une phénoménologie de la vie de rester inféodé aux préjugés de l'ontologie de la science. Pourtant les résultats de la science ne sont pas incompatibles avec ceux de la phénoménologie, à condition de distinguer un plan méthodologique, celui où l'abstraction scientifique est légitime en vue de fournir des explications de détail, et un plan ontologique où la compréhension doit tenter d'être globale. Comme le dit Jonas, « expliquer et comprendre la nature, ce n'est pas la même chose » [1]. Dès lors le projet d'une explication scientifique de la perception appelle une double remarque. D'une part, ce recours se justifie pour mettre en question l'immédiateté apparente et la vérité de notre perception. Celle-ci a lieu dans un corps et elle en dépend. Ce rappel doit permettre de défaire l'idéalisme de notre connaissance qui voit dans l'esprit l'origine, psychologique s'il s'agit de Hume ou transcendantale, s'il s'agit de Kant, de notre savoir. Cette connaissance provient en réalité d'un corps perce-

il n'accorde pas à ce phénomène le caractère ultime de la vérité. *Cf.* S. Donnelley, « Whitehead and Jonas : On biological organisms and real individuals », in *Organism, Medicine and metaphysics, Philosophy and medicine*, vol 7.

1. *PR*, p. 144. *Cf.* aussi, *Technik, Medizin und Ethik*, 4: « Wertfreie Wissenschaft und Verantwortung : Selbstzensur der Forschung ? », Frankfurt-am-Main, Suhrkamp, 1985 (Désormais cité *TME*), p. 85 traduit dans *L'art médical et la responsabilité humaine*, trad. fr. É. Pommier, Paris, Éditions du Cerf, 2012, p. 41-42 : « Donc, bien que le schéma naturel réduit conserve son droit dans toute explication causale isolée, on pressent toutefois pour le tout une tendance secrète par derrière, qui visait quelque chose ; on pressent une demande pour laquelle il en allait de quelque chose. » Jonas prend argument de l'expérience que l'homme fait de sa subjectivité et de la thèse évolutionniste pour affirmer que la vie, comprise dans sa totalité et par contraste avec le schéma analytique réduit de la science, doit inclure une forme de subjectivité. Plus bas, il évoquera à ce propos « une objectivité élargie ».

vant et non d'une perception désincarnée qui serait ensuite soumise aux lois de l'esprit. D'autre part, cela ne signifie pas que l'analyse génétique qui témoigne de l'incarnation de la perception fait toute la lumière sur la perception. Les présupposés matérialistes de l'explication scientifique doivent être relus depuis une phénoménologie de la vie, et la compréhension de la perception requiert une phénoménologie des sens, qui seule permettra de mettre en question le caractère objectivant de l'analyse scientifique.

Ces préalables étant énoncés, nous pouvons dire à présent que la perception en général annule, par sa constitution même, tout ce qui du monde relève de l'agir au profit d'entités neutres. Sans entrer dans le détail de cette explication, notons simplement que la petitesse des unités agissantes dans la réceptivité sensible, petitesse au regard de la dimension de l'organisme explique comment leur intégration conduit à un adoucissement des chocs et des collisions qu'elle suppose, au point de supprimer tout sentiment d'influence ou d'impulsion, au sein même de la perception. « Il s'ensuit que l'apparente priorité de l'entité persistante sur l'activité occasionnelle (...) est une inversion de l'ordre ontologique d'origine (...) »[1]. C'est particulièrement le cas dans l'ordre visuel selon Jonas, à cause de ses « propriétés dynamiques » et « des ordres d'amplitude impliqués »[2]. C'est seulement, dans certaines occasions particulières que l'insistance ou la puissance du monde se fait réellement sentir, lorsqu'une lumière ou un bruit devient trop violent par exemple. La causalité déborde alors la perception au lieu d'être annulée par elle. Comme nous le laissions entendre ce type d'analyse peut et doit être complétée par une approche phénoménologique[3]. Voilà pourquoi Hans Jonas montre également que le sens de la vue se distingue de tous les autres en ce qu'il présente une image simultanée de la réalité appréhendée[4], mais surtout une image où la causalité dynamique du monde est purement et simplement neutralisée, tandis que le spectateur se saisit comme étant extérieur aux objets, ou à distance

1. *PhV*, p. 40.

2. *Ibid.*, p. 41 et p. 157, note 4.

3. *Cf.* É. Pommier, « L'hommage critique de Hans Jonas à la philosophie de l'organisme de Whitehead », *Revue Philosophique de Louvain*, t. 110, n°3, 2012, p. 495-518.

4. La vue est donc le sens le moins temporel et le contenu de l'image visuelle peut être livré comme un tout au lieu d'être appréhendé dans sa succession. L'atemporalité de la vision favorise le détachement du sujet à l'égard du monde.

d'eux, tandis qu'eux-mêmes paraissent extérieurs les uns aux autres [1]. Il ne faut donc pas s'étonner que cet incontestable gain théorique – puisqu'en permettant le désengagement du sujet au sein du monde la perception visuelle rend aussi possible la connaissance objective – représente aussi une perte ontologique [2]. Ce qui est mis au crédit de l'objectivité est à mettre au débit des comptes de l'être. L'esprit allant « là où se dirigeait la vision » [3], on ne comprend plus vraiment comment le sujet peut se frayer une voie vers l'être ni comment les différents « objets », qui sont construits, peuvent agir effectivement les uns sur les autres. Les représentations dévitalisées que le sujet a des choses du monde le contraignent à se tenir dans un rapport à la vérité tel que celle-ci ne peut plus consister qu'en une problématique « adéquation » entre ces représentations et ces choses. D'une part donc le sujet prend un recul excessif vis-à-vis de l'être des choses mais ces choses elles-mêmes sont alors conçues sur le modèle de la substance qui « n'admet que des relations externes et par définition exclut toute auto-transitivité » [4]. Voici pourquoi, « délivrer l'"être" de cet emprisonnement dans la "substance" fait partie des préoccupations principales de l'ontologie contemporaine » [5], dont celle de Jonas, et, dans l'esprit de cet

1. Pour davantage de développements sur ce point, on peut consulter : D. Lories et O. Depré, « Chapitre IV : Phénoménologie des sens : *Phénomène de la vie, VI* » dans *Vie et liberté, Phénoménologie, nature et éthique chez Hans Jonas*, Paris, Vrin, 2003, p. 109-136.

2. Hans Jonas retrouve ici ce qu'il estime être le projet de Heidegger, à savoir « l'écroulement de tout le modèle, quasi optique, d'une conscience principalement *cognitive* » (*PEF*, p. 31). On pourra certes s'interroger sur la prétention du philosophe à réaliser une véritable phénoménologie des sens comme il en assume la tâche dans l'Essai VI du *Phénomène de la vie, op. cit.* Parvient-il véritablement à décrire phénoménologiquement le champ perceptif, en deçà du prisme objectivant de la perception, toujours trop visuelle, ou bien ne fait-il que retomber dans le préjugé du monde objectif en distinguant les données sensorielles des différents sens, comme si leur différence était des données objectives de la réalité, au lieu de revenir à une couche originaire du sentir comme le fit Maurice Merleau-Ponty ? Dans l'esprit de Jonas il ne fait pas de doute que la perception tactile a une priorité ontologique sur les autres sens, puisqu'elle est la plus à même de nous donner à sentir directement le mouvement dont le corps est capable et qui le constitue comme vivant. Cela n'implique pas nécessairement que les sens sont séparés objectivement les uns des autres puisque la perception visuelle qui nous donne le sentiment de la perspective, dépend de la perception tactile. Cf. *PhV*, p. 162 *sq.* Il convient au contraire de ne pas perdre le caractère unifié du champ perceptif en accordant à la vue un privilège préjudiciable à l'appréhension de l'être : « Le témoignage de la vue ne falsifie pas la réalité quand il est complété par celui des strates sous-jacentes de l'expérience, en particulier de la motricité et du toucher : quand elle rejette avec arrogance ce témoignage, la vue devient stérile quant à la vérité » (*PhV*, p. 157) Nous reviendrons cependant sur ce point au chapitre 5.

3. *Ibid.*, p. 160.

4. *Ibid.*, p. 43.

5. *Ibid.*

auteur, également et surtout celle de Henri Bergson et Alfred North Whitehead[1].

À vrai dire, et même si la justification d'une telle assertion est encore prématurée[2], puisqu'elle suppose le dévoilement positif du phénomène de la vie, il faut remarquer dès à présent que la distance que la perception visuelle ouvre est une conséquence même de la transcendance de la vie. C'est parce que l'évolution de la vie est caractérisée par un déploiement de cette transcendance que l'animalité apparaît avec la motricité et la perception. Nous voici donc alertés contre une tendance de la perception, et une tendance semble-t-il d'origine vitale, à jeter un voile sur l'unité de la vie en engendrant ce qui, au plan philosophique, se présentera comme étant le problème épistémologique de l'accès à la vérité et le problème ontologique de l'unité de l'être.

LA CONSTRUCTION

Nous pouvons dès lors mieux identifier la démarche à suivre en vue de porter au concept le phénomène de la vie. C'est seulement à condition d'une part de critiquer les concepts reçus par l'histoire de la pensée de l'être, caractérisée par l'oubli de la vie, et d'autre part de trouver un autre mode d'accès à l'être qu'en prenant pour sol de la réflexion la perception objectivante, que nous serons sur la voie d'une authentique approche du phénomène vital. La phénoménologie jonassienne de la vie pourra alors remplir deux attentes. En premier lieu, en surmontant l'obstacle de l'ontologie de la mort, elle sera en mesure de reprendre sur des bases nouvelles le problème qui a donné naissance à celui de la vie. En d'autres termes, il s'agira de comprendre en quel sens la mort peut arriver à la vie, sans que cette expérience de la mort ne soit abstraite et ne promeuve une conception problématique de la vie à partir des catégories abstraites du corps et de l'esprit. En second lieu, en se ménageant un accès direct au phénomène de la vie, qui permette d'éviter les méprises inhérentes à la

1. HJ 11-5-18, Lettre de Hans Jonas à l'University of Chicago Press du 30 novembre 1954 : « Une certaine proximité avec des penseurs tels que Bergson et Whitehead est inévitable dans toute tentative moderne de ce type, mais la tentative présente repose sur une fondation philosophique différente et, ce qu'elle vaut, elle devra le tirer de ses propres mérites. La méthode d'approche doit beaucoup à la phénoménologie de Husserl et de Heidegger. » C'est nous qui traduisons.

2. Voir plus loin.

perception, nous pourrons envisager une approche relationnelle et non plus substantielle de la vie.

L'expérience de la vie

Pourvu donc que nous nous soyons rendus attentifs aux dérives d'une expérience perceptive qui ne serait que visuelle, et que nous nous soyons réappropriées l'histoire de la pensée, en défaisant « l'ontologie de la mort » qui en assigne la direction, nous pouvons nous fier à notre expérience. Douter de sa vérité serait rester prisonnier de l'ontologie de la mort, puisque ce serait remettre en cause, sous prétexte d'anthropomorphisme, une expérience qui n'a pas besoin d'être objective pour être vrai. Au contraire, comme l'affirme Hans Jonas :

> Peut-être, si on l'entend correctement, l'homme est-il après tout la mesure de toute chose – non pas il est vrai de par la législation de sa raison mais de par le modèle constitué par sa totalité psychophysique qui représente le maximum de complétude ontologique connue de nous : une complétude à partir de laquelle, par réduction, on devrait pouvoir déterminer la spécificité de l'être au moyen d'une soustraction ontologique progressive jusqu'au minimum de la simple matière élémentaire (...)[1].

Loin qu'il faille renoncer à tout anthropomorphisme au profit d'une description toute mécanique de la vie, forme raffinée d'anthropomorphisme, ou bien qu'il faille renoncer à l'entreprise de description de la vie au nom de notre incapacité à excéder un point de vue humain sur le monde, il faut faire de cet anthropomorphisme le point de départ méthodologique assumé d'une définition biocentrique de la vie. C'est d'ailleurs précisément parce que nous ne sommes plus dupes de l'ontologie de la mort, que nous ne serons pas intimidés par l'idée de comprendre l'homme comme étant par avance inscrit dans la vie. L'accusation d'anthropomorphisme suppose en effet le découpage de l'étant en une sphère subjective et objective, qui repose sur le dualisme. Dès lors, en même temps qu'on dépouille la nature de tout ce qui en elle peut être psychique ou vivant, on retire l'esprit du monde. Tout ce qui de l'esprit s'ajoute à la matière sera dès lors dénoncé au titre de projection anthropomorphe. Mais, prévenus contre le préjugé dualiste, qu'une telle accusation présuppose, nous pouvons redonner toute sa valeur au témoignage humain, non pas certes, en cédant à la naïveté d'un nouvel anthropomorphisme incontrôlé,

1. *PhV*, p. 33-34.

d'autant plus dangereux qu'on le croirait immédiatement fiable, mais au contraire en affirmant l'enracinement de l'homme dans la vie, tout en prenant garde à ne pas projeter sur elle ce qui n'existe, comme tel, que chez l'homme. C'est bien à cette condition que notre expérience de la vie peut nous permettre de saisir l'essence de la vie.

Cependant, pour déjouer le risque de projection, il n'y a évidemment d'autre solution que de reconnaître par avance que l'homme doit ce qu'il est à la vie en lui, mais sans prédéterminer par avance ce qu'il en est de la vie. Autant dire, donc, que c'est seulement en s'attachant aux modes de vie des autres vivants que nous pourrons corriger notre interprétation de la vie de ce qu'elle a de trop subjectif. Ainsi la difficulté de sortir d'un point de vue purement humain pour rejoindre la vie en elle-même est solidaire de la difficulté de reconnaître la vie en dehors de soi, sans projeter sur elle des caractéristiques subjectives. On pourrait croire en effet que Jonas en reste à une logique de l'interpolation. C'est parce que je saisis en moi l'activité vitale que je peux déceler en dehors de moi cette même activité chaque fois qu'elle est à l'œuvre. L'expérience que j'ai de la préoccupation de soi, je peux la remarquer aussi en dehors de moi. L'autonomie du vivant que je suis est la condition en vertu de laquelle je peux reconnaître en dehors de moi d'autres vivants, dès lors qu'ils manifestent cette autonomie. On voit bien pourquoi cette réponse ne suffit pas. Le raisonnement par analogie encourt toujours le soupçon de projection subjective en même temps qu'il ne rend pas compte du caractère d'immédiateté de reconnaissance d'une vie par une autre vie. Raisonner par analogie, c'est toujours prétendre au fond trouver à même l'extériorité un signe qui témoigne d'une intériorité à partir de notre propre expérience de l'intériorité. Mais le fait même d'invoquer le témoignage de sa vie comme seule apte à identifier ce qui dans l'extériorité nous indique qu'on a affaire à un vivant témoigne bien du fait que ce signe extérieur ne suffit pas à soi seul et que seule une projection de ma vie sur l'extériorité est critère de reconnaissance du vivant. Par quoi il semble que rien ne permette d'identifier un vivant en lui-même[1].

C'est dans un texte ultérieur intitulé « Changement et permanence »[2] que Jonas prend la mesure des faiblesses d'un tel raisonnement. Il prend ici pour point de départ la question de la connaissance de l'existence d'une autre conscience. Jonas rejette un mode de résolution analogique de cette question de type cartésien. On ne peut en effet passer par projection,

1. Renaud Barbaras fait valoir un point de vue analogue dans *Introduction à une phénoménologie de la vie*, Paris, Vrin, 2008, p. 196.

2. *ÉL*, p. 83.

inférence ou transfert, d'une conscience insulaire à une autre conscience insulaire. L'intériorité ne se donne pas à apprécier au plan extérieur sauf à contester ce clivage du dedans et du dehors, et donc à reconnaître par avance que nous sommes immédiatement en rapport avec l'intériorité d'autrui par l'intermédiaire même de son corps qui l'exprime. Pour interpréter comme signes d'une intériorité ce qui se donne à l'extérieur, il faut déjà saisir l'extériorité comme expression d'une intériorité et donc être en rapport à elle. Mais ce rapport immédiat n'est dans ce cas plus un raisonnement par analogie. Or l'attention aux phénomènes doit nous pousser à reconnaître que nous ne concluons pas de l'existence d'une autre conscience à partir de la saisie de la nôtre propre, mais plutôt de l'existence de la nôtre à partir de la connaissance de l'esprit d'autrui. Nous trouvons par introspection nos possibilités intérieures seulement en communiquant avec l'environnement, avec autrui. Pour se comprendre soi-même comme conscience, il faut donc avoir un rapport liminaire à autrui. D'ailleurs, l'hypothèse contraire ne permettrait pas de comprendre comment l'apprentissage de quelque chose de nouveau serait possible. C'est ce que confirme, à un niveau plus primitif, la psychologie de l'enfant. Il interprète le sens du sourire non pas sur la base d'une auto-appréhension de ce que c'est que sourire pour lui. S'il y répond, c'est parce qu'il est capable de le comprendre à même l'expression d'autrui. L'expérience humaine de l'intersubjectivité oblige donc à rejeter le raisonnement par analogie. Ici encore l'anthropomorphisme positif doit alors jouer un rôle[1]. Si la compréhension humaine est possible par le biais de l'expression, il faut en trouver les prodromes dans la communication au niveau animal. L'expérience que l'homme fait de l'existence d'autres consciences humaines trouve son origine dans une compréhension primordiale que les vivants ont entre eux comme vivants. Comme l'écrit le philosophe :

> Si maintenant la compréhension originaire n'est pas fournie par conclusion ou projection, quelle en est donc la base ? Elle représente une partie de la connaissance intuitive de la vie par la vie, et commence par conséquent avec les prestations de la perception animale, qui se règle sur les prestations de l'expression animale. La connaissance d'une autre vie est un trait fondamental du rapport à l'extérieur essentiel à l'organisme animal[2].

Alors que *le Phénomène de la vie* avait tendance à passer sous silence la question de l'inter-compréhension du vivant, voici que Jonas la porte

1. Il est vrai que Jonas, dans ce cas précis, n'évoque pas cette méthode explicitement.
2. *ÉL.*, p. 100.

désormais au premier plan[1]. « Peut-être est ce même le phénomène primaire. *La vie animale est expressive*, mieux, elle s'emploie à exprimer.[2] », écrit le philosophe. Les animaux d'une même espèce, et pas seulement eux, comprennent immédiatement les signes amicaux, hostiles ou qui leur sont étrangers. Ils distinguent l'appel sexuel et la conduite maternelle. Ils ont des rituels et des postures. Ils ont des jeux[3] et ils font preuve de sérieux. Il y a donc une symbolique spontanée qui rend possible la compréhension interindividuelle. C'est sur cette base d'une compréhension de la vie par la vie qu'il faut comprendre l'affirmation de Jonas selon laquelle on peut interpréter le métabolisme comme une activité qui échappe au mécanisme. L'homme, qui est vivant, comprend l'animal comme animal, et non comme machine, précisément parce qu'il comprend ses expressions. Ce n'est donc pas par analogie que l'on peut saisir l'activité vitale dans d'autres corps. C'est en vertu d'un phénomène originaire que le vivant se porte vers les autres vivants. De même qu'il se transcende vers le monde et vers soi-même, il faut reconnaître que le vivant se transcende vers les autres vies, pour en faire des proies ou des ennemis, des partenaires[4] ou des êtres requérant le soin, comme c'est par exemple le cas dans le souci animal « parental »[5]. Par de telles affirmations en excès par rapport à la figure de l'interpolation évoquée dans *le Phénomène de la vie*, Jonas est cependant en accord avec son intuition de départ d'une vie qui doit être pensée en deçà du clivage de l'objet et du sujet, et pour laquelle, en conséquence, l'autre vie n'est pas simplement l'objet déterminé que la conscience pure se représente, mais un être immédiatement expressif, une intériorité immédiatement vouée à l'extériorité ou une extériorité immédiatement animée d'une intention. Ce qui est premier, ce n'est pas tant la relation d'un sujet s'appréhendant comme tourné vers l'extériorité en général et découvrant au sein du monde un comportement

1. En réponse à Leon Kass qui lui faisait remarquer que son ouvrage n'évoquait pas le phénomène de la reproduction, Hans Jonas attribue cette lacune à l'influence de la conception heideggérienne de l'existant, qu'il a subi, d'un être-pour-la-mort autocentré. Cependant dans le manuscrit d'origine du *PhV*, Jonas accorde une place à l'intérêt intra-spécifique du besoin sexuel, qui ouvre un espace à une reconnaissance de l'altérité comme telle, indépendamment d'une relation d'appropriation dans la consommation. *Cf.* chap. VII.

2. *ÉL*, p. 101.

3. HJ 2-11a-3. Dans ce passage qui appartient à ce que nous estimons être le cinquième chapitre, section 15, du manuscrit d'origine du *Phénomène de la vie*, Jonas fait également référence au livre de Gustav Bally, *Vom Ursprung und von den Grenzen der Freiheit : eine Deutung des Spiels bei Tier und Mensch*, Basel, Benno Schwabe, 1945.

4. HJ, 10-15-1

5. *Ibid.*

« objectivement » caractérisé par un trait vital que la relation à soi en tant que cette dernière est toujours déjà relation aux autres vies. Comme il l'affirme nettement. Certes, il sera moins facile de reconnaître la vie dans ses formes rudimentaires que dans ses formes plus accomplies, car elles s'éloignent alors de notre humanité, et l'anthropomorphisme positif doit être utilisé avec plus d'art, c'est-à-dire en utilisant plus ou moins tel ou tel aspect de notre vie vécue. Pourtant sans une telle reconnaissance intuitive, jamais nous ne pourrions comprendre le sens de ces vies autrement que comme de simples structures physico-chimiques :

> Les yeux ont dans leur constitution physique une référence au voir, et les oreilles à l'entendre, et les organes en général à ce qu'ils accomplissent – et, plus généralement encore, les organismes au vivre [1].

Ainsi, il faut admettre, dans un même mouvement, que la reconnaissance des autres vivants suppose une expérience de notre vie, mais que, réciproquement, la saisie de notre expérience comme expérience de la vie (et non pas de la vie d'abord humaine) requiert une reconnaissance à même l'extériorité des autres vies. Un tel anthropomorphisme positif est donc à même de servir de fil directeur pour interpréter, au plan existentiel, ce que la science dit du métabolisme. Jonas accorde en effet une place privilégiée au témoignage que le corps fait de lui-même. Sous condition de défaire le prestige de la vue, nous pouvons identifier un autre domaine d'expérience, permettant de saisir un type d'être irréductible à celui de la substance.

La vie comme transcendance

On peut donc affirmer la valeur d'un anthropomorphisme positif permettant d'accéder à un biocentrisme. Jonas trouve dans le sentiment d'être en vie au sein d'un monde qui menace notre existence le point de départ d'une description de la vie. Le phénomène du corps propre s'impose alors à notre investigation et manifeste l'ambiguïté propre à la vie, puisqu'en lui la scission dualiste n'a pas encore eu lieu :

> Dans le mystère du corps vivant, les deux pôles sont en fait intégrés. Les grandes contradictions que l'homme découvre en lui-même – la liberté et la nécessité, l'autonomie et la dépendance, le soi et le monde, la relation et l'isolement, la créativité et la mortalité – ont leurs traces rudimentaires dans les formes de vie même les plus primitives (...).

1. *PhV*, p. 98.

C'est donc seulement en partant du témoignage de notre corps que nous pourrons reconnaître la vie en nous et en dehors de nous. Il ne faut donc pas comprendre le métabolisme à partir de la matière, comme une somme d'éléments en lequel se résumerait la totalité organique, fût-ce à partir du modèle physique élaboré de la vague, qui permet de rendre compte, de manière purement matérielle, des totalités dynamiques, en expliquant comment chaque unité ne participe que temporairement à l'individualité de la vague qui progresse. Ce serait certes là le privilège d'un pur entendement, d'un Dieu mathématicien mais ce privilège serait aussi l'envers d'une lacune. La désincarnation d'un tel Dieu le prive en effet d'un savoir précieux qu'accompagne le fait d'habiter un corps. Il faut en effet comprendre l'échange de matière avec l'environnement, en quoi consiste le métabolisme, à partir de nous-mêmes, à savoir comme un acte de renouvellement, qui est perpétuation de soi. L'organisme est cela qui s'affirme lui-même en se rapportant à un environnement dont il tire sa nourriture, en même temps qu'il s'autonomise par rapport à lui. Le vivant se caractérise par la polarité d'un soi qui s'ouvre à un monde qui lui est étranger, et qui porte en lui menaces et espoirs. La vie se caractérise donc par l'ambiguïté de son renouvellement, car d'un côté elle manifeste ainsi sa liberté par opposition à l'identité statique de la nécessité matérielle, mais d'un autre côté il faut bien reconnaître que cet écart à son matériau, cette distance qui conduit à l'échange des éléments matériels est aussi une nécessité, sous peine de mort.

On pourra avoir l'impression de retrouver dans cette approche une tonalité aristotélicienne, ce que le vocabulaire même utilisé par Hans Jonas contribue à faire croire[1]. Et on peut en effet identifier une certaine proximité entre ces deux philosophies. Tandis qu'Aristote pense le vivant comme un composé substantiel de matière et de forme, la matière ayant le statut d'une puissance relativement indéterminée et la forme ayant en charge de réaliser cette puissance en la déterminant, ce en quoi elle peut se définir comme une potentialité déterminée, Jonas insiste sur la différence qui existe entre la forme d'un corps matériel et celle d'un corps vivant. Parlant des organismes, Jonas affirme en effet :

> Ici la totalité s'intègre soi-même dans une opération active, et la forme pour la première fois est la cause plutôt que le résultat des collections matérielles

1. Dans ses *Souvenirs*, *op. cit.*, p. 246, Jonas fait remarquer qu'il fut classé dans le néo-aristotélisme : « Spontanément, je ne me serais pas rangé dans cette case, mais on ne peut pas non plus s'y opposer. En tout cas, on ne tombe pas là dans un mauvais voisinage. »

> dans lesquelles elle subsiste successivement. Ici l'unité s'unifie soi-même, par le moyen de la multiplicité changeante [1].

Ajoutons que pour Aristote comme pour Jonas la fonction nutritive a un caractère fondamental, puisqu'elle est le fait premier de tout organisme. Il est donc permis d'affirmer que l'un comme l'autre s'entendent à penser le vivant à partir d'une certaine unité, dont le vocable de matière et de forme peut rendre compte. Chez Jonas comme chez Aristote, c'est la forme qui délivre l'essentiel du vivant sans que le composé de matière et de forme ne déchire pour autant l'unité que le vivant est. C'est ce qu'indique parfaitement d'ailleurs la définition circulaire du vivant donnée par Aristote : « l'âme est, en définitive, une entéléchie première d'un corps naturel ayant la vie en puissance, c'est-à-dire d'un corps organisé. [2] » Pour qu'un corps possède la vie en puissance il faut en effet qu'il ait une âme et pour qu'il ait des organes il faut également qu'il soit animé. On ne définira donc l'âme que dans son rapport au corps qui lui-même suppose le rapport à l'âme. Jonas ne peut que souscrire à une telle approche lui qui conçoit également notre corps comme « autotranscendance même dans chacune des deux directions [3] » de l'âme et du corps :

> Il faut le décrire comme étendu et inerte, mais également comme sensible et volontaire – et aucune des deux descriptions ne peut être menée à terme sans pénétrer dans la sphère de l'autre ni en préjuger [4].

On s'égarerait pourtant à pousser trop loin l'analogie entre les deux auteurs, et il ne faut pas se méprendre sur l'usage que Jonas fait du vocabulaire de matière et de forme. La fonction de la forme consiste, selon Aristote, à actualiser de manière déterminée la matière qui est indéterminée. En ce sens l'acte est toujours antérieur à la puissance que ce soit au plan épistémologique, chronologique ou substantiel [5]. C'est d'ailleurs une telle antériorité qui nous permet de mettre en question le devenir aristotélicien d'un vivant qui n'est le lieu d'aucune véritable imprévisibilité ni nouveauté. Le règne éternel des formes commande pour toujours le devenir de tout vivant. Or c'est précisément un tel obstacle que la philosophie jonassienne entend surmonter. Ce qui fait que l'évolution du vivant, même et surtout au plan spécifique, reste une aventure et n'est pas une « *success*

1. *PhV*, p. 89.
2. Aristote, *De l'âme*, trad. fr. J. Tricot, Paris, Vrin, 2010, 412a27-b1, p. 90.
3. *PhV*, p. 28-29.
4. *Ibid.*
5. Aristote, *Métaphysique Θ, 8*, trad. fr. J. Tricot, Paris, Vrin, 1992.

story » tient à l'essentielle liberté de la vie. La vie est *transcendance* de la forme sur la matière ou « ouverture essentielle. [1] » La possibilité qu'elle est n'est pas prédéterminée par une réalité qui déciderait par avance de la nature de son actualisation. En effet, la mort peut toujours survenir et interdire au vivant de se renouveler afin de continuer de vivre.

C'est d'ailleurs là un caractère essentiel de la vie qui fait que le vivant est en vie non pas en dépit de sa mort mais grâce à sa mort[2], puisque c'est parce qu'il est capable de *n'être plus* ou parce qu'il lui est *possible* de n'être pas, qu'il advient à lui-même comme être qui doit affirmer son existence biologique. Nous parvenons ainsi à une conception concrète de la mort qui permet de proposer une description du phénomène de la vie prenant en compte les conditions de son dynamisme. La mort, en effet, ne signale pas l'extériorité d'un esprit – supposé capable de vivre car capable de survivre au corps – et d'un corps, vivant d'une vie toute mécanique, et expliquée, en dernier ressort, par le principe d'entropie. Elle est bien plutôt une négation interne à l'organisme, qui le travaille à tout moment. Elle signale cette manière particulière que l'organisme a de se rapporter à lui-même, de se tenir pour se maintenir contre une disparition qui peut survenir à tout moment. Si la vie nous apparaît comme étant si fragile, c'est bien parce que « *Le "non", c'est la menace toujours à l'affût et qu'il faut sans cesse écarter. En d'autres termes : la vie porte en soi la mort, sa propre négation.* [3] » C'est donc seulement grâce à une conception interne de la mort que la vie pourra être qualifiée d'active, et échapper au partage de la matière et de l'esprit qu'une conception abstraite de la mort avait promu. On peut d'autant plus insister sur cet aspect, qu'une autre phénoménologie de la vie, plus contemporaine puisqu'il s'agit de celle de Renaud Barbaras, reprend jusqu'à un certain point un tel dispositif, ce qui en manifeste la fécondité. Selon ce dernier c'est en effet une secrète expérience de la mort qui conduit la tradition, métaphysique et aussi phénoménologique, à retomber dans les ornières du dualisme. C'est en effet parce que la vie est

1. *PhV*, p. 93.

2. C'est là une intuition essentielle de la philosophie de la vie de Hans Jonas, intuition qui le rapproche tout autant qu'elle l'éloigne d'un de ses maîtres, Heidegger. D'une part en effet, il salue sa démarche car elle remet en question « l'idéalisme » de la phénoménologie : « L'être-là, en tant que « souci » et en tant que mortel, se rapproche certainement beaucoup plus de la dépendance de notre être par rapport à la nature que la conscience pure de Husserl. » (*PEF*, p. 38.) Mais d'autre part, il reproche à Heidegger le caractère abstrait de sa conception de la mortalité. *Cf.* chap. v. Pour Jonas, le *Dasein* est une question pour lui-même parce que la vie est originairement mise en question par la possibilité de sa mort.

3. *ÉL*, p. 136.

toujours déjà saisie dans l'horizon d'une mort qui lui est extérieure qu'elle est pensée comme survie, perpétuation de soi, mouvement instinctif, et pour tout dire conservation de soi sans ouverture, autre qu'appropriante, à l'extériorité. Force est alors pour rendre compte de la possibilité d'une ouverture, notamment dans la connaissance, d'adjoindre à cette vie une conscience. Ainsi s'opère le clivage de la vie et de la conscience. Au lieu donc de penser comment la conscience possède une dimension active parce qu'elle s'esquisse dans la vie, et au lieu de comprendre en quel sens la vie possède une dimension transitive parce qu'elle donne lieu à la connaissance, voici que l'ontologie de la mort conduit la pensée, comme malgré elle, à déchirer le phénomène unitaire bien qu'ambigu de la vie, en une énigmatique dualité. Renaud Barbaras peut alors mettre à l'épreuve ce dispositif sur les phénoménologies contemporaines, depuis l'approche henryenne, jusqu'à celle de Merleau-Ponty ou de Patocka par exemple, auxquelles Jonas ne fait jamais référence [1]. Seule donc une compréhension

1. Cependant si Renaud Barbaras rejoint Jonas dans sa dénonciation d'une telle ontologie, en revanche il n'en tire pas les mêmes conclusions. Alors que pour Jonas la condition pour penser l'unité du vivant et du vécu est de comprendre la vie depuis la mort qui en est le noyau intérieur ou le principe interne, et donc de substituer à une expérience abstraite de la mort une conception concrète de cette dernière, c'est bien au contraire en suspendant toute référence à la mort, au moins dans un premier temps, qu'on pourra rendre compte de l'autonomie du vivre selon Barbaras. Puisque c'est l'expérience de la mort qui bloque l'accès à une pensée du vivre, alors il faut réaliser une *épochè* de la mort. Cela ne signifie pas qu'il faut considérer le phénomène de la mortalité comme inessentiel. Une vie se caractérise après tout aussi par le fait qu'elle va mourir. Simplement, de même que Husserl en suspendant notre croyance naïve en un monde en soi ne prétendait pas nier le monde mais simplement mettre en parenthèse la question de son sens d'être afin de l'y trouver ultérieurement, Renaud Barbaras considère que le sens de la mortalité ne pourra être dégagé qu'après coup, une fois que l'essence du vivre aura été saisie à partir d'elle-même. Que la mort soit une propriété essentielle de la vie ne signifie en effet pas qu'elle soit l'essence de la vie, et il y aurait une incohérence logique à penser la vie à partir de sa négation plutôt que depuis sa mobilité propre.

Et c'est d'ailleurs bien pourquoi, selon lui, Jonas à qui il faut rendre hommage pour sa tentative de penser l'unité psycho-physique en surmontant l'obstacle dualiste échoue en fin de compte à décrire le phénomène de la vie. En tentant de proposer une interprétation existentielle des faits biologiques, et notamment en pensant la vie depuis l'anticipation de la mort possible, Jonas propose une conception inconséquente du mourir et aussi de la vie. S'il faut comprendre le mourir sur le mode de l'anticipation d'une possibilité, comme semble le faire Jonas, alors il faut rendre compte de la négativité en vertu de laquelle le vivant *se vit*, c'est-à-dire s'éprouve, comme ayant une telle fragilité. Mais c'est ce qu'il ne fait précisément pas, puisqu'il pose simplement l'intériorisation de la négation de la vie par la matière, sans justifier comment cette intériorisation a lieu. En affirmant que le vivant se vit comme mortel, parce que le vivant est *objectivement* menacé de destruction par la matière, en laquelle il se dissout ultimement, Jonas passe d'un plan objectif à un plan existentiel sans indiquer la raison de ce passage. En prétendant dépasser le clivage de la matière et de l'esprit grâce au concept de vie, il ne fait donc en réalité que maintenir un clivage de la matière et de la vie qui prépare le retour

de la mort comme négativité interne à la vie permettra de *polariser* la vie et de rompre avec la logique substantielle. On pourra ainsi comprendre que le vivant puisse s'ouvrir à lui-même et à l'extérieur. Il sera en effet ouvert à l'extérieur : le caractère dialectique de sa liberté qu'il expérimente dans le besoin, la nécessité dans laquelle il se trouve de mettre en œuvre sa liberté, le conduit à ouvrir un horizon spatial, au sein duquel il pourra discriminer les choses dignes d'intérêt pour lui, ainsi qu'un horizon temporel, puisque le temps sera pour lui relatif au caractère aigu ou non de ses besoins, l'avenir étant ouvert par l'anticipation d'une satisfaction. Il sera ouvert à lui-même : il faut bien qu'il s'éprouve comme une subjectivité ouverte à elle-même dans le contact à l'extériorité, pour pouvoir qualifier ses rencontres selon les critères de la satisfaction ou de la déception, en un mot de la convenance interne, s'il veut être à même de sélectionner les objets au sein du monde.

L'évolution créatrice : la dialectique de la vie

On pourrait cependant s'étonner que Jonas ne mette pas au compte des traits essentiels de la vie la capacité de se reproduire. C'est semble-t-il, et par là même, laisser de côté la question de l'évolution des formes vivantes. Le philosophe s'en explique mais seulement dans la version originale et non publiée du *Phénomène de la vie*[1]. Puisque la démarche est phénoménologique, la question à laquelle il faut répondre est la suivante : « Qu'est-ce qui distingue le vivant du non-vivant pendant un laps de temps de son existence, pris au hasard ? ou : qu'est-ce que signifie « exister » au sein de ce laps de temps ?[2] » On peut en effet considérer au plan phénoménal qu'un vivant puisse exister comme vivant quand bien même il ne se reproduirait pas, alors qu'on ne saurait concevoir un vivant qui se reproduit, sans activité métabolique. Le phénomène du métabolisme est

d'une dualité entre la vie et l'esprit. Parce qu'il reste au fond tributaire de l'ontologie de la mort, Hans Jonas se rend donc incapable, selon Renaud Barbaras, de penser la vie dans son unité. Pourtant, on pourrait également affirmer que la proposition jonassienne d'un acte séparateur originaire a une valeur spéculative, qu'elle n'a pas de prétention phénoménologique et ne remet donc pas en cause ses autres résultats. Néanmoins, cela nous invite à repenser ce fondement spéculatif. Il faut distinguer, nous semble-t-il, le discours qui porte sur l'origine de la vie et celui qui prétend décrire le phénomène de la vie. On peut donc contester ses propositions au plan spéculatif en expliquant qu'elles rendent mal compte de l'origine du vivant au regard de la description phénoménologique, sans remettre en cause le point de vue phénoménologique.

1. *Cf.* HJ, 2-12-3, p. 149-151.

2. *Ibid.* C'est nous qui traduisons.

donc essentiel pour rendre compte de l'être en vie. Pour autant, poursuit Jonas, force est de reconnaître que l'activité métabolique suppose déjà une certaine complexité d'existence, que ne pouvait pas posséder les premières formes de vie. C'est donc seulement sous la condition d'une évolution qui intègre et conserve les « progrès » par le moyen de la reproduction qu'on pourra rendre raison de l'activité métabolique. La question se pose donc de savoir comment comprendre cette évolution à la lumière du phénomène de la vie tel que nous l'appréhendons. Hans Jonas répond à cette question, croyons-nous, en deux temps. Il procède d'abord à une critique de la lecture darwinienne de l'évolution[1] pour lui substituer ensuite sa propre interprétation. Il faut en effet remarquer que la découverte du fait de l'évolution conduit à remettre en cause en profondeur le dualisme de l'âme et du corps ainsi que la conception mécaniste du vivant. Pour la doctrine darwinienne, l'organisme n'est plus ce donné dont il faut dévoiler le fonctionnement. Il convient au contraire de le prendre comme le résultat d'un processus qu'il faut appeler lui-même vie. Cependant, ce processus ne conduit pas pour autant à faire de la vie un sujet. Les variations internes au vivant sont accidentelles et c'est le milieu qui mécaniquement décide du caractère utile de ces modifications intérieures. La génétique nous confirme par ailleurs que les vicissitudes du *soma* n'interviennent en rien dans la structure du *germen* qui seul pilote le devenir du vivant[2]. On peut s'étonner que les formes les plus performantes de vie résultent de l'addition d'anomalies accidentelles produites au sein du vivant. Mais ce n'est pas là l'objection dirimante qu'on peut adresser, selon Jonas, au darwinisme. En revanche, il convient de faire valoir qu'en réintégrant l'homme au sein de l'animalité, en défaisant donc le dualisme, et en faisant provenir le premier du second, la doctrine de l'évolution conduit à s'interroger sur la précession, dans les formes antérieures et « inférieures » de la vie, de cela que nous appelons esprit et que nous trouvons éminemment chez l'homme. Loin de flétrir la dignité de l'homme, sa réinscription dans l'échelle de l'évolution animale conduit à revaloriser l'animalité : puisque c'est d'elle que l'humanité de l'homme provient, ne faut-il pas en effet la requalifier *mutatis mutandis* comme sujet ?

1. *Cf. PhV*, Essai II : « Aspects philosophiques du darwinisme ».

2. Et l'ADN lui-même ne participe pas au métabolisme. Cf. *Ibid.*, Appendice 3 : « Note sur la non-participation de l'ADN au métabolisme ».

Comme le dit Hans Jonas :

> Si l'homme était apparenté aux animaux, alors les animaux étaient apparentés à l'homme et par degrés porteurs de cette intériorité dont l'homme, le plus avancé de leurs parents, est conscient en lui-même[1].

Ainsi, « si l'intériorité est coextensive à la vie, une explication purement mécanique de la vie, c'est-à-dire une explication en termes extérieurs seulement, ne peut suffire.[2] » Il ne faut évidemment pas s'empresser d'entendre cette intériorité en un sens purement subjectif. Il s'agit bien plutôt de reconnaître que l'appétit vital, l'instinct d'auto-conservation, la peur de la mort ne doivent pas être compris en termes d'impulsion physique ou d'inertie. La voie est ainsi ouverte à une relecture ontologique du principe même de l'évolution vitale.

Or le phénomène de la vie nous donne les moyens de penser un tel principe. Si on prend en compte le témoignage de la vie et qu'on la complète par l'observation extérieure des formes vivantes, il est permis de voir dans le panorama du vivant une échelle évolutive guidée par une ouverture au monde et une individuation croissante. La transcendance de la vie, mise au jour grâce à la phénoménologie jonassienne, est le principe qui explique le déploiement de facultés vitales de plus en plus ambitieuses. La distance de la forme à la matière qui permet l'indépendance de la première au regard de la seconde – et en cela consiste la liberté de l'organisme – n'est pas un détachement souverain puisque la forme doit sans cesse renouveler la matière du vivant qu'elle informe sous peine de mort. L'existence biologique consiste en cette prise de risque permanente : l'affirmation de sa liberté est une incessante nécessité. Or le spectre du vivant nous invite à considérer la vie comme l'affirmation toujours davantage risquée d'une telle liberté. Il est en effet impossible de comprendre la complexification de la vie en prenant en compte le critère de la survie. Si tel était le cas, non seulement jamais la vie ne serait apparue puisque la matière offre une sécurité inégalée, mais en outre la vie n'aurait pas effectué le saut qui de la forme végétale la mène à la forme animale. La mort ne doit pas être comprise simplement comme ce contre quoi le vivant vit et auquel il cherche à échapper. Elle doit être comprise comme possibilité, comme reconnaissance de la contingence et donc du caractère aventureux de l'être. Elle est certes ce qui angoisse, mais comme telle elle ouvre des possibilités qui n'existaient pas auparavant et qui autorisent des évolutions. La matière

1. *PhV*, p. 67.
2. *Ibid.*, p. 68.

ne pouvait souffrir. Le vivant le peut car en abandonnant le confort matériel, il prend le risque de mourir, et par-là même, il s'ouvre à des nouvelles possibilités d'existence plus libre. C'est d'ailleurs ce qu'illustre *mutatis mutandis* – c'est-à-dire seulement en en restant au plan « objectif » et donc métaphorique – le phénomène biologique de l'apoptose[1]. Le pouvoir des cellules de déclencher ou de refréner, si nécessaire, leur autodestruction en vue d'assurer la pérennité de l'organisme manifeste cette nécessité pour le vivant de se rapporter à des possibilités de destruction pour vivre. De même au plan phylogénétique, c'est par des phénomènes de destruction, que des réservoirs de possibilité ou d'indétermination sont offerts au vivant et lui donnent la possibilité de se modifier et d'évoluer. La vie de la plante est déjà une première aventure en mortalité au regard du caractère statique de la matière. Elle peut en effet s'affranchir du matériau qui la constitue afin de le renouveler. Elle est donc en rapport à un environnement qui rend possible son entretien vital. Cette possibilité est évidemment une nécessité sous peine de dépérissement. Pour autant la transcendance de la forme à l'égard de la matière est ici minimale de la même façon qu'est minimale la distance de l'organisme à l'égard de son monde. C'est que le métabolisme du végétal est contigu à son milieu, dont il tire ce qui est essentiel à sa vie. La vie d'une plante est certes risquée au regard de la sûreté matérielle, mais le risque est conjurée aussitôt qu'il est couru. Le besoin à peine exprimé est satisfait. La métabolisation du végétal, sa capacité à synthétiser la matière inorganique, le rend peu vulnérable. Ici encore par conséquent, si le critère de l'évolution avait été la survie, jamais la vie animale n'aurait dû apparaître. Le souci que la vie a d'elle-même ne saurait donc se résumer à un impératif de conservation de soi sans perspective de créativité. L'animal n'a donc été possible que par un nouveau jeu de la vie avec la mort qui affrontant le risque de sa disparition, et un risque plus grand encore, donne lieu à une vie encore plus précaire, mais également et pour la même raison encore plus libre. Parce que l'animal ne peut se satisfaire immédiatement, au contraire de la plante, la satisfaction peut lui être refusée et la mort être sa sanction. C'est précisément cette distance entre le besoin et la récompense qui explique l'émergence des traits spécifiques de la forme animale : « De ce principe de

1. *Cf.* É. Pommier, « La mort est-elle la possibilité la plus propre de la vie ? Heidegger et Jonas face à la théorie de l'apoptose », dans *Nouvelle représentation de la vie en biologie et philosophie du vivant.* La sculpture du vivant *à l'épreuve de l'interdisciplinarité,* sous la direction de L. Cherlonneix, avec la participation de J.-Cl. Ameisen, Bruxelles-Paris, De Boeck, 2013.

médiateté, *la faculté de sentir, l'émotion et la motricité sont différentes manifestations.* [1] » Il faut en effet que l'animal perçoive pour à distance cela qui pourra lui sauver la vie, de même qu'il lui faut être doté de motricité pour aller chercher cela qu'il ne peut trouver sur place. Il faut en effet motiver le déplacement et soutenir l'intérêt de la perception et tel est le rôle dévolu au désir ou à l'émotion qui manifeste l'intérêt que la vie se porte à elle-même. C'est donc pour survivre que l'animal développe de tels moyens. Mais de même que la survie ne peut expliquer l'émergence de ces moyens-là, car la vie végétale est supérieure à l'aune de ce critère, il faut dire que la mise en œuvre de ces moyens n'est pas non plus motivée par la simple conservation, puisque cela qui conserve la vie est aussi un but de la vie. L'animal chasse pour continuer d'exister, mais c'est en tant que capable de chasser qu'il veut pouvoir continuer cette aventure qu'est la vie :

> La question n'est pas la durée comme telle, mais la « durée de quoi ? » C'est dire que des « moyens » de survie comme la perception et l'émotion ne sont jamais simplement comme des moyens, mais aussi comme des qualités de la vie à préserver et dès lors comme des aspects de la fin. (...) L'animal qui ressent s'efforce de se préserver comme ressentant, et non simplement comme une activité métabolisante, c'est-à-dire qu'il s'efforce de perpétuer l'activité même de ressentir[2].

Tout se passe donc comme si la vie qui se préoccupait d'elle-même se souciait de se préserver en tant que capable de poursuivre son évolution vers des horizons toujours plus larges et des individuations toujours plus passionnées :

> Le concept d'« évolution » lui-même dévoile le rôle créateur que joue la finitude de l'individu, en décidant que tout ce qui vit doit aussi mourir. En effet, la sélection naturelle avec sa prime de survie, ce principal moteur de l'évolution, qu'est-ce donc, sinon l'utilisation de la mort pour promouvoir la nouveauté, favoriser la différence et filtrer des formes supérieures de vie par l'épanouissement de la subjectivité[3] ?

C'est cette logique de la vie qui pourra également expliquer en quel sens l'homme advient au monde comme cela qui permet à la vie de franchir un nouveau degré d'individuation en relation à un monde à l'horizon élargi et aux possibilités plus vastes. La capacité de symboliser rend possible une

1. *PhV*, p. 113. *Cf.* chap. II.
2. *Ibid.*, p. 117.
3. *ÉL*, p. 147-148.

ouverture au monde et à soi au plan théorique comme au plan pratique. L'homme peut, grâce à la science et la philosophie, connaître le monde et se connaître. Il peut agir techniquement sur le monde et se contrôler. Mais ce progrès de la liberté est aussi un nouveau risque qu'il court. Comme toujours avec la vie le pouvoir est un devoir. Le pouvoir de symboliser est aussi une nécessité, d'une part pour et le monde et soi-même en vérité, d'autre part afin d'agir sur lui et d'orienter son comportement conformément à nos espérances. Mais cette mise en œuvre s'accompagne du risque d'errer aussi bien quant à sa compréhension du monde que quant à la saisie de soi, aussi bien en ne mettant pas en jeu avec assez d'habileté la technique qu'en en faisant un usage inhumain. On sait par exemple comment *le Principe Responsabilité* aura à cœur de doter l'homme d'une éthique, notamment en réfléchissant sur « l'image de l'homme », afin de faire un usage heureux de la technologie et de conjurer le péril mortel qu'elle fait courir à l'humanité. La vie culmine alors sous la forme humaine, et puisqu'elle est une « aventure en mortalité », il ne faut pas s'étonner que l'homme puisse être défini comme seul être « ouvert au désespoir.[1] » Il n'est que la voix que la vie se donne à elle-même, lorsque, se lançant dans le monde, elle s'affirme en prenant toujours davantage de risque. La possibilité humaine du désespoir ne fait qu'exprimer l'inquiétude qui depuis toujours anime l'existence vitale dans la possibilité qu'elle a de n'être plus en tant que vie, possibilité qui est son mode d'être propre par opposition avec la matière. C'est ainsi, nous semble-t-il, qu'il faut comprendre la formule de Jonas, dans la lettre du 30 janvier 1944 à sa femme Lore, lorsqu'il lui écrit : « c'est le monde qui demande à l'être humain d'être vigilant pour lui, de le refléter, lui conférant ainsi une existence nouvelle.[2] » L'homme donne langue à cette exigence interne à la vie qui lui permet de s'affirmer à des niveaux à chaque fois supérieurs, et la possibilité de la mort est bien cette négation qui, dialectiquement, permet à la vie de s'affirmer comme telle en la rendant créatrice[3].

1. *PhV*, p. 194.

2. *Souvenirs*, *op. cit.*, p. 264.

3. La doctrine de l'évolution pressentait déjà cette importance paradoxale de la mort dans l'adaptation du vivant et dans son évolution. La mort permet en effet le surgissement de la nouveauté en promouvant les différences. Cf. *ÉL*, p. 148. Jean-Claude Ameisen montre, en s'appuyant sur le mécanisme du suicide cellulaire, dans *La sculpture du vivant* (Paris, Points Éditions du Seuil, 2003), en quel sens la mort est interne à la vie, l'anime de part en part. Comme Jonas, mais en prétendant l'établir au plan « objectif » et pas existentiel, la mort lui apparaît comme une négation « interne » de la vie, qui en explique la créativité.

CHAPITRE II

L'ÉQUIVOCITÉ DE LA VIE ANIMALE UEXKÜLL, HEIDEGGER, JONAS

Si ce que nous venons de voir à propos de la phénoménologie de la vie est exact, alors il semble possible d'envisager la vie animale selon un sens d'être irréductible à celui de la machine. De ce point de vue, l'examen du phénomène de la vie animale est un bon moyen de mettre à l'épreuve le sérieux de la méthode jonassienne. C'est donc cette question qu'il faut aborder à présent. L'homme vit son rapport à l'animal de manière équivoque. D'une part, l'animal est un vivant, auquel il peut s'identifier assez aisément, et d'autant plus aisément s'il est d'une taille suffisante pour être appréhendé dans la totalité de son comportement. Contrairement à la plante, celui-ci s'arrête et se meut, se meut vite ou lentement, il explore, chasse, joue. Sa perception semble parfois captivée par certains objets comme si son attention s'arrêtait sur eux pour les considérer tels qu'ils sont. On croit identifier de la peine ou du plaisir chez lui. Cette proximité avec l'animal peut provoquer une certaine empathie, qu'elle soit fondée sur une forme d'amitié ou au contraire sur une forme de peur, lorsque l'animal est potentiellement dangereux. Comme nous le tigre court, perçoit, éprouve la faim, et nous comprenons suffisamment l'état dans lequel il est pour le craindre, s'il se trouve en notre présence. D'autre part pourtant, sitôt que nous sommes tentés d'humaniser la figure animale, en insistant sur les nombreux points communs entre elle et nous, nous devons prendre acte de tout ce qui nous en sépare. Il ne parle pas, du moins pas comme nous. Il ne construit pas d'outils, même s'il peut en utiliser. Il ne pratique pas l'art et ne fait pas de métaphysique. Il ne réfléchit pas sur l'éthique de son comportement et sur le respect qu'il doit à ses semblables. C'est d'ailleurs à cause de cette distance que nous pouvons être amenés à reconnaître que tout ce que nous mettions sur le compte d'une quasi manière humaine d'agir peut au fond s'expliquer de manière mécanique, en vertu du seul jeu des forces physiques. Puisque l'animal n'a au fond aucun caractère humain, il faut alors reconnaître que son comportement doit s'expliquer autrement que par les décisions de la conscience. L'anthropomorphisme spontané qui alimente notre rapport à l'animal doit céder le pas à une analyse scientifique rigoureuse qui met au jour les mécanismes purement corporels qui semblent doter ses mouvements d'une intention consciente, ou quasi-humaine. La nature animale est donc susceptible d'un double régime de discours tantôt subjectif tantôt objectif et à cela tient, me semble-t-il, son équivocité. Or plutôt que de prendre comme thème ce phénomène de l'ambiguïté de la vie animale, tantôt proche des conduites humaines, tantôt proche des attitudes réflexes analogues à un mécanisme, et de le porter au concept, l'histoire de la philosophie a eu tendance à le masquer et à le réduire de manière unilatérale. Aristote faisait en quelque sorte de l'animal un être pré-humain, tandis que Descartes en faisait une machine dépourvue d'âme. Le premier insistait sur la proximité homme/animal[1] ; l'autre sur la distance entre eux. L'un montre en quel sens l'âme rend compte du comportement animal et quelle continuité, il est vrai relative, le relie à l'âme rationnelle ; l'autre refuse d'accorder à l'âme un rôle biologique et en distinguant la conscience, comprise comme réflexion, de la vie, notamment animale, il réduit cette dernière à sa dimension purement corporelle[2]. Disons, sur le mode de la parenthèse, que ces tentatives opposées de réduire l'animal à une figure pré-humaine ou de l'en distinguer radicalement reçoivent un écho au plan éthique. Dans le premier cas, nous sommes tentés de faire de l'animal un quasi-partenaire, un être qui est un peu comme nous, et à qui nous devons donc montrer quelque chose comme une forme de respect, ou de considération. Dans le second cas, n'étant pas comme lui, l'homme peut l'ignorer, d'animal en faire une « bête », et le traiter comme une machine pure, incapable d'éprouver de la souffrance et indigne d'être traité avec égards. Il s'en suit deux formes possibles d'humanisme. Le premier tentera de se construire en intégrant un respect de cette altérité, pourtant proche, qu'est l'animal. Le second aura au contraire à cœur de s'affirmer en étouffant, en luttant contre tout ce qu'il y a de bestial, et de « vivant, trop vivant » en et en dehors de l'homme.

1. Nous ne développerons pas ici la question de savoir jusqu'à quel point l'intellect agent est séparé ou non de la vie corporelle.

2. Descartes, *Traité des passions*, *op. cit.*, § 5-6. *Cf.* également la lettre à Morus, 5 février 1649, dans *Œuvres et lettres*, *op. cit.*, p. 1319, où l'animal-machine est présenté comme une exigence méthodologique.

L'animal se présente donc à nous dans un mélange de proximité et de distance, qui peut conduire à deux attitudes opposées. Soit on choisit de volatiliser l'ambiguïté dont il est le lieu en le réduisant à une forme quasi-humaine ou à un pur mécanisme. Soit on décide d'assumer cette ambiguïté et de tenter de la décrire pour elle-même, en en élucidant la signification, sans le faire à partir des catégories abstraites de la matière et de l'esprit, mais plutôt en reconnaissant en l'animal une subjectivité vivante mais pas nécessairement consciente. Il s'agirait alors, dans le cas où c'est la seconde optique qui est retenue, de prendre pour thème la spécificité du mode d'être de l'animal. La phénoménologie de la vie animale, qui s'interroge sur la manière dont l'être de l'animal se donne à nous, sur l'être même de sa manifestation, ouvre alors la porte à une ontologie, non pas simplement de l'animal, mais plus largement aussi de la vie. En effet, l'animal exemplifie, comme jamais, une tendance de la vie à s'ouvrir au monde, et avec lui éclate pour la première fois une tendance à s'ouvrir au monde qui est caractéristique du vivre en général, et qui permet de surmonter l'alternative des approches finalistes et mécanistes des conceptions animales. Tel est en tout cas le projet de Hans Jonas, telle qu'il se donne à lire notamment dans *le Phénomène de la vie*. Cette démarche, à visée ontologique, ne pourra faire l'économie d'une réflexion de type épistémologique. Comment en effet est-il possible de se frayer un accès à l'être même de l'animal, à son « animalité », s'il est vrai que nous sommes humains ? Je ne suis plus l'animal que j'ai pourtant été et mon interrogation sur lui a toujours lieu depuis des formes humaines de pensée, dont je ne peux jamais m'extraire complètement. L'anthropocentrisme est peut-être un obstacle insurmontable, une limite définitive à la connaissance que je peux avoir de l'animal. Or nous savons déjà grâce à Hans Jonas qu'une telle limite est jusqu'à un certain point dépassable, qu'elle repose sur une décision métaphysique qu'on peut remettre en question, à bien considérer la vie, et la vie animale en particulier. Afin d'assumer cette démarche et avant d'exposer la phénoménologie de la vie animale de Hans Jonas, sur laquelle nous souhaitons insister désormais, il faudra suivre Uexküll dans sa description de la « subjectivité » animale ouverte aux mondes, avant de mettre au jour une insatisfaction qui sera la prélude à un examen de la conception heideggérienne de l'animal.

LES MONDES ANIMAUX

Il revient à Jacob von Uexküll de porter une attention spécifique au *comportement* de l'animal, afin de le considérer pour lui-même, et sans le grever de préjugés métaphysiques qui en interdiraient la compréhension. Rejetant aussi bien le modèle de l'animal compris comme une pure chose soumise aux forces extérieures que celui où il est appréhendé en projetant sur lui une conscience de type humain, Uexküll aborde l'animal comme une totalité organique se mettant en rapport avec un monde qui lui est propre. Il n'est pas d'abord un mécanisme sensori-moteur anonyme mais bel et bien un *sujet* dont l'activité propre est d'agir et de percevoir. Il possède un milieu, qui l'entoure comme « une bulle de savon ». Cette approche distingue l'activité du biologiste de celle du physiologue qui, pour sa part, s'en tient aux mécanismes. Alors que pour le second l'animal est dans le monde humain, chose parmi les choses qui repose dans le monde considéré comme en soi, le premier assume au contraire l'existence de mondes relatifs aux sujets vivants, qui sont aussi variés que le sont les espèces. Comme l'écrit Merleau-Ponty : « [*L'Umwelt* est] une réalité intermédiaire entre le monde tel qu'il existe pour un observateur absolu et un domaine purement subjectif.[1] » Ce monde est relatif au comportement de l'animal mais pas nécessairement à sa conscience. Il suffit en effet que des stimulations n'agissent pas par leur présence physique mais parce que l'organisme y est réceptif et les interprète comme un signal pour parler de monde animal. La conscience n'est donc qu'une manière pour l'organisme de se comporter, et elle se déduit du comportement plutôt qu'elle n'en est le principe explicatif. Uexküll détruit donc le préjugé d'un monde existant pour un observateur absolu, au sein duquel les espèces vivraient et à l'égard duquel, selon Darwin, elles auraient « appris » à s'adapter en évoluant. Il n'y a pas en vérité de monde en soi, mais plusieurs et ceux-ci sont corrélatifs des subjectivités animales qui se tournent vers eux. Comme le note le biologiste :

> Trop souvent nous nous imaginons que les relations qu'un sujet d'un autre milieu entretient avec les choses de son milieu prennent place dans le même espace et dans le même temps que ceux qui nous relient aux choses de notre

1. M. Merleau-Ponty, *La nature*, Paris, Éditions du Seuil, 1994, p. 220.

> monde humain. Cette illusion repose sur la croyance en un monde unique dans lequel s'emboiteraient tous les êtres vivants[1].

Il ne faut donc pas être dupe d'une telle illusion, et si *la* nature existe malgré tout, il faut apprendre à distinguer la nature dite en soi qui est une illusion anthropomorphique, une projection du monde humain tenu pour universel et la « vraie » nature qui est plutôt ce sujet qui transcende et englobe tous les mondes particuliers vers lesquels se portent les différentes espèces. Autant dire qu'on ne peut plus considérer comme essentiel le monde ou le sujet, comme si le premier contenait nécessairement le second, ou comme si le premier était une construction subjective du second. Il faut au contraire accorder la primauté à la *relation* de l'un à l'autre, grâce à laquelle le sujet vivant, telle espèce animale, se rapporte à un milieu éprouvé[2]. Cela veut dire que ce n'est pas un simple jeu de forces qui explique que l'animal perçoive ou bien qu'il agisse. Puisque l'animal n'est pas cette chose qui subit les forces qui s'exercent sur lui en provenance des choses environnantes, il est celui qui se porte vers elle selon une relation qui est essentiellement un rapport de signification. Le monde n'est pas une somme d'événements extérieurs ni rapport à une intériorité qui serait en dehors de lui. L'animal ouvre un champ spatial et temporel mais cette ouverture ne procède pas d'une force vitale nouvelle. Merleau-Ponty parle en revanche de « force douce » pour évoquer la manière inédite dont le vivant noue des relations entre les éléments physico-chimiques avec lesquels il opère. S'il n'existe pas sans ces éléments, il ne leur est pourtant pas en effet subordonné. La relation au monde n'est rien d'autre que l'ensemble des composantes physico-chimiques bien que paradoxalement elle ne se réduise pas à eux, puisqu'elle les organise selon un rapport propre au vivant. La preuve en est qu'une modification des conditions de vie altère la manière de vivre de l'animal mais ne remet pas en cause sa possibilité d'exister. Si l'on coupe un phanère, il se régénère ; mais si l'animal est mal nourri, celui-ci ne disparaît pas mais est de plus petite taille. Cette obstination animale à vivre signe la manière toute particulière qu'il a de se projeter et de se relier à son monde. Si le comportement animal ne se réduit ni à celui d'une pure mécanique ni à celui d'une finalité

1. *Mondes animaux et monde humain* (*Streifzüge durch die Umwelten von Tieren und Menschen.*), trad. fr. P. Muller, Paris, Denoël, 2004, p. 29. *Umwelt* se traduit par environnement tandis que *Umgebung* par milieu ou entourage.

2. Sur ces derniers points, voir J.-C. Gens, « *L'oikos* de l'écologie selon Haeckel et Uexküll : *l'adaptation* à des places et *l'habitation* des mondes », *L'art de comprendre*, *n°21*, 2012.

intérieure, il faut reconnaître que c'est *l'Umwelt* qui est premier dans la description animale, la machine et la conscience en étant des variantes. On peut en effet distinguer une échelle d'animalité. Il y a d'abord les vivants inférieurs assimilables à des animaux machines. La méduse par exemple n'a qu'un seul mouvement, grâce auquel elle se déplace, digère et respire. Il n'y a pas véritablement d'unité centrale. Et l'étoile de mer possède des pinces pour saisir ce qui est à sa portée mais elle se pincerait elle-même si elle n'était pas recouverte, par la nature, d'un produit inhibiteur. L'animal est comme une collectivité où chaque fonction s'exerce de manière indépendante en se superposant à une autre. Nous sommes donc ici au plus près de la machine et à la limite de l'animal. Il faut se porter vers les animaux inférieurs, mais organisateurs, telles que les amibes pour le rencontrer. Les amibes n'ont pas d'organe défini et à chaque moment elles se font des pseudopodes ou bien des vacuoles. La machine une fois construite ne demande qu'à fonctionner. Mais ici la vie de l'amibe est une construction continuée. Elle manifeste donc une plasticité et une unité qui la distingue définitivement des animaux machines. C'est pourtant vers les animaux supérieurs que se donne à voir *l'Umwelt*, car avec eux il est plutôt ouverture que clôture, résume Merleau-Ponty. Alors que l'animal inférieur qu'est la paramécie « repose dans son *Umwelt* plus sûrement que l'enfant dans un berceau »[1], puisqu'elle n'est sensible qu'à ce qui assure sa pérennité et ne se laisse affecter par rien d'autre, voici que les animaux supérieurs répondent de manière différenciée aux informations venues du monde extérieur, précisément parce que leur système nerveux leur permet d'élaborer une réplique interne du monde extérieur, un *Gegenwelt.* C'est pourquoi l'univers objectif est plutôt signe que cause. Le *Gegenwelt* permet à l'animal d'ouvrir un champ d'actions, irréductible au champ physique et qui a une temporalité et une spatialité propre. C'est sur cette base qu'Uexküll peut étudier les rapports que l'animal entretient avec son corps, son territoire, ses congénères ou des animaux d'autres espèces. Prenons par exemple le cas de la tique, dont la semence est enfermée dans l'estomac. Il est remarquable qu'au sein de l'environnement géographique – *Umgebung* – seules trois excitations vont déclencher un comportement de la part de la tique, et c'est ce complexe de caractères perceptifs et de caractères actifs qui vont constituer le monde propre de la tique, son *Umwelt.* Ainsi après être montée sur la branche en réponse au signal produit par la lumière, fait ensuite sens pour elle le signal perçu – *Merkmal* – de l'excitation provoquée par l'acide butyrique d'un animal à sang chaud.

1. M. Merleau-Ponty, *La nature*, *op. cit.*, p. 224.

La perception enclenche une conduite de lâcher-prise, permettant à la tique de tomber sur le mammifère. Mais la chute provoque un heurt de ses poils sur la tique, et de ce caractère actif, de ce signe moteur découle un caractère perceptif tactile, une sensation qui met un terme à la perception olfactive de l'acide butyrique. Un mouvement d'exploration est alors enclenché qui prend fin lorsque la tique perçoit une chaleur suffisante pour s'arrêter et perforer la peau de l'animal hôte, afin de se rassasier du sang, qui signera sa perte, la poussera à tomber pour déposer ses œufs sur le sol, avant de mourir. Parmi les nombreux effets en provenance du corps du mammifère que la tique reçoit, seuls trois caractères perceptifs ont une signification (lumineuse, thermique et olfactive) pour elle. Elle sélectionne ce à quoi elle est sensible et orientera sa conduite en fonction des messages reçus, triés, sélectionnés[1]. Les associations d'excitations et de réactions ne relèvent donc pas d'une transmission de forces qui provoquent du mouvement. L'excitation est d'abord perçue et a le sens d'une *question* posée par le monde à l'organisme qui y *répondra* par une mise en mouvement. L'animal sollicite le monde qui donne des réponses à cette conduite. S'il faut parler de monde, c'est dans la mesure où il nous permet de comprendre la signification d'ensemble des conduites de l'animal qui prises de manière séquencée ou instantanée ne livrerait pas la totalité de ce qui se donne à voir : à savoir la manière dont le monde règle par sa structure propre les mouvements de l'animal. Le monde ainsi visé est certes pauvre mais il est sûr, puisque le faible nombre de caractères perceptifs limite le nombre d'actions à réaliser et par conséquent les possibilités d'échec. On peut ainsi comprendre en quel sens chaque animal a son monde. Et ce qui est visible et significatif pour l'un ne le sera pas pour un autre. La nature se démultiplie à l'infini sous l'effet des perspectives extrêmement variées que chaque vivant ouvre lorsqu'il se rapporte à son milieu. Et il faut bien reconnaître que le phénomène pertinent pour comprendre le comportement animal est la manière par laquelle il rejoint son milieu pour lui donner *une signification propre à son espèce*. Comme l'écrit Uexküll : « Les relations de signification sont (...) les seuls guides certains dans une recherche sur les milieux »[2].

Mais il ne faudrait pas conclure de ce primat de la signification sur l'explication de type mécaniste à un retour de la téléologie. Uexküll condamne l'anthropomorphisme et l'animal ne vise pas un but. De fait il

1. « Nous pouvons dire qu'un animal distingue autant d'objets dans son milieu qu'il peut y accomplir d'actions » dans *Mondes animaux et monde humain*, *op. cit.*, p. 61.

2. *Ibid.*, p. 52.

est pris dans des cercles fonctionnels qui témoignent d'un plan de la nature plutôt que d'une volonté animale poursuivant un but. Que le poussin soit en danger et émette des pépiements aigus, voici la mère poule qui se précipite pour le sauver. Mais qu'on le mette sous cloche et le rende inaudible, voici cette mère courage à présent indifférente à son sort bien qu'elle continue de voir le poussin apeuré, par exemple parce qu'on lui aura attaché une patte. En dernier ressort, il faut donc concevoir le monde animal comme circonscrit par avance par un plan naturel, qui n'a rien de substantiel, mais qui détermine les conditions supra-individuelles du comportement animal. « Chaque sujet vit dans un monde où il n'y a que des réalités subjectives »[1], mais ce monde est pré-structuré par le plan que la nature a prévu pour l'espèce. Il est vrai qu'il faut alors se demander comment surgit un tel plan de construction. Or c'est la règle de signification qui doit expliquer la forme que l'organisme prend dans la relation à son milieu. Uexküll cherche en effet à rendre compte de l'harmonie qui existe entre les vivants et leur milieu. Ainsi si la fleur est *pour* l'abeille c'est parce que l'abeille s'est constituée dans sa relation à la fleur, tout comme la toile d'araignée n'a de signification que relativement à la mouche car l'araignée s'est produite en relation à la mouche. La nature est le lieu de cet enchevêtrement de mondes, dans lesquels un même objet peut prendre des significations différentes selon le vivant auquel il est relié. Le milieu ne repose pas en soi, mais n'existe et n'a de sens qu'en direction d'une subjectivité, qui y habite.

L'approche du biologiste représente un essai remarquable afin de décrire la phénoménalité animale dans toute sa richesse, en ne projetant pas sur elle une conscience de type humain et en ne la réduisant pas à un mécanisme qui ignore le caractère sélectif de la perception dont l'animal fait preuve lorsqu'il évolue dans l'environnement. Il est plutôt cela qui se constitue lui-même seulement en se rapportant à un monde qui fait sens pour lui. Il est production de soi dans et par production de son milieu. Pour autant, on peut se demander, d'une part, si ce qui permet à Uexküll d'inférer une telle intentionnalité du comportement de l'animal est suffisant pour l'établir et, d'autre part, si ce faisant il n'est pas conduit à manquer, quoi qu'il en dise, la différence anthropologique. En premier lieu en effet, de même que Thomas Nagel reconnaissait qu'on ne pourrait jamais savoir en première personne et de manière charnelle ce que cela ferait d'être une chauve-souris[2], le biologiste admet que la richesse des

1. Uexküll, *Mondes animaux et mondes humains, op. cit.*, p. 85.

2. « What is it like to be a bat », *The Philosophical Review*, LXXXIII, 4, October 1974.

mondes animaux ne se donne pas à voir aux yeux du corps mais bien à ceux de l'esprit[1]. Il s'agit donc de reconstruire ces mondes plutôt que, d'une manière ou d'une autre, de les vivre. Cela signifie alors que l'attribution à l'animal d'une intentionnalité relève d'une inférence assez peu justifiée. Puisque le modèle de la machine ne permet pas de comprendre le comportement de l'animal, il faut l'interpréter à partir de la relation de signification. Or le modèle qui s'offre à l'homme pour concevoir celle-ci s'atteste dans l'expérience qu'il en fait en première personne, et Uexküll ne justifie pas dans quelle mesure on peut attribuer à l'animal ce qui vaut pour l'homme. Il n'explicite pas ce transfert d'une expérience humaine à sa conception de l'animal. Force est alors de reconnaître qu'il l'effectue implicitement, sans le thématiser. Mais du même coup, c'est la différence entre l'animal et l'homme qui devient flou. Car s'il suggère un certain lien dans le rapport au monde entre l'un et l'autre, l'humanité procédant somme toute de l'animalité, il n'explicite pas véritablement la nature de la différence, qui existe pourtant, puisque l'homme se qualifie par des capacités dont l'animal est privé. Tout se passerait alors comme si, en dépit de son vœu initial, Uexküll succombait à un anthropomorphisme de contrebande, faute d'avoir défini, dès le début, cela qui qualifiait le propre d'un rapport au monde humain – évitant ainsi de projeter sur l'animal cela qui ne vaut que pour l'homme –et faute d'avoir explicité le mode d'accès à l'intentionnalité animale, s'il est possible à l'homme de se transcender en direction de la vie. C'est d'ailleurs ce que semble confirmer la représentation qu'il se fait de la nature, d'abord[2] comme étant l'analogue d'une Idée au sens kantien du terme, à savoir une réalité inconnaissable mais qui doit servir de fil directeur pour penser l'enchevêtrement des mondes vitaux, ensuite comme étant analogue à l'intuition schellingienne d'une nature-sujet[3]. Que ce soit au plan méthodologique puis au plan ontologique, Uexküll a tendance à subjectiviser la nature sans indiquer le principe selon lequel il réalise cette idéalisation, au risque de l'anthropomorphisme. Il vaudrait donc mieux identifier dès le commencement la spécificité de la différence anthropologique pour éviter toute projection subjective sur le règne animal et sur la nature.

1. *Mondes animaux et monde humain*, *op. cit.*, p. 15 : « Cette richesse et cette beauté ne se révèlent pas à nos yeux charnels mais aux seuls yeux de notre esprit. »

2. Dans *Umwelt und Innenwelt der Tiere*, Berlin, Springer, 1909.

3. M. Merleau-Ponty, *La nature*, *op. cit.*, p. 232.

L'ANIMAL LACUNAIRE

Or telle semble bien être la démarche proposée par Heidegger. Dans le § 10 de *Être et temps* Heidegger conseille d'éviter le terme de « vie » pour désigner l'être de l'homme, ou plutôt du *Dasein*. Il faut en effet penser l'unité de l'humain en dehors de sa différence propre d'avec l'animalité. Le *Dasein* ne relève pas d'une anthropologie qui serait elle-même un département de la biologie. Dans la *Lettre sur l'humanisme*, Heidegger considérera d'ailleurs que ce n'est pas mettre l'homme assez haut que de le définir comme animal rationnel. Conserver la référence à l'animalité, c'est simplement voir entre l'animal et lui une différence spécifique, somme toute dérivée à partir de l'idée qu'on se fait de l'animal, là où il est question de saisir l'unité de l'humain en lui-même. Mais si l'enquête sur l'être doit assumer comme seul point de départ possible l'être du *Dasein*, comme cela auquel nous pouvons avoir d'abord accès et comme cela qui est le plus digne d'étude, alors force est de convenir que l'appréhension du mode d'être de la vie, et de l'animal en particulier, ne peut se faire que de manière privative[1]. C'est ce programme que Heidegger respecte dans *Les concepts fondamentaux de la métaphysique*, sous-titré : « Monde, finitude, solitude ». Il y distingue, la pierre – *weltos*, sans monde – l'animal – *weltarm*, pauvre en monde – et le *Dasein* – *weltbildend*, configurateur de monde. Si l'homme est configurateur de monde, alors il faut comprendre l'animal comme cela qui est privé de monde[2]. C'est depuis le point de vue humain et par privation que l'on pourra préciser notre rapport à l'animal. L'animal n'apparaît jamais comme tel au plan existential. C'est donc une affaire d'interprétation, et la modestie du point de vue heideggérien est ici une clause de prudence, qui a pour but d'éviter l'intrusion subreptice d'un

1. Heidegger, *Être et temps*, trad. fr. É. Martineau, Paris, Authentica, 1985, § 10. *Cf.* également *Les Concepts fondamentaux de la métaphysique*, trad. fr. D. Panis, Paris, Gallimard, 1992, p. 372.

2. C. Romano dans « Le monde animal : Heidegger et Von Uexküll », dans *Heidegger en dialogue, 1912-1930*, Paris, Vrin, 2009, p. 258-261, montre que *Les Concepts fondamentaux* défend une position « équilibrée » sur le rapport homme/animal qui ne cessera de se radicaliser dans le sens d'une déliaison. Ainsi dans les *Conférences de Cassel* de 1925, Heidegger rapproche comme jamais le monde humain de celui animal, tandis qu'à l'autre extrémité de son parcours, dans l'*Introduction à la métaphysique* (trad. fr. G. Kahn, Paris, Gallimard, 1967), les *Beiträge zur Philosophie* (Frankfurt, Klostermann, 1989) et la *Lettre sur l'humanisme* (trad. fr. R. Munier, Paris, Aubier, 1964), l'animal n'est pas même vu comme privé de monde, mais comme étant sans monde.

anthropomorphisme naïf[1]. Ce n'est pas en faisant mine d'oublier ou d'abolir son humanité que l'homme rejoindra l'animal. C'est bien plutôt en reconnaissant cette distance spécifique et définitive qu'il pourra en délivrer l'essence telle qu'elle lui apparaît. Il ne faut donc pas rêver à une impossible intuition de l'animal, ou à une intropathie. On ne peut se mettre à la place de l'animal. On peut tout au plus l'accompagner. Il est vain d'espérer excéder notre monde humain pour rejoindre cette extériorité que serait l'animal. C'est bien plutôt en assumant notre mode d'être propre que nous pourrons nous faire une idée de ce que c'est qu'être animal, par soustraction plutôt que par transposition à partir de ce que nous sommes. Nous fait en effet défaut une expérience originaire de l'animalité.

Comment entendre alors cette privation de monde ? Heidegger note d'abord que cette privation n'a pas une signification quantitative. Il serait donc abusif de dire que l'animal a un degré d'ouverture au monde moindre que celui de l'homme. L'homme n'a pas un monde plus riche que l'animal. L'œil du faucon, par exemple, a une acuité visuelle plus grande que le regard humain. L'odorat du chien est plus développé que le nôtre. Il n'est donc pas légitime d'exclure *a priori* la possibilité d'une vie animale dotée d'une richesse que nous ne soupçonnons peut-être pas. L'échelle quantitative risquerait par ailleurs de se doubler d'un jugement de valeur. Or l'homme peut tomber plus bas que l'animal en termes de cruauté et de méchanceté. C'est donc d'une différence dans le mode d'être dont il est question. Si l'animal est pauvre en monde dit encore Heidegger, cela signifie d'une part que contrairement à la pierre, il nourrit une relation à l'étant mais que, d'autre part, contrairement à l'homme, l'étant n'est jamais saisi pour lui-même, comme tel. À cela tient le fait que l'animal ne fait que *vivre*. Il *n'existe* pas. La pierre posée sur le sol ne noue aucun rapport avec la terre. La terre n'est pas pour la pierre. L'être de la pierre ne lui donne accès à rien et cette absence de relation n'est pas un manque, qui pourrait ou devrait donner lieu à la visée d'une complétude. Au contraire, cette absence constitue l'être même de la matière, en tant qu'elle est soumise aux lois de la nature, et procède du jeu des forces physiques. En revanche, le lézard qui fuit la baguette qui le touche se rapporte à elle ; elle a un sens pour lui ; elle signifie le danger. De même la pierre est recherchée

1. En vérité la méthode heideggérienne se partage entre une approche privative et une approche qui se veut directe de l'animalité. Mais comme le fait remarquer Claude Romano, (*Heidegger en dialogue*, *op. cit.*, p. 266) le *Dasein* se trouve toujours à l'arrière-plan de cette dernière approche. La description de l'animalité à partir d'elle-même est donc effectuée seulement « autant que possible. » Cf. *Les Concepts fondamentaux de la métaphysique*, *op. cit.*, p. 389.

par le lézard parce que, située sous le soleil, il peut s'y chauffer. L'animal a donc comme un monde ambiant qu'Uexküll avait entrepris de décrire. Cependant, ce dernier n'a pas assez insisté sur ce qui opposait l'homme à l'animal, commettant en cela une faute méthodologique, qui peut compromettre ses résultats. L'animal a bien un monde par opposition à la pierre qui n'en a pas. Mais rapporté à l'homme, force est de reconnaître, selon Heidegger, qu'il n'en a pas. En effet, jamais il ne constate une présence comme telle et ne laisse être l'étant. Il est par conséquent abusif de parler d'une perception animale[1] :

> Dira-t-on que ces choses sont perçues comme étant quelque chose d'autre ? Non, elles ne sont absolument pas perçues comme étant quelque chose, ni comme se trouvant être là. Il n'y a pas de perception, mais bien un comportement, une activité pulsionnelle (...)[2].

Dans un texte intitulé *Le Terrier*[3], Kafka restitue le dialogue intérieur d'une taupe qui creuse un terrier compliqué afin d'assurer sa sécurité de manière optimale puisqu'elle sent une menace sourde, non identifiable, peser sur elle. Ce pouvoir d'introspection dépasse naturellement les capacités de l'animal et c'est le privilège de la littérature de pouvoir imaginer un tel scénario. Mais ce qui importe ici est l'interruption brutale du récit, au milieu d'une phrase, interruption à elle seule significative, qui va au-delà de la croyance selon laquelle Kakfa aurait laissé ce texte inachevé de manière involontaire: «mais si elle [l'énigmatique source du danger] m'avait entendu, je m'en serais forcément aperçu car elle aurait dû s'arrêter souvent dans son travail pour tendre l'oreille, mais rien n'avait changé»[4]. Ainsi s'achève brutalement le texte. Il s'achève sur la perplexité de la taupe cherchant à se rassurer sur sa capacité à identifier comme telle, c'est-à-dire objectivement, la réalité d'un danger. Ne faut-il pas interpréter cette fin comme le signe que la taupe a été soudainement croquée, alertée pulsionnellement du danger, mais incapable, à cause de son mode d'être, d'en identifier comme telle la nature et de le prévenir ? Si elle ne peut pas s'apercevoir du danger, c'est bien en effet parce qu'elle n'a pas de monde, au sein duquel il pourrait recevoir quelque chose comme une existence signifiante. Quoi qu'il en soit, c'est cette contradiction d'un animal qui possède et ne possède pas un monde qui fait dire à Heidegger qu'il en est privé. Autrement dit, il noue une relation aux choses mais sans que jamais

1. C'est le sens des exemples concrets donnés par Heidegger. Cf. *Ibid.*, p. 352 *sq.*
2. *Ibid.*, p. 361.
3. Kafka, *Le Terrier*, trad. fr. D. Miermont, Paris, Mille et une nuits, 2008.
4. *Ibid.*, p. 69.

ces choses n'existent pour lui en elles-mêmes. La pierre ne peut pas être privée de monde, car elle n'a aucune relation possible à lui. Mais tel n'est pas le cas de l'animal. Il faut trouver la raison de cette privation dans la structure même de l'organisme vivant (preuve que Heidegger se fait une idée bien définie de la vie). C'est en effet la *Bennomenheit* qui caractérise au plus près l'être de l'animal. L'animal est un être qu'on pourrait dire hébété et qui vit selon la modalité de l'accaparement. Il est toujours pris par ce à quoi il se rapporte et ne peut jamais le laisser être, le considérer en lui-même. Cela tient à ce que l'animal est un être profondément pulsionnel. Tiraillé par ses pulsions, il ignore cela qui ne le désinhibe pas, et se captive pour ce qui peut combler ses manques. Il n'y a donc pas de perception possible pour lui, puisque la saturation ne signifie pas la fin d'une pulsion et la considération d'une chose pour elle-même mais plutôt la commutation en une autre. L'abeille va vers la rose pour se satisfaire. Mais elle retourne ensuite à la ruche. La rose est en tant qu'objet de consommation mais non en tant que rose. La pauvreté en monde de l'animal tient donc au cercle dont il s'entoure, qui provient de ses pulsions. Tel est le reproche essentiel que Heidegger adresse à Uexküll. Si celui-ci a raison d'accorder un milieu à l'animal, il va trop loin en parlant de monde. Cela ne vaut en effet que pour l'homme. Autant dire donc que contrairement à son souci initial, Uexküll anthropomorphise l'animal faute d'assumer et de thématiser dès le départ cela qui est propre à l'homme : l'être-au-monde. Ce faisant, il manque son essence aussi bien que celle de l'homme. De fait celui-ci ne se *comporte* (*sich benehmen*) pas simplement, il se *tient (verhalten)*[1]. Sa tenue ou sa conduite le distingue de l'être animal. Il est ouvert à un monde et il appartient aux *Concepts fondamentaux de la métaphysique* de décrire cette ouverture, notamment d'ailleurs à travers la tonalité de l'ennui. Dans *Être et temps*, la tonalité fondamentale est la relation au mourir de l'homme. Parce qu'elle le met en relation avec un néant de détermination, la mort n'étant rien d'objectif, le *Dasein* peut se relier au monde comme tel, à un horizon de significations personnelles, de possibilités propres. Et c'est à cause de ce propre de l'homme qu'Heidegger doute que l'animal puisse avoir un rapport à la mort identique à celui de l'homme. En effet, l'animal arrive certes à la fin, mais sans jamais pouvoir se *rapporter* à elle[2]. Il faut référer l'animalité de l'animal à son caractère pulsionnel. La pulsion est ce mouvement de poussée en avant – grâce à une anticipation qui traverse d'avance ce qu'elle vise – qui permet à l'animal de se produire lui-même.

1. Heidegger, *Les concepts fondamentaux de la métaphysique*, *op. cit.*, p. 347.
2. L'animal ne s'angoisse pas, ne s'ennuie pas et ne ressent pas la solitude.

C'est une telle analyse qui permet à Heidegger de résumer son propos en disant : « la vie *n'est* rien d'autre que la lutte de l'animal avec son cercle par lequel il est pris en une unité, sans jamais être au sens propre présent à lui-même »[1]. Mais encore une fois, il ne faudrait pas confondre cette analyse comparative, qui conclut à l'essence de l'animal par privation à partir de l'être-au-monde de l'homme, avec une ontologie directe de la vie animale que Heidegger considère comme étant impossible. Cette précaution méthodologique a en effet l'avantage de préserver la spécificité du mode d'être humain, et de comprendre, autant que possible, le mode d'être animal.

On peut pourtant se demander si cette précaution ne conduit pas à plus de difficultés qu'elle n'en résout. En premier lieu, ne faut-il pas contester l'idée selon laquelle nous n'avons aucun accès direct à l'être de l'animal ? S'il est incontestable que nous sommes davantage que vivants, il n'en reste pas moins que nous sommes aussi vivants. Par conséquent, nous possédons une compréhension de la vie, qui réclame sans doute d'être explicitée et clarifiée, mais qui n'en est pas moins là, tapie en nous. Disons que nous en avons une pré-compréhension et c'est sans doute elle qu'il faut porter à la clarté du concept. Comme le disait Canguilhem, « la pensée du vivant doit tenir du vivant l'idée du vivant »[2]. D'ailleurs, et c'est le second point, Heidegger ne présuppose-t-il pas une certaine idée du vivant, insuffisamment justifiée, lorsqu'il définit l'homme comme seul apte à s'ouvrir au monde ? C'est parce qu'il a, par avance, déterminé la vie comme cela qui vise à la conservation de soi, sans capacité d'ouverture à une altérité, qu'il pense l'homme comme possédant au contraire cette ouverture. Il reste donc tributaire du partage classique entre l'homme et l'animal, en vertu d'un anthropocentrisme métaphysique, qui refuse à la vie la capacité à se porter au-delà de soi. Mais, et c'est le troisième point, on ne comprend alors plus comment l'homme est capable d'une telle ouverture. Heidegger ne pense pas l'émergence de l'humanité à partir de l'animalité. Or il faut bien que l'ouverture au monde s'esquisse dans la vie si l'on veut comprendre comment elle peut s'accomplir chez l'homme. Le *Dasein* n'est certes pas un simple vivant, mais il partage quelque chose avec lui. Ceci est particulièrement net lorsque Heidegger, contre Uexküll, découple la perception de l'activité vitale. Ne faut-il pas convenir qu'il y a dans la pulsion vitale de quoi s'ouvrir à l'extériorité pour elle-même, si on veut appréhender la possibilité pour l'homme de percevoir ? Nous nous trouvons donc à présent

1. Heidegger, *Les concepts fondamentaux de la métaphysique*, *op. cit.*, p. 374.
2. G. Canguilhem, *La connaissance de la vie*, Paris, Vrin, 1998, p. 13.

dans une situation inverse de celle qui a été évoquée auparavant. Faute de reconnaître la spécificité du mode d'être humain, et d'indiquer le mode d'accès à l'essence de l'animal, Uexküll avait eu tendance à rabattre le premier sur le second, et à manquer l'articulation de l'homme et de l'animal. Cependant, il était permis de comprendre en quel sens l'humanité pouvait surgir de l'animalité, puisque toutes deux se qualifiaient par leur capacité à ouvrir un monde. Avec Heidegger, cet écart entre l'homme et l'animal est thématisé, de même que la voie d'accès méthodologique à l'être de l'animal. Il évite ainsi toute projection anthropomorphique incontrôlée et peut entreprendre de décrire, autant que possible, le caractère équivoque de l'animal, plus que machine mais moins qu'homme. Celui-ci se relie à un environnement, car il n'est pas sans monde, mais pour autant il n'en constate pas la présence, car il est sans monde. Bref, l'animal est privé d'un monde, qu'il aurait la possibilité *de droit* de rejoindre, mais que *de fait* il ne rejoint pas. Malgré tout, Heidegger reste prisonnier d'une conception restrictive de la vie qui ne lui permet pas de penser le passage de l'animal à l'homme. Sa rigueur méthodologique semble l'expression d'un rigorisme métaphysique qui réactive la rupture entre l'homme et la vie et qui le rend aveugle au fait que l'homme est vivant et doit donc pouvoir penser, jusqu'à un certain point, ce qu'il en est de la vie animale.

LE MONDE DE LA VIE

Ces limites rencontrées par les dispositifs des deux penseurs permettent pourtant de dessiner en creux une voie nouvelle afin de porter au concept le phénomène de la vie animale. La philosophie de Hans Jonas offre un accès épistémologique inédit à la description de la vie et de la vie animale en particulier, en revendiquant un anthropomorphisme méthodologique[1]. Il tire les conséquences de ce fait que l'homme est un être vivant – sans doute celui des vivants qui est le plus ouvert au monde, par la liberté de penser et d'agir dont il dispose – et qu'en ce sens il est un témoin privilégié de ce que c'est que vivre, sans pour autant identifier de manière irréfléchie vue et humanité, comme si par exemple l'animal avait une conscience. En mettant en œuvre une telle méthode, Hans Jonas ne fait que tirer la conséquence de l'appartenance de l'homme au règne des vivants, de la

1. *Cf.* chap. I.

dépendance de l'anthropologie à l'égard de la biologie. Puisque l'homme est le résultat d'une évolution de la vie, force est de reconnaître que l'homme en connaît quelque chose.

Jonas rompt ainsi avec la démarche heideggérienne dont il dénonce l'abstraction. Si Heidegger avait fait un pas vers le concret en montrant en quel sens le *Dasein* se projette vers le monde alors que la conscience transcendantale chez Husserl en semble séparée (puisqu'en pratiquant la réduction Husserl suspend notre croyance en l'existence d'un monde en soi et nous ramène à la conscience intentionnelle considérée comme absolu, mais cela au prix d'une déréalisation de la conscience, qui ne permet plus de comprendre son mode d'être ni comment elle peut encore avoir une place au sein du monde[1]), il faut cependant regretter que son implication demeure abstraite faute de prendre en compte son incarnation. Évoquant le souci heideggérien, Jonas explique :

> Mais le corps est-il jamais nommé ici ? Le « souci » lui est-il jamais rattaché comme souci de la nourriture par exemple, tout simplement comme besoin physique ? Est-ce que, en dehors de toute intériorité, parvient à s'exprimer ce côté de notre essence par lequel, tout à fait extérieurement, nous appartenons nous-mêmes au monde vécu, et sommes de manière grossièrement objective un morceau de lui[2] ?

Par mon corps en effet, je suis, pour ainsi dire, solidaire des corps vivants, et c'est bien la raison pour laquelle l'homme n'est pas cela seulement qui s'ouvre au monde, mais aussi celui qui en procède. Il faudra même avouer que cette ouverture doit quelque chose à mon origine vitale, si l'on ne veut pas faire de l'homme le lieu d'une ouverture, qui surgisse de manière incompréhensible. Mais la démarche de Jonas s'éloigne également de celle d'Uexküll. Certes, comme lui, il reconnait l'existence d'une subjectivité vivante. Mais contre lui il assume dès le départ un anthropomorphisme explicite. Ce dernier n'est pas un défaut que la science soucieuse d'objectivité devrait éradiquer. Il est au contraire la condition de toute compréhension du phénomène vital. La condamnation de l'anthropomorphisme résulte d'une décision ontologique *a priori*. En posant le découpage de l'être entre une sphère objective, à savoir la matière, et une sphère subjective, à savoir l'esprit, on a considéré comme projection subjective illégitime tout ce qui venait infirmer le postulat d'objectivité au principe de la démarche scientifique. Mais l'étude de la vie est précisément

1. R. Barbaras, *Vie et intentionnalité*, Paris, Vrin, 2003, p. 138-141.
2. *PEF*, p. 39-40.

cela qui nous conduit à remettre en cause ce partage, puisque nous y faisons l'expérience d'une réalité qui n'est jamais si objective qu'elle ne mette en jeu une certaine finalité ou orientation, ni si subjective qu'elle ne réclame une analyse en termes de réflexes involontaires, d'automatismes, de composition chimique. Plutôt donc que de contester *a priori* l'originalité du phénomène vital en le réduisant à un modèle mécaniste, il convient selon Hans Jonas, de décrire pour lui-même ce troisième genre d'être, ou plus exactement ce type d'être primordial, à partir duquel la subjectivité pure et le corps-machine ont une chance d'être compris. Il faut donc partir du témoignage que l'homme porte sur la vie afin de prendre la mesure véritable du phénomène vital. C'est d'ailleurs seulement en assumant cet anthropomorphisme comme une chance, comme la condition d'une connaissance de la vie, que nous ne retomberons pas dans un anthropomorphisme d'autant plus nuisible qu'on prétendait l'éviter. Tel est le propre en effet des analyses de type mécaniste, qui en réduisant la vie à la machine, efface la description authentique derrière une conceptualisation qui renvoie à un produit de l'art spécifiquement humain. Mais ce n'est pas simplement le vivant comme tel qu'un refus de l'anthropomorphisme conduirait à méconnaître, c'est aussi l'homme dans sa différence spécifique. En mécanisant le vivant, on est conduit à définir l'homme par la conscience comme cela qui le distingue de la machine, comme cela grâce à quoi il peut et agir librement. Mais ce faisant, on ne rend pas compte du surgissement de cette conscience et selon quel processus l'homme se différencie au sein de la vie de la simple vie. Bien au contraire, on le distingue de la vie sans qu'on sache au nom de quoi il est permis de l'extraire du règne des vivants. Au contraire, en posant comme point de départ légitime et revendiqué l'anthropomorphisme, Jonas évite de le voir revenir, comme en contrebande, lors de la description du vivant sous la forme d'un mécanisme et il s'oblige à penser le vivant tout en étant attentif à sa différence avec l'humanité.

Nous avons vu comment cet anthropomorphisme instruit permettait de comprendre la vie selon le sens de sa transcendance et comme ouverture au monde mais aussi comment la mort permettait de comprendre non seulement sa dynamique individuelle mais également évolutive au plan des espèces[1]. En se distinguant du monde, au sein duquel il prélève une nourriture utile à la vie, le vivant peut également s'y rapporter. La mise en œuvre de cette liberté n'est donc pas un repli sur son intériorité contre le monde extérieur, telle une conscience qui se réfléchit comme en une bulle

1. *Cf.* chap. I.

hermétique, mais l'occasion de faire apparaître un monde qui sans la subjectivité vivante ne paraîtrait pas. Le monde sort, si l'on peut dire, de l'anonymat et vient au premier plan. Une telle liberté ne doit certes pas être comprise dans une acception purement anthropologique, par exemple comme obéissance à une loi qui permettrait à l'homme de gagner son autonomie. L'autonomie dont il est question n'est pas indépendance à l'égard des impulsions naturelles, puisqu'originellement, comme nous l'avons vu, elle s'affirme dans la figure du besoin :

> Si l'on veut recourir à ce concept pour qualifier un principe aussi vaste, il faut manifestement le tenir d'abord à distance de toutes les significations mentales ; liberté doit désigner un mode d'être objectivement différenciable, c'est-à-dire une manière d'exister qui ressortit à l'organique per se, et que tous les membres de la classe « organisme » mais rien qu'eux, ont par conséquent reçu en partage (...)[1].

En luttant contre la possibilité de sa mort, le vivant définit ses normes de perpétuation dans l'existence conformément à son essence propre. Il ne s'oppose pas à toute perturbation extérieure dans un repli mortel, il s'ouvre aux données extérieures, se les approprie, pose son soi. C'est parce qu'il refuse de mourir, parce qu'il vit cette possibilité qu'il se projette en avant dans un monde qu'il configure. Hans Jonas a donc défini la vie comme transcendance ou ouverture au monde. C'est pourtant seulement avec la vie animale qu'une relation au monde comme telle se dessine nettement. L'animal explicite ce qui était encore implicite au niveau rudimentaire du métabolisme. La cellule est certes irritable : elle agit et réagit aux influences extérieures. Mais elle n'a pas encore l'individualité prononcée que possède l'animal et que rend possible l'auto-affirmation de la liberté. Il faut en effet voir dans l'apparition de la forme animale un progrès de la liberté à l'œuvre dans la vie, et un développement de l'élément de transcendance qui caractérise le métabolisme. Puisque la vie est une « aventure en mortalité », il faut donc se demander à présent en quel sens le mode d'être animal représente un accroissement de risques et par conséquent un progrès de la liberté, notamment par rapport à la plante, forme inférieure de vie. Or c'est par le déploiement de trois facultés, selon Jonas, que l'animal s'ouvre un monde et affirme son individualité. La *perception* et la *mobilité* dessinent un horizon spatial ; *l'émotion* un horizon temporel. Par ces trois traits, que nous allons détailler, l'animal se distingue de la plante.

1. *ÉL*, p. 28.

1) En premier lieu en effet, c'est *l'émotion* qui ouvre une distance temporelle entre l'individu et l'objet visé. Cette transcendance temporelle mérite d'être mise au jour, dans la mesure où contrairement à la perception et la motricité elle ne semble pas avoir d'organe externe apparent. Il n'est donc pas étonnant que l'explication physique n'en tienne pas compte. Lorsque la *cybernétique* s'efforce de décrire le comportement animal, elle en modélise l'activité à partir du système sensori-moteur, sans rendre compte de la dimension affective qui habite l'animal. Il n'est alors pas question de détresse ou de souffrance ni de jouissance, on ignore la notion de visée animale qui implique un investissement émotionnel. Jonas conteste en effet la prétention de la cybernétique à vouloir rendre compte de l'animal sur la base de servomécanismes, c'est-à-dire de machines intrinsèquement dotées de fins, comme c'est le cas par exemple de la torpille à tête chercheuse. La torpille est capable de modifier sa trajectoire initiale et de la modifier en fonction du mobile à atteindre. La torpille n'est pas attirée par la cible comme une planète par le soleil. Elle se dirige vers elle, certes en fonction d'une influence physique mais celle-ci a valeur de message ou d'information. Mais la question reste ouverte de savoir si on peut parler dans ce cas de motivation et de *telos*. Ya-t-il un *telos* au plan cybernétique comme il y en a au plan animal ? Force est de reconnaître que chaque « adaptation » de la torpille n'est que restauration de l'équilibre du moment, et que chaque situation se suffit à elle-même. Au contraire dans le cas de l'animal, il y a visée d'une totalité d'adaptations, puisqu'elles sont animées d'une finalité d'ensemble : capturer la proie. L'animal chasse non pas simplement parce qu'il perçoit la proie, mais parce qu'il veut la capturer, et c'est seulement à la lumière de cette fin que telle ou telle perception devient significative et qu'il agit de telle ou telle façon. Entre la sensation et l'action, il faut donc interposer le phénomène de l'intérêt, de la préoccupation que la cybernétique ne prend pas en compte. Envisager l'animal comme une somme de réflexes peut permettre de le rapprocher davantage du modèle mécanique que ne le fait une description où la spontanéité a toute sa place. Mais même ainsi, il faut supposer un intérêt de l'animal pour sa vie pour rendre compte du but qui permet de déclencher les réflexes et de les soutenir. Le matérialisme prétend donc décrire effectivement jusqu'aux processus mentaux eux-mêmes, tel est le but de la cybernétique, mais il confond le fait de « mener à bien une fin » avec le fait d'« avoir une fin ». Il faut trouver la raison de cet aveuglement, selon Jonas, dans l'héritage cartésien de la conception mécanique de l'animal et dans le rejet de l'anthropomorphisme, qui seul, comme on l'a vu, permet de restituer à l'animal sa sensibilité. En effet, le phénomène de la poursuite

animale ou de la chasse suppose une vie émotive, dont l'intensité se mesure au nombre d'obstacles que l'animal est capable de franchir et à la durée avec laquelle il maintient sa quête afin de rejoindre sa proie. L'émotion est requise à la fois pour faire de l'objet perçu un but et pour déclencher le mouvement de capture. Elle ouvre donc dans le temps ce que la perception et la mobilité ouvre dans l'espace. Elle présente l'objet comme « à venir », de même que la perception le présente comme étant « là-bas », tandis que la motricité aiguillonnée par l'émotion et conduite par la perception transforme l'objet en ici et en maintenant. En mettant en rapport le soi avec l'objet, l'émotion ne fait que manifester le souci que la vie a d'elle-même, l'intérêt qu'elle prend à son être. Ce que Jonas appelle aussi appétit, ou désir n'est que l'expression de la tendance fondamentale du métabolisme à se renouveler lui-même. Il ne faut pourtant pas s'empresser de dire que le désir est une simple visée d'objet.

Si tel était le cas, on ne rendrait pas compte de l'activité infinie dont l'animal est capable, qui a des comportements irréductibles à la seule quête de nourriture, puisqu'il joue et explore par exemple. On ne rendrait pas compte non plus des possibilités évolutives, qui supposent le maintien d'une ouverture, de perspectives indéterminées entrainant un dépassement de l'état donné de l'espèce. Par-delà donc l'objet, c'est un manque indéterminé qui anime le vivant. Jonas signale :

> L'organisme est fondamentalement « en manque », aussi manque-t-il toujours de quelque chose. La réflexion animale de ce manque est le « désir ». De quoi ? Dans le schéma classique, le désir est désir du bien, et le bien est ce qui complète ou parfait un être. Mais peut-il y avoir complétude et perfection pour un être vivant ? Cela voudrait dire la cessation du manque, par là de l'être lui-même, qui est la dynamique du manque et de la satisfaction[1].

Il n'est pas certain que Jonas thématise jusqu'au bout la nature de ce manque qui ouvre des perspectives indéterminées[2]. Pour autant, nous avons vu comment la relation à la mort permettait de faire surgir des possibilités nouvelles, en même temps qu'elle aiguise la passion de vivre

1. *Vie et Liberté*, *op. cit.*, p. 196.

2. Renaud Barbaras, par exemple, lui reproche de confondre le désir du besoin, en faisant du désir seulement un besoin différé. En outre, dans la mesure où le besoin est selon Barbaras assigné à un objet, il ne permet pas d'ouvrir un monde, ce que permet au contraire le désir qui est une aspiration indéterminée. Ainsi Jonas supposerait un monde prédonné, au sein duquel des besoins pourraient être satisfaits au lieu de penser l'ouverture d'un tel monde. Cf. *Introduction à une phénoménologie de la vie*, *op. cit.*, p. 205-210.

chez l'animal[1]. Souffrance et jouissance ne s'excluent pas et sont deux aspects d'une même tendance de l'animal à tenir à la vie et aux possibilités qu'elle recèle, découvrant par là un horizon toujours indéterminé. L'animal découvre dans son environnement ce qu'il croit pouvoir le satisfaire, parce qu'il est habité par une tendance sourde, un manque profond, une inquiétude vitale qui le destine à cette quête. Capable de sentir sa finitude, il nourrit une relation à sa fin, qui aiguise son intérêt de vivre et le pousse à chercher de quoi se satisfaire. Ainsi « ce mode de vie précaire et exposé engage à la vigilance et à l'effort» et «l'être animal est ainsi essentiellement un être passionné»[2]. Florence Burgat, dans un article intitulé «l'inquiétude de la vie animale»[3], s'interroge sur l'existence d'une souffrance animale. Faut-il en priver l'animal sous prétexte qu'il ne peut pas la dire et la penser ou au contraire la reconnaître compte-tenu du fait qu'il ne peut pas l'exprimer et lui assigner un sens ? L'homme, en effet, a le pouvoir de raisonner cette souffrance et de remédier aux dérives des passions tristes par le pouvoir de la raison. Selon Jonas, il ne faut pas opposer la douleur animale à la souffrance humaine. La douleur est un phénomène animal occasionnel, tandis que la souffrance est une condition de son existence vitale. Elle provient de sa peur de mourir et du manque qu'il est et qu'il doit combler. On peut donc lui reconnaître un tel affect tout en affirmant qu'il n'a pas la même dimension chez l'homme, puisqu'en se représentant consciemment la mort, ce dernier donne à sa vie une allure tragique à laquelle l'animal échappe. C'est précisément parce que la plante ne «réfléchit» pas ce manque d'être, parce qu'elle ne se rapporte pas à sa finitude et qu'elle n'a pas l'opportunité d'éprouver le manque comme tel qu'elle est dépourvue de cette émotivité qui qualifie la vie animale. La plante est sans passion. En effet, elle n'échange qu'avec l'environnement immédiat avec lequel elle est en contiguïté. Le besoin est donc immédiatement satisfait. Certes celui-ci s'exprime encore et voici pourquoi on peut

1. Même si seul l'homme peut se représenter la mort, il n'en reste pas moins que l'animal nourrit donc, contrairement à ce que pense Heidegger, une certaine relation à elle selon Jonas. Cf. *Évolution et liberté*, *op. cit.*, *« Fardeau et bénédiction de la mortalité »*. Cependant, alors que l'expérience humaine de la vie est le point de départ méthodologique de la compréhension de la vie, et alors que la vie se comprend comme essentiellement mortelle, Jonas ne thématise pas pleinement le *rapport* entre l'expérience humaine de la mort et le caractère mortel de la vie. Ce lien est certes évoqué avec la figure du besoin. Mais l'expérience humaine de la vie mortelle ne se réduit pas à la figure du besoin strictement « biologique », puisqu'elle manifeste un besoin de sens, né de notre finitude, qui s'exprime dans le « retour sur soi », brièvement suggéré dans *le PhV*, p. 192-194 et dans *ÉL*, p. 75-79.

2. *PhV*, p. 116 et 117.

3. F. Burgat, « L'inquiétude de la vie animale », *Klêsis*, n°16, 2010.

dire que la plante a un métabolisme, mais jamais il ne peut se transformer en désir ou en émotion, jamais le manque ne peut être éprouvé comme tel, jamais il n'ouvre une distance temporelle. La vie de la plante est trop facile, car elle trouve immédiatement la matière à sa disposition, sans avoir d'effort à fournir. La photosynthèse lui permet de transformer la matière inorganique en composants organiques. Ce mode de vie bourgeois interdit une séparation nette entre le soi et le monde extérieur. Cette sécurité dont jouit la plante, cette supériorité est cependant l'envers d'un manque ou d'un défaut. Nous pourrions dire qu'elle manque du manque, et que, ne manquant de rien, elle ne peut s'ouvrir à lui. Or tel est bien l'avantage de l'animal. Son indigence est une richesse, puisqu'en lui faisant sentir le manque, elle lui impose de développer des talents dont la plante n'a pas besoin. Ce risque nouveau que la vie prend représente un gain d'indépendance et d'individualité, puisque l'animal s'y affirme contre le monde mais aussi comme étant dépendant de lui.

2) Outre l'ouverture d'un horizon temporel par l'émotion, l'animal ouvre un horizon spatial avec la perception. Il se caractérise par une faculté de sentir différencié mais également centralisé qui est le prélude à la constitution d'un monde d'objets, obtenus par l'intégration des différentes données sensibles. C'est une première raison d'attribuer la centralisation et donc l'individualité à l'animal à la différence de la plante, unifiée mais pas centralisée. L'animal renoue donc avec une tendance originaire de la vie, telle qu'elle s'atteste chez le protozoaire, qui jouit d'une capacité de contrôle même si elle est rudimentaire. Alors que cette individuation s'estompe lorsque la vie évolue vers le métazoaire, puisque chaque cellule renonce à son degré d'individualité au profit d'un ensemble qui ne possède pas une individualité propre ou une centralisation aussi affirmée, et alors que le végétal qui manifeste une unité morphologique n'a pas pour autant une individualité interne marquée, un système central apparaît à nouveau avec l'animal. L'acte perceptif ne renvoie pas à lui-même, ne jouit pas de soi, mais s'intègre au centre commun de la sensibilité. Comme le dit Jonas : « ce n'est pas l'œil qui voit, pour lui-même, mais nous qui voyons avec nos yeux »[1]. La centralisation de l'individu permet donc une perception qui synthétise les données sensorielles et conditionne la constitution des objets. Ce pouvoir d'objectiver le monde qui caractérise la perception animale se renforce du rôle prééminent de la vue, qui de tous les sens

1. *Vie et Liberté*, *op. cit.*, p. 198.

est celui qui favorise le plus cette objectivation et qui représente un incontestable gain de liberté au sein de l'échelle des vivants [1].

3) La vie animale est enfin essentiellement mobile. Alors que la plante est condamnée à l'immobilité, puisqu'elle trouve tout ce dont elle a besoin sur place, l'animal doit mener une quête anxieuse afin de rejoindre ce que son désir lui présente comme enviable et ce que sa perception lui rend présent malgré la distance. Cette exigence est pourtant une chance, puisqu'elle le rend plus indépendant de la matière et de l'environnement immédiat. Il dispose librement du système nutritif, de l'énergie emmagasinée. En rompant avec le mode de vie végétal, il se rend libre pour dépenser son surplus d'énergie comme il lui convient. Mais cette liberté est au risque de la mort et d'une dépendance potentiellement accrue. De fait, la chasse doit être couronnée de succès si l'organisme veut compenser grâce au butin l'énergie dépensée dans la poursuite. Ici encore le pouvoir de se déplacer est une nécessité. Mais avec la motricité et la centralisation du mouvement, l'animal gagne en individualité sur la plante. Il s'unifie en unifiant ses organes moteurs. On peut s'étonner cependant que Hans Jonas ne soit pas attentif à la mobilité dont sont capables les végétaux, phénomènes qui s'attestent dans la croissance de l'arbre, ainsi que dans le phototropisme par exemple ou encore dans la capture des plantes insectivores. C'est d'ailleurs ce dont lui-même se rend compte et qui explique que, dans « Les fondements biologiques de l'individualité » [2], texte postérieur au quatrième essai du *Phénomène de la vie* consacré à la vie animale, il fasse une place au mouvement végétal et précise en quoi le mouvement animal s'en distingue, en quoi donc il constitue un progrès de la liberté. Alors que le mouvement animal est rapide, occasionnel, variable et réversible, le mouvement végétal est lent, continu, déterminé et irréversible. Derrière ce qui ressemble à une différence de degré quant à la vitesse ou au nombre de mouvements possibles par exemple réside en vérité une différence de nature, une modification qualitative dans le rapport au monde. L'animal s'ouvre à un monde plus vaste, plus étendu et sa vélocité est une des raisons de l'amplitude de son action possible. Il est vrai que la vitesse animale rend les prédateurs d'autant plus redoutables et fait de la vie un exercice d'autant plus tendu. C'est bien la nature même du monde

1. *Cf.* chap. I.

2. *Philosophical Essays, From ancient creed to technological man*, « Biological Foundations of Individuality », chapitre IX, Englewood Cliffs, N.J. Prentice-Hall, 1974 (désormais cité *PE*) ; *Essais Philosophiques*, Paris, Vrin, 2013, p. 185 *sq*. Ce texte, paru pour la première fois en juin 1968, est traduit par D. Lories dans *Vie et liberté*, *op. cit.*, p. 179. *Le phénomène de la vie* est paru en 1966.

qui est ainsi affectée. Par ailleurs, alors que le mouvement végétal est prédéterminé, la motricité animale est libre. C'est ce qu'atteste la réversibilité de ses mouvements, qui modifie l'état des relations de l'animal avec le monde mais ne modifie pas ses organes. C'est le même membre qui est tantôt en flexion, tantôt en extension. Au contraire, l'arbre bourgeonnant n'est pas l'arbre en fleurs, ce qu'atteste l'impossibilité de faire rentrer les fleurs dans les bourgeons. Le mouvement n'est pas réversible, il modifie la nature de l'arbre et il n'instaure pas un nouveau type de relation au milieu. Ainsi la mobilité animale se caractérise par une certaine souplesse. L'animal réagit de manière variable à la situation selon une relation temporaire et non définitive. La richesse de son monde contraste donc avec celle de la plante. Car dans le phototropisme, même si le mouvement est relativement rapide et réversible, il reste entièrement déterminé par l'extérieur, par la lumière, à la fois quant au déclenchement que quant au rythme et au taux. La direction est sans alternative et le retour à la position initiale dépend de l'agent extérieur[1].

L'animal réalise donc une tendance de la vie à affirmer toujours davantage la liberté. Le métabolisme animal est plus individué que celui de la plante, car il maintient une distance entre soi et le monde. Cette distance n'est que l'accentuation de la distance interne au métabolisme entre sa forme et la matière. Certes le végétal aussi instaure une distance, mais cette distance est minimale. Elle est « immédiateté relative »[2]. La médiation animale pose une distance entre le sujet et l'objet, établit une brèche et vit sur cette brèche que la perception, l'émotion et le mouvement permettent de franchir. La perception rend l'objet lointain présent ici ; l'émotion comble provisoirement la distance entre le besoin et la satisfaction et le mouvement comble pratiquement cette distance. L'écart entre soi et le monde qu'inaugure le métabolisme et en quoi réside la liberté franchit donc un nouveau pas avec l'existence animale. Cette différence dans le degré de médiation par rapport à la plante et plus tard par rapport à l'homme signifie une diminution dans l'intégration du monde. Plus l'individu s'affirme, moins il est intégré au monde. Cette augmentation du degré dans la distance a cependant une signification qualitative, en termes de qualité de relation au monde, de nouveauté dans la manière de se rapporter à lui. L'accentuation de cette tension est une accentuation de la vie elle-même et n'est que l'écho de la manière dont l'organisme a originairement marqué sa distance, affirmé son autonomie à l'égard de la matière indifférente.

1. Il en va de même pour la plante insectivore. Cf. *Vie et Liberté*, *op. cit.*, p.205, note 1.
2. *Ibid.*, p. 205.

On peut, en guise de conclusion, mettre l'accent sur la portée d'une telle analyse à un double niveau, éthique et anthropologique. En premier lieu en effet, l'idée selon laquelle l'animal est le lieu d'une ouverture au monde dessine la possibilité d'un respect pour la dignité animale. Au lieu d'opposer, comme le fait Kant, la valeur en soi de l'homme à l'instrumentalité des choses, en y incluant l'animal, à l'égard duquel nous n'avons au mieux qu'une obligation indirecte, il devient possible de lui reconnaître une liberté, une capacité à jouir et à souffrir, une forme d'autonomie qui commande un respect circonstancié et qui invite l'homme à penser des rapports éthiques avec les animaux, un respect gradué qui prend en compte le degré d'ouverture au monde de l'animal. C'est dire, en d'autres termes, que nous avons une communauté d'être avec lui et cette remarque nous conduit à affirmer, c'est le second point, le caractère biologiquement centré de l'anthropologie. La vie animale, ressaisie autant que possible à partir d'elle-même, nous donne à comprendre l'humanité et ses contradictions. Si la vie en effet est, dans son dynamisme, progrès d'une transcendance, alors celle-ci atteint son point culminant chez l'homme. Cela qui caractérisait l'animal – perception, motricité, émotion – prend une nouvelle signification chez l'homme, à cause de l'apparition de *l'eidos*, du pouvoir de symboliser, qui est cette nouvelle distance créée par la vie entre l'individu et le monde. La perception s'interposait chez l'animal entre l'individu et le milieu. *L'eidos* s'interpose désormais entre l'objet et la perception. En l'absence de l'objet, l'homme jouit de la représentation pour elle-même et se met en rapport avec la question de la vérité : cela que je me représente est-il conforme à ce qui est ? Il s'ouvre également à la vérité sur soi, à la réflexion : suis-je tel que le pense ? Qui suis-je ? Suis-je un homme et qu'est-ce que l'idée d'homme ? De cette manière, l'homme se met en rapport avec lui-même et jouit donc d'une liberté que n'a jamais encore connue la vie jusque-là. Cette distance qui rend possible le rapport à soi est source de jouissance mais aussi de désespoir. Peut-il jamais se rejoindre dans une image unifiée de lui-même ? Il est toujours par-delà ce qu'il vise de lui-même, et le suicide est la traduction extrême de cette tentative de se posséder comme objet. La question que l'homme est à lui-même n'est que l'écho lointain d'une question originaire que la vie s'est posée à elle-même en se lançant dans l'aventure de l'évolution. En s'affirmant à chaque fois avec plus de risque, elle se donne à apprécier avec toujours davantage de liberté. L'animal est aussi celui en qui la vie a déposé les possibilités d'une question qu'il revient à l'homme de formuler de manière explicite.

CHAPITRE III

LA PHÉNOMÉNOLOGIE DE LA VIE DE HANS JONAS EN DÉBAT AVEC LA CONCEPTION SPINOZISTE DE L'ORGANISME

Nous voudrions, dans ce chapitre et dans le suivant, proposer un rapprochement entre la démarche de Jonas et celle, d'une part, d'une métaphysique et, d'autre part, d'une biologie, qui semblent, de prime abord, faire exception à « l'ontologie de la mort », dont Jonas considère, comme nous l'avons vu, qu'elle commande l'histoire des pensées de l'être. Ainsi Spinoza, quant à la première, Varela, quant à la seconde, seraient à même de penser la vie selon son sens d'être le plus propre, quoi qu'il en soit pourtant de la compatibilité de ces deux démarches de nature *a priori* différente. La tenue de tels dialogues aura pour ambition de mettre au jour la spécificité de l'initiative jonassienne à l'égard de ces pensées mais également de montrer la part de singularité qui leur revient. Pour commencer, on pourrait dire qu'une préoccupation commune rapproche les philosophies de Spinoza[1] et celle de Hans Jonas. La philosophie de Descartes a conduit la pensée de la vie à l'échec[2]. C'est aussi bien le phénomène de la perception que celui de l'acte volontaire qui devenaient inintelligibles dès lors qu'on affirmait l'irréductibilité de deux substances – qui de l'âme, qui du corps – étrangères l'une à l'autre. La difficulté anthropologique se doublait alors d'une difficulté cosmologique. En divisant l'homme d'avec lui-même, on le rendait du même coup étranger au monde dans lequel il était pourtant inscrit. Si l'homme se distingue de son corps par son âme, et si la nature se caractérise par sa matérialité, alors l'homme,

1. Le choix d'une confrontation entre la pensée de Spinoza et celle de Jonas ne découle pas simplement d'un impératif ontologique. La philosophie de Spinoza fait partie de celles que Jonas a le plus directement discutée dans son œuvre.

2. *Cf.* chap. I.

en son humanité, devenait « à l'image de Dieu » tout en devant extérieur au monde dont pourtant il provenait. Or c'est manifestement le refus de cette double fracture ontologique qui anime les démarches de Spinoza et de Jonas[1]. Contrairement à la philosophie de Malebranche qui engage le dépassement du dualisme – ou plutôt le dépassement des problèmes que pose l'axiome de non-interaction entre les deux substances – dans une voie théologique par l'affirmation d'un Dieu transcendant et étranger au monde[2], Hans Jonas loue Spinoza de l'originalité de son projet ontologique. C'est en effet dans un même geste qu'il réconcilie l'homme avec lui-même, et avec sa puissance, et le réinscrit dans la nature. Il propose ainsi une troisième voie à ce qui, en raison de l'instabilité du dualisme, conduit la réflexion philosophique dans les ornières du matérialisme et de l'idéalisme. Mais c'est tout aussi bien porter la discussion sur le terrain privilégié du phénomène de la vie. Rendre compte de l'unité psychophysique de l'homme, c'est en effet comprendre en quel sens l'esprit peut se relier à sa base organique et en quel sens le corps rend possible l'esprit. C'est donc s'interroger sur la possibilité qu'a la vie de donner lieu à l'organisme et à l'esprit. C'est bel et bien à ce titre que Jonas initie une discussion avec la pensée de Spinoza. De fait, le projet ontologique de Jonas consiste à identifier les conditions d'un discours mixte :

> Une philosophie de la vie englobe la philosophie de l'organisme et la philosophie de l'esprit. Ceci même est une première proposition de la philosophie de la vie, c'est en fait son hypothèse, celle qu'elle doit justifier chemin faisant[3].

Et le philosophe allemand voit également dans la pensée de Spinoza une troisième voie permettant de surmonter l'opposition du matérialisme et de l'idéalisme, auxquels le dualisme semble conduire inévitablement :

> Le troisième choix était celui de Spinoza dans une des plus audacieuses aventures de l'histoire de la métaphysique. Ses importantes implications pour une philosophie de l'organisme, seulement partiellement expliquées par Spinoza lui-même, sont rarement aperçues[4].

1. Nous n'évoquerons pas les conséquences éthiques de l'une et l'autre ontologie, qui en sont pourtant une dimension majeure.

2. Si l'on peut dire en effet que chez Descartes, Malebranche et Leibniz, Dieu est créateur du monde et en soutient l'existence par une création continuée, il n'en reste pas moins que, faute d'être cause immanente, il demeure extérieur au monde qu'il a fait.

3. *PhV*, p. 13.

4. « The third choice was Spinoza's, in one of the boldest ventures in the history of metaphysics. Its important implications for a philosophy of the organism, only partially

Nous ne saurions sous-estimer la portée de l'hommage que Hans Jonas rend à la philosophie de Spinoza. Sa philosophie semble jouir d'un statut d'exception, en tant qu'elle échappe à l'ontologie de la mort, qui conduit fatalement la pensée, tantôt au charybde du matérialisme, tantôt au Scylla du spiritualisme[1]. Parce qu'il propose une pensée de la vie qui surmonte l'obstacle du dualisme, et parce qu'elle semble au fondement d'une véritable anthropologie, il semble partager le projet qui oriente la pensée de Jonas. C'est cet hommage que nous voulons restituer[2].

L'HOMMAGE À SPINOZA

Si Spinoza part d'une théorie de la substance qui rend intelligible l'unité de l'homme, c'est cependant seulement en définissant l'identité biologique, à partir d'une réflexion sur l'individualité, qu'on pourra comprendre pleinement le sens de cette unité, le passage de la théorie de la substance à l'anthropologie requérant le détour par une biologie[3]. Descartes tenait en effet le terme de substance pour équivoque. À proprement parler, est substance ce «qui n'a besoin que de soi-même pour exister»[4]. Mais au regard de cette définition, la notion ne peut être qu'équivoque. Il n'y a en effet que Dieu qui puisse répondre à une telle exigence, tandis qu'il faut bien pourtant pouvoir distinguer, dans la nature, les choses qui dépendent d'autres choses pour exister, de celles qui ne dépendent que de Dieu. Faute de trouver une identité de nature entre Dieu et ces choses créées relativement autonomes, Descartes choisit d'appeler substances et la pensée et la corporéité, qu'ils distinguent des attributs (grâce auxquels on peut remarquer ces substances) et des modes (qui en sont des diversifications)[5], tout en reconnaissant le privilège ontologique de Dieu, et donc l'équivocité du terme de substance. Or Spinoza va rejeter le sens faible de substance et dissiper l'équivocité. Si l'homme restait un

explicated by Spinoza himself, are seldom noticed." « Spinoza and the theory of organism », *PE*, p. 208.

1. *Cf.* chap. I.

2. Nous nous référons ici à l'argumentaire tel que Spinoza le développe, *PE*, p. 206-224.

3. L'âme étant l'idée d'un corps existant en acte.

4. Descartes, *Principes de la philosophie*, I, 51, Paris, Vrin, 1993 (AT, VIII).

5. *Ibid.*, I, 52-53. Alors qu'on peut penser les substances (pensée, corps) par elles-mêmes, les modes (imaginer, vouloir, sentir ou les figures, les mouvements) requièrent qu'on se réfère aux substances.

composé de deux substances, alors il occuperait un statut à part dans la nature, puisqu'on ne comprendrait plus l'action d'une substance sur l'autre – et comment par exemple la décision de lever le bras permet effectivement de le lever. Il faut donc rétablir la continuité entre Dieu ou la nature et les choses créées, et ne reconnaître pour seule substance que Dieu. Dès lors, il faut reconnaître l'unité de la substance, tout en reconnaissant qu'il en existe une infinité d'attributs, qui tous décrivent des aspects de la substance, mais des aspects qui ne sont en aucun cas des apparences de la substance, puisqu'ils en donnent chacun l'essence. L'unité de ces aspects trouve à se résoudre dans la substance elle-même. L'homme, composé d'âme et de corps, n'est alors qu'un mode fini de la substance, et ne peut en que deux aspects, puisqu'il n'a accès qu'aux deux attributs – la pensée et l'étendue – que sa nature, constituée d'une âme et d'un corps, lui permet d'appréhender. Mais en faisant du corps et de l'âme, deux modes d'une seule et même substance, Spinoza élucide l'énigme de l'interactionnisme cartésien. L'étendue et la pensée ne sont plus en effet que deux expressions – au sein de l'individu humain composé de deux modes finis (l'âme et le corps) – d'une même causalité naturelle. Nous avons donc affaire en Dieu à une seule et même réalité, si bien qu'il serait même abusif de dire qu'il existe une correspondance, ou un parallélisme, entre deux séries psychologiques et physiques de choses distinctes.

Cette nouvelle théorie de la substance permet de définir les linéaments d'une nouvelle biologie. C'est que l'organisme n'est plus vu comme l'échange mécanique de pièces mais comme le fait d'une totalité qui ne cesse pas d'être elle-même en échangeant ses parties, et qui n'est d'ailleurs vraiment elle-même qu'à condition de renouveler ses composantes. C'est ce qui fera dire à Spinoza, créant ainsi les bases d'une proto-biologie, que l'organisme est une forme. L'organisme n'est pas une machine qui pour produire du mouvement requiert un carburant qui n'affecte pas ses composantes, mais un vivant dont la nourriture est la condition même de sa formation, et du renouvellement de ses tissus, par incorporation, ce qui fait dire à Jonas, commentant l'idée de Spinoza : *« Food is more than fuel »*. La continuité de la forme à travers les interactions de l'organisme avec l'extérieur témoigne du *conatus* grâce auquel le corps, mode de l'étendue, persévère dans l'existence. Spinoza propose donc un modèle extrêmement original pour penser l'organisme vivant. Partant des corps les plus simples, qui ne se distinguent pas en nature, mais seulement en raison de leur quantité de mouvement et de repos, de vitesse et de lenteur[1] – différences quantitatives qui déterminent la loi de leurs comportements différenciés[2] – il conçoit l'individu, comme un corps composé de ces corps les plus simples, unis par un principe formel, qui ne consiste ni en une somme d'éléments matériels, ni en un principe spirituel, mais en une même proportion de mouvements et de repos. Ainsi l'individu peut rester le même, tout en renouvelant ses parties, et tout en étant affecté de multiples façons – celles-ci dépendant de la nature des corps affectés et des corps affectants, c'est-à-dire de leur vitesse et de leur mouvement, ou de leur repos et de leur lenteur – à condition de conserver un même rapport de mouvements et de repos en lui. Spinoza conçoit enfin des corps composés d'une multiplicité d'individus – parmi lesquels le corps humain – et comprend ainsi la conservation d'un corps comme un renouvellement continu de soi grâce à une communication de nature très variée avec d'autres corps. À cette originalité du système spinoziste s'ajoute le fait que ce qui demeure de mécanisme – l'organisme restant un être constitué de figures et de mouvements – ne renvoie à aucune finalité. La machine est en effet un concept fortement finaliste et pose la question de sa raison d'être. Or ici elle apparaît comme l'expression de la nécessité divine dont elle n'est qu'un déploiement. Ainsi l'organisation vitale n'est plus vue sur le modèle d'une fabrication technique qui serait plus ou moins parfaite en comparaison d'un modèle préexistant, puisque sa perfection ne fait que mesurer son degré de puissance ou d'affirmation propre – et donc celui de Dieu dont elle est un mode – dans sa plus ou moins grande capacité à communiquer avec le reste des modes de la nature[3]. La richesse et la gradation des formes organiques reposeraient donc entièrement dans l'auto-déploiement de la substance[4].

1. Spinoza, *Éthique*, trad. fr. C. Appuhn, Paris, GF-Flammarion, 1965, II, Proposition XIII, Lemme I.

2. *Ibid.*, II, Proposition XIII, Lemme III, Axiome II. L'affection d'un corps dépend à la fois de la nature du corps affectant et de celle du corps affecté, c'est-à-dire de leur vitesse et de leur repos.

3. François Duchesneau nuance la lecture de Jonas en montrant que ce dernier minore la dimension mécanique du corps spinoziste et majore le mécanisme de Descartes : « Modèle cartésien et modèle spinoziste de l'être vivant », dans *Cahiers Spinoza*, 2 (1978), p. 272-273. Ce sera d'ailleurs ultimement notre propre point de vue : Spinoza ne pense pas la vie, mais l'organisme, qu'il réduit d'ailleurs à un fragment d'étendue. F. Duscheneau évoque une communauté de modèle « proto-cybernétique » chez Descartes et Spinoza.

4. Comme le rappelle Charles Ramond (dans « Spinoza : vie, immortalité, éternité », *Kairos*, *n°28*, p. 21 et 22), Sylvain Zac (dans *L'Idée de vie dans la philosophie de Spinoza*, Paris, P.U.F., 1963, p. 282) comprend de part en part la philosophie de Spinoza comme une

Ce progrès du spinozisme sur le dualisme au strict plan organique se perçoit également au plan psychique. Comme à tout mode de l'étendue correspond un mode de la pensée, il faut alors reconnaître que la vie n'est plus simplement un effet de l'étendue et que l'âme n'est plus propre à l'homme seul [1], deux principes pourtant constitutifs du dualisme cartésien. Si l'âme n'est pas pour Spinoza un principe vital, la vie n'est pas pour autant un simple comportement physique. C'est dès lors créer les conditions permettant de mettre en relation l'organisation physique et le degré de conscience, ce que ne permettait pas de faire le dualisme. Spinoza en adoptant le principe de non-interaction entre le corps et l'esprit, en pensant une seule et même substance, que les modes finis – l'âme et le corps – expriment également, évite ce dernier écueil. Dès lors que l'âme est l'idée d'un corps existant en acte [2], on peut alors dire que le degré de conscience dépend d'une part de la forme propre du corps, du degré de sa composition, et d'autre part de la pluralité des affections dont il est capable, qui témoignent de ses rencontres avec le monde extérieur. Plus un corps sera complexe, plus l'âme sera cette série complexe d'idées, auxquels correspondent les différentes affections corporelles [3]. Telle est en tout cas la conséquence qu'il faut tirer de ce que Hans Jonas appelle « la Magna Carta du parallélisme psycho-physique » énoncée dans la proposition VII du livre II de l'*Éthique*. Les idées s'enchaîneront dans l'âme selon le même ordre causal que les mouvements physiques qui affectent son corps. Plus le corps sera complexe, plus son âme pourra se faire d'idées variées de ses rencontres avec le monde. C'est pour cette raison que Hans Jonas affirme :

> Remarquons comment, dans la logique de Spinoza, un *genitivus objectivus* – l'idée qui a pour objet ce corps – se retourne en un *genetivus subjectivus* – la pensée qui appartient à ce corps [4].

On peut réellement établir une hiérarchie des degrés de conscience en rapport avec les degrés d'organisation du corps et ses rencontres. Au bas de

philosophie de la vie. La vie ne serait pas une province particulière de la nature, mais l'essence même de la nature. On peut se reporter à *Éthique*, II, Proposition XIII, scolie et aux *Pensées métaphysiques*, partie II, chapitre 6.

1. *Cf.* Par exemple, Lettre de Descartes à Regius, mai 1641 : les âmes végétatives et sensibles ne sont pas de l'ordre de l'esprit et ne sont que des dispositions du corps. *Cf.* aussi *Traité des Passions de l'âme*, art. 5-6.

2. Spinoza, *Éthique*, *op. cit.*, II, Proposition XIII.

3. *Ibid.*, II, Proposition XIII, Scolie.

4. « Note how in Spinoza's logic a *genitivus objectivus* – the idea of this body – turns into a *genitivus subjectivus* – this body's thought », *PE*, p. 222 ; *Essais Philosophiques*, *op. cit.*, p. 286-287.

l'échelle, les corps simples s'affirment au plan physique, conformément au principe d'inertie, et subissent les forces extérieures, tandis que l'âme, infinitésimale, qui leur correspond s'affirmera tout en faisant l'expérience de l'extériorité dans la perception. Chaque réalité existera donc dans un mixte d'activité – qu'exprime le *conatus* – et de passivité – qu'exprime l'action du *conatus* des choses extérieures. Pour les corps simples la dimension d'activité sera à son minimum, et celle de passivité à son maximum. L'âme de tels corps ne se fera que des idées relevant de l'imagination, c'est-à-dire des idées qui n'enveloppent la nature réelle ni des corps extérieurs ni du corps propre. C'est donc seulement à partir d'un nombre suffisamment importants d'idées qu'une âme pourra, par identification des ressemblances et des différences, se faire une idée adéquate d'elle-même et du monde. Seule l'âme d'un corps complexe, apte à agir et à subir beaucoup, sera donc capable d'avoir une connaissance adéquate de soi et du monde[1], et pourra s'affirmer pleinement, en conquérant son autonomie. Le pouvoir d'un organisme est donc en relation directe avec la complexité de son organisation favorisant la réceptivité et partant le développement des idées adéquates, l'activité et la liberté[2]. Jonas en conclut alors que le mérite de Spinoza consiste précisément dans cette lecture de l'organisme comprise comme dialectique de liberté et de nécessité, d'isolement et d'ouverture à l'extériorité, de spontanéité et de réceptivité : « *c'est seulement en étant sensible que la vie peut être active, seulement en étant exposée qu'elle peut être autonome* »[3]. En comprenant donc l'organisme avec des degrés variables de complexité depuis le métabolisme le plus simple jusqu'à l'homme libre, selon une échelle ascendante d'ouverture à soi et au monde, et sans tomber dans l'écueil dualiste,

1. Spinoza, *Éthique*, *op. cit.*, II, Proposition XIII, scolie et Propositions XXXIX et XL et scolies.

2. Chaque chose s'affirme au plan psychique comme au plan physique mais subit aussi la force d'affirmation des choses extérieures. L'activité et la passivité se différencient en fonction de la complexité du corps. Les corps complexes peuvent davantage de choses mais subissent aussi davantage. La conscience qui leur est liée est susceptible de davantage de passions mais aussi de davantage d'affects actifs. Jonas n'insiste pas sur le pouvoir qu'a l'esprit de développer les idées adéquates – les notions communes émergeant d'une généralisation des images dont le corps est capable– mais c'est bien ce qu'il a en vue. Il insiste en revanche sur ce qui lui apparaît comme une dialectique de la nécessité et de la liberté. C'est parce que le corps et l'âme sont aptes à subir qu'ils peuvent aussi agir. L'autonomie d'une chose est liée à son pouvoir de réceptivité. Plus l'individualité est prononcée, plus les possibilités de communication avec l'extérieur sont grandes.

3. « Spinoza and the theory of organism », *PE*, p. 223 : « Only by being sensitive can life be active, only by being exposed can it be autonomous. » ; *Essais Philosophiques*, *op. cit.*, p. 288.

Spinoza propose à certains égards une philosophie de la vie, philosophie qui rend possible la réconciliation de l'homme et du monde.

LE PHÉNOMÈNE DE LA MORT

Pourtant, alors que « Spinoza and the theory of organism », daté de 1965, constitue pour l'essentiel un éloge de la pensée spinoziste, il n'en va pas de même dans son ouvrage majeur *le Phénomène de la vie*[1], et surtout dans un autre article daté de 1976 : « Parallelism and complementarity : the psycho-physical problem in the succession of Niels Bohr »[2]. Ici l'accent est clairement mis sur les insuffisances du spinozisme. Comment expliquer une telle prise de distance ? Alors que Jonas voyait dans la doctrine du philosophe un pas en direction d'une philosophie de la vie, et d'une solution apportée au problème psycho-physique, il affirme à présent que cette doctrine se retourne en un matérialisme. Alors qu'il y voyait une dialectique de la liberté et de la nécessité, il apparaît que le monisme de Spinoza est un nécessitarisme. C'est que Jonas voit dans la doctrine du philosophe un rejet pur et simple du libre-arbitre au motif que celui-ci est une illusion, masquant le déterminisme de nos états psychologiques. Mais ce n'est pas tant le rejet de la liberté qu'il condamne que les raisons qui le justifie. Il juge en effet une telle approche illégitime, dans la mesure où ce déterminisme psychologique n'est lui-même qu'une illusion, née d'une extension indue du déterminisme physique à la totalité de la réalité, ce qu'il qualifie de « *grandiose échec* »[3]. Dès lors, il ne fait pas de doute, selon lui, que la doctrine psycho-physique de Spinoza se réduit à un matérialisme épiphénoméniste, pour une double raison. En premier lieu en effet, si le déterminisme physique est bien confirmé par l'observation de la réalité (au point que la marge d'imprécision peut elle-même être quantifiée, comme le fait la physique quantique) le déterminisme psychique s'affirme quant à lui comme un postulat non étayé par l'expérience et en contradiction avec l'expérience que nous faisons de la psyché[4]. C'est donc seulement à partir du déterminisme physique, lui seul étant connu, qu'on peut par générali-

1. *PhV*, p. 143.

2. *The philosophy of Baruch Spinoza*, R. Kennington (ed.), *Studies in Philosophy and The History of Philosophy*, vol. VII, Washington, Catholic University of America Press, 1980, p. 121-130.

3. *Ibid.*, p. 125.

4. Sur la critique du déterminisme psychologique, voir par exemple : *PhV*, p. 140-143.

sation indue donner quelque crédit au déterminisme psychique. En second lieu, si l'âme doit se comprendre à partir du corps, celle-ci étant l'idée d'un corps existant en acte, en revanche le corps n'a pas besoin de se comprendre à partir de l'âme. C'est ce qui fait dire à Jonas : *« matter is master in the match»*[1]. Loin donc que le matérialisme de Spinoza soit vu comme un moyen de ne pas présumer hâtivement de la nature mystérieuse de l'âme, Jonas l'interprète comme l'effet d'une ontologie matérialiste ininterrogée et comme un aveuglement à l'égard de l'interprétation de notre propre expérience d'être incarné[2]. Ainsi, loin que le spinozisme soit une alternative originale aux impasses du dualisme, il reste dépendant de cette doctrine instable qui ne peut se stabiliser qu'en adoptant soit la forme d'un matérialisme, ce qui est le cas de la pensée spinoziste, soit la forme d'un idéalisme[3].

De telles affirmations supposent de faire référence au cadre de pensée du philosophe allemand. Il semble en effet que la pensée de Spinoza n'échappe pas à « l'ontologie de la mort » que nous avons évoquée. Si, comme nous l'avons montré, l'histoire de la pensée est commandée par une expérience abstraite de la mort que le moment dualiste, incarné au mieux par la philosophie de Descartes[4], cristallise et si c'est cette expérience de l'ombre qui rend impossible de comprendre l'unité du phénomène de la vie, alors c'est seulement à condition de comprendre en quel sens la mort peut réellement nous apprendre quelque chose sur la vie qu'on sera en mesure d'en ressaisir l'unité. De fait la mort ou la possibilité pour un vivant d'être inerte nous révèle son appartenance à la matérialité, de même que la résistance du vivant à sa mort, telle qu'elle se manifeste par exemple dans les œuvres de la culture, nous révèle son appartenance au royaume de l'esprit. Le vivant est donc à la fois ce qui appartient à la matérialité sans être purement matériel et ce qui échappe à la matérialité sans être purement spirituel. L'expérience concrète de la mort, c'est-à-dire l'expérience de notre relation à la mort, nous montre l'appartenance du corps vivant à deux mondes, et donc son ambiguïté. La mort n'est donc pas le terme ou la

1. *The philosophy of Baruch Spinoza, op. cit.*, p. 126.

2. *Cf.* aussi *PhV*, p. 143. Il y a derrière le déterminisme « paralléliste » de Spinoza la menace d'un matérialisme total.

3. Jonas ajoute une ultime critique au plan moral : si Spinoza affirme qu'il n'y a pas de bien et de mal dans la nature, comment peut-il alors attribuer à l'être comme tel, et à son degré de puissance, une valeur ? On peut consulter sur ce point : « De la morale commune à l'*Éthique*. La positivité du bien et du mal chez Spinoza », dans *Spinoza, Philosophique*, Paris, Kimé, 1998.

4. *Cf.* chap. I.

négation tout extérieure de l'organisme vivant, il n'en est pas la limite externe. Il faudrait plutôt dire qu'il en est la négation interne ou la condition. Le vivant est en vie, précisément parce que la mort le menace à tout moment et parce qu'il cherche à y échapper. La mort révèle donc une tension constitutive de l'organisme et permet de comprendre la vie, non pas comme la présence d'une substance – l'esprit, la Vie, la pure corporéité – mais comme rapport au non-être qu'elle repousse à tout instant, dans l'acte par lequel elle s'affirme elle-même. Faute de ressaisir selon son sens le plus propre le phénomène de la mortalité, la pensée de la vie reste enclose dans une appréhension dualiste, et donc énigmatique, du phénomène. C'est donc seulement en partant de l'unité du phénomène de la vie qu'on pourra retrouver la dualité qui la constitue, comme cela qui explique que le vivant peut mourir. S'il y a des morts, c'est bien en effet que la matérialité finit par triompher. S'il y a des vivants, c'est bien qu'ils parviennent, pour un temps, à échapper à ce destin. Mais ce n'est pas en partant de cette dualité qu'on pourra rendre raison de l'unité que nous sommes. Considérons l'organisme qui a faim. Contrairement à la matière, la pérennité du vivant exige une prise de risque, la nourriture pouvant lui manquer. Cette prise de risque est bien la condition de sa liberté, puisqu'elle signale le renouvellement de ses composantes, processus que qualifie la vie comme métabolisme, et qui marque son autonomie à l'égard de la matérialité. Pourtant ce renouvellement est aussi une nécessité sous peine de mort, et cette mort signifierait le retour à l'inanimé. C'est donc seulement depuis l'analyse d'une vie comprise comme existence en péril qu'on peut comprendre l'unité d'une vie qui est ouverte à un déchirement interne, sous la forme d'une dualité de la matière et de l'esprit. C'est parce que le vivant surmonte la possibilité permanente du non-être qu'on peut dire de lui qu'il est en vie.

Mais on saisit alors mieux ce que Jonas reproche à la philosophie de Spinoza[1]. C'est de ne pas donner sa juste place à cette expérience de la mortalité, présente au cœur même de la vie. De fait chez Spinoza la mort reste un événement extérieur sans signification interne. Elle ne représente jamais que la victoire des forces extérieures sur la force intérieure du vivant[2], qui est tout entière affirmation de soi[3]. L'homme libre qui vit sous

1. Hans Jonas ne thématise pas cette objection comme telle dans son œuvre, et c'est nous qui la proposons, mais il nous semble qu'elle commande toute la critique que Hans Jonas adresse à Spinoza.

2. Spinoza, *Éthique*, *op. cit.*, IV, Proposition III et Proposition XXXIX et scolie.

3. Dans « Les fondements biologiques de l'individualité », dans *Vie et liberté*, *op. cit.*, Jonas félicite Spinoza d'avoir pensé, avec le *conatus*, un principe de persistance dans l'existence. Cependant, le conatus jouit d'une telle positivité, qu'il ne peut ouvrir un horizon,

la raison, peut-être le plus accompli des vivants, ne pense à rien moins qu'à la mort[1]. Les idées mortifères traduisent la tristesse d'une âme, qu'habite l'impuissance, le passage à une perfection toujours moins grande, et donc à la réduction du nombre d'idées adéquates, grâce auxquelles elle peut s'affirmer dans l'existence[2]. De manière correspondante, son corps est de plus en plus dépassé par les forces extérieures du monde, subit toujours davantage, agit de moins en moins. Seuls les hommes tristes et désespérés aux corps diminués pensent à la mort. Or cette interprétation du phénomène de la mortalité est pour Jonas l'effet même de « l'ontologie de la mort » qui, dualiste en son fond, voit dans la mortalité un événement extérieur à la vie, une simple déliaison du corps et de l'esprit. Ainsi faute de prendre pour point de départ l'expérience que l'homme fait de sa vie comme être mortel, Spinoza s'interdit de comprendre en quel sens la vie abrite la mort, non comme sa négation mais comme sa condition. Il s'empêche de comprendre la vie comme vie, et ne peut la ressaisir que comme produit dérivé de la réalité étendue. Au lieu de voir le métabolisme comme l'acte d'une forme vivante qui renouvelle sa matière (en un sens non aristotélicien), Spinoza fait de cette forme le simple corrélat des composantes matérielles que l'individu vivant est, au sein d'un monde physiquement déterminé. Mais il s'interdit alors de penser la véritable différence entre la forme vivante et la forme matérielle. L'âme elle-même n'est plus alors comprise depuis l'unité qu'est la vie, en dépit d'une promesse d'un dépassement du dualisme, mais depuis l'organisme, compris comme phénomène purement physique, puisque sa constitution dépend directement de l'organisation du corps, et que son ordre est compris sur le mode du déterminisme physique. En pensant l'organisme Spinoza s'intéresse en effet moins à la vie qu'à l'individualité[3]. Aussi c'est en partant des

et rendre compte du passage à l'état ultérieur « par-delà » la situation donnée. Il doit abandonner quelque chose de son présent pour se projeter vers l'avenir. Or faute de penser de cette manière la continuation, Spinoza ne pense au fond que la conservation. Il aurait fallu penser le manque d'être, et pour penser le manque d'être, définir un conatus en relation au non-être, et à la mort,– même si Jonas n'évoque pas cette dernière idée dans le passage que nous évoquons. Aucune finitude n'est inscrite dans le conatus. Cf. *Éthique*, *op. cit.*, II, Définition V et explication.

1. *Éthique*, *op. cit.*, IV, Proposition LXVII.

2. *Éthique*, *op. cit.*, V, Proposition XXXVIII, et scolie.

3. En fait, c'est sous le titre d' « individualité », c'est-à-dire, en considérant ce qui fait un individu, et non sous le titre de « choses vivantes » en particulier, que Spinoza traite le phénomène de l'organisme. » Dès lors, « en principe, toute nature est « vivante ». » « *Spinoza and The theory of organism* », *PE*, p. 215.Mais ce constat d'un panorganisme doit se comprendre

corps « les plus » simples qu'il construit la notion d'individu, l'organisme (humain) n'étant qu'une somme d'individus. Le corps vivant ne possède aucune unité phénoménale puisqu'il peut être divisé à l'infini [1]. Il n'y a pas d'atome élémentaire, ni de description de passage de la matière à la vie, mais seulement une échelle continue de degrés de complexités. La forme, le rapport de mouvements et de repos, ou « l'accord », comme il dit dans la *Lettre XXXII à Oldenburg*, en un mot, le principe grâce auquel on peut unifier la totalité organique, ne sont pas des notions suffisamment thématisées. Dès lors, ne pouvant être psychique, la forme doit nécessairement être cela seul qui possède une égale consistance ontologique chez Spinoza : la pure réalité étendue. La vie est donc manquée par défaut, lorsqu'elle est réduite, au bout du compte, à l'étendue [2].

On pourrait pourtant objecter que la mort demeure un souci pour le sage lui-même, si bien qu'elle se présente, pour Spinoza lui-même, autrement que comme un simple événement extérieur. Comme le dit Chantal Jaquet : « Le sage spinoziste (…) ne tremble pas devant la mort, mais il frissonne quelque peu » [3]. Ce n'est donc pas seulement l'homme au corps diminué ou bien dépassé par les causes extérieures qui craint la mort, c'est aussi celui dont la puissance d'agir et de penser est maximale. Pour lui, donc, la mort n'est pas à craindre en tant qu'elle met fin à notre vie, puisque la

tout aussi bien comme un panmatérialisme, l'organisme se réduisant à l'individu, qui se réduit à la matière.

1. Spinoza parle des corps « les plus » simples et non des corps simples. Le corps simple peut donc lui-même être divisé, et il n'apparaît comme « plus simple » qu'aux yeux de l'entendement humain. *Cf.* aussi Spinoza, *Lettre à Oldenburg XXXII* dans *Traité Politique. Lettres*, trad. fr. C. Appuhn, Paris, Flammarion, 1993.

2. On pourrait faire valoir une objection. Dans la scolie de la proposition XXXIX de la quatrième partie de *l'Éthique*, Spinoza fait remarquer que le corps périt chaque fois qu'une nouvelle forme, c'est-à-dire un nouveau rapport de mouvement et de repos, apparaît. Ainsi faudrait-il distinguer la mort du cadavre, et il y aurait vie aussi longtemps que la mort affecte le vivant sous la forme d'une pluralité de métamorphoses. Cependant, quand bien même la mort ainsi comprise affecte le vivant, il n'en reste pas moins qu'elle est conçue comme un événement avant tout extérieur et non comme un trait de finitude interne. Certes, le corps se transforme à « en mourir » ou meurt de vivre. Et l'enfant qui se transforme en vieillard meurt bien en tant qu'enfant. Cependant, jamais le vivant ne nourrit un rapport à sa propre disparition en tant qu'elle lui permet de dynamiser sa vie. Bien au contraire, c'est toujours en vertu d'un défaut de puissance qu'il se rapporte à la forme qu'il a perdu, et donc aux morts qu'il a subi. En outre et surtout, une telle conception de la mort reste purement positive. Elle est modification de la forme mais non disparition radicale du vivant compris comme plongée dans le non-être et retour à la pure matière.

3. « Le mal de mort chez Spinoza, et pourquoi il n'y faut point songer », *Fortitude et servitude, Lectures de L'Éthique IV de Spinoza*, sous la direction de C. Jaquet, P. Sévérac, A. Suhamy, Paris, Kimé, 2003.

meilleure part de l'homme est promise à l'éternité. Pourquoi la mort occupe-t-elle donc malgré tout une place au sein de sa conscience ? Quelle justification donner à l'existence d'un cogito mortel chez Spinoza ? Puisque l'entendement, constitué d'idées adéquates, et capable d'éternité, ne peut se développer que sous la condition d'un corps apte à pâtir « de » et à agir « sur » les choses extérieures [1], il faut en conclure que la mort du corps reste un drame pour l'homme soucieux de vie éternelle. Comme le dit Chantal Jaquet : « En supprimant toute aptitude du corps, la mort empêche l'accroissement de la partie éternelle de l'esprit. Elle a donc des incidences sur le salut, puisque la béatitude est fonction de la plus ou moins grande partie de l'esprit qui demeure. (...) On comprend que le sage conscient du bien précieux que constitue le corps puisse redouter un peu la mort, car elle met un terme au développement de ses aptitudes physiques, et corrélativement à l'accroissement de la part éternelle de son esprit » [2]. C'est donc parce qu'elle nous empêche d'acquérir une nature supérieure que la mort est un mal. Si en elle-même, elle ne saurait être ni bonne ni mauvaise, il n'en reste pas moins que dans la mesure où elle nous prive d'un bien [3], elle engendre chez le sage ayant l'appétit de vivre, c'est-à-dire de développer sa part d'éternité, une légitime frustration, et une certaine tristesse. On pourrait donc attribuer à Spinoza la reconnaissance d'un sage souci de la mort qui le ferait échapper à « l'ontologie de la mort ». La mort n'est pas qu'un événement externe qui frappe l'homme de l'extérieur et que seule l'affirmation d'une survie de l'âme viendrait contrecarrer. Bien au contraire, le sage aspirant à l'éternité s'alarme de la mort physique qui diminuera ses chances de salut. Et s'il pense le moins possible à la mort, c'est précisément pour mieux pouvoir la repousser et y échapper. Pour autant, nul doute qu'une telle approche soit, aux yeux de Hans Jonas, une manière de manquer la vérité de l'épreuve interne de la mort et de sa signification vitale. Si, comme le résume très bien Chantal Jaquet, « Philosopher, pour Spinoza, ce n'est pas apprendre à mourir, mais à vivre pour l'éternité » [4], alors il faut en conclure que cette pensée de l'éternité est, ultimement, une nouvelle manière de restaurer un dualisme, qui a pour conséquence de masquer le caractère indéchirable de la relation entre l'esprit et le corps, qu'atteste le phénomène de la mort. Au lieu de reconnaître la finitude radicale du vivant, et donc d'une vie qui n'existe

1. Cf. *Éthique*, *op. cit.*, V, Proposition XXXIX.
2. *Ibid.*, p. 152-153.
3. *Ibid.*, IV, Proposition XXXIX, démonstration.
4. *Ibid.*, p. 147.

que par la lutte d'un esprit qui tente de surmonter les impédiments du corps, tout en sachant qu'il est promis à la mort à cause de sa dimension constitutivement incarnée, voici une pensée qui affirme la promesse d'une survie éternelle, que la déliaison du corps ne viendra pas démentir, quand bien même cette survie ne pourrait avoir toute l'intensité souhaitée, à cause de l'interruption que lui inflige la mort. Ainsi le sage a beau craindre la mort car elle compromet son aptitude à la béatitude – et en ce sens il est manifeste que le rapport à la mort témoigne d'une signification de première importance dans la vie humaine préoccupée de son bonheur – il n'en reste pas moins qu'elle demeure, en dernier ressort, un phénomène de second ordre, car s'il est vrai qu'elle met en jeu les perspectives de salut pour l'ignorant, en revanche, pour le sage, elle n'est qu'un mauvais moment à passer, que la béatitude éternelle compensera largement. D'ailleurs, jamais la mort ne sert à dynamiser l'existence mais demeure ce qu'il faut oublier, autant qu'il est possible. Autant dire alors que la vie est cette fois manquée par excès. La vraie vie n'est plus du côté du corps, mais du côté de la partie éternelle de l'âme. Le spinozisme reste donc tributaire d'un dualisme implicite en vertu duquel tantôt il fait de la vie un mode d'être purement matériel, tantôt un mode d'être purement psychologique, ou plutôt intellectuel.

Il apparaît ainsi qu'en dépit des promesses de son système, Spinoza ne parvienne pas à penser l'unité de la vie. Certes, il entend surmonter la dualité de l'esprit et du corps, en pensant leur unité sur le mode de l'égale expression finie, qui psychique, qui physique, d'une seule et même substance. Il se met ainsi en mesure de penser une hiérarchie des vivants conforme à leur degré de complexité physique et psychique, qui trouve à s'enrichir en fonction de la fréquence et de la qualité de ses rapports avec le monde. Malheureusement, Spinoza fait de la mort un événement extérieur à la vie humaine : elle consiste dans l'affaiblissement du corps, dépassé par les causes extérieures, et partant dans l'affaiblissement de l'âme. Au lieu donc de penser une vie dynamisée par un rapport intérieur à la mort, il pense soit une vie qui s'arrête avec la mort – le corps meurt donc comme une machine s'arrête ; il n'y a plus de différence entre la vie et la matière, et l'âme, qui dépend de la vie corporelle, se réduit à la matière – soit une vie qui commence vraiment avec elle, et c'est la vie éternelle de l'entendement composée d'idées adéquates. « L'ontologie de la mort » le conduirait donc à renouer avec un dualisme implicite qu'il avait pourtant prétendu dépasser. La tentative de Spinoza conforterait donc Jonas dans la voie à suivre. Il s'agit de tenter de penser l'unité de la vie à partir d'une conception de la vie que la mort anime et non que la mort termine. Loin que

Spinoza soit une exception au sein de l'histoire de la philosophie dominée par l'ontologie de la mort et par l'oubli de la vie, il en resterait finalement tributaire. On peut pourtant se demander si la démarche de l'auteur de l'*Éthique* n'est pas la plus à même de minorer les risques d'anthropomorphisme dans l'explicitation du phénomène de la vie. Au lieu de partir, comme le fait Hans Jonas, de l'expérience, que ce vivant privilégié qu'est l'homme fait de sa vie dans sa relation à sa mort possible, afin de comprendre, par redescente depuis cette expérience supposée complète, les formes de vie plus élémentaires [1], au risque de projeter sur ces formes inférieures des caractéristiques humaines, Spinoza ne préjuge pas de ce qu'est l'homme et échappe à la tentation de la projection. L'homme en effet est susceptible d'un double registre de description, psychique et physique. Mais c'est depuis la description des corps pour eux-mêmes qu'on peut, par remontée, comprendre les vécus humains, à partir de la structure de leur corps, elle-même comprise depuis la structure des corps plus simples. Au lieu donc de procéder depuis le corps humain jusqu'aux corps en général, on progresse au contraire depuis les corps en général jusqu'au corps humain. En laissant ouverte la question de l'unité du corps et de l'esprit, le philosophe hollandais rend alors possible l'exploration des lois psychologiques et physiques permettant de mieux cerner la réalité de la vie, sans confisquer cette question en préjugeant du caractère fondamental de telle ou telle expérience humaine [2]. Sa tendance à relativiser « le mal de mort » serait donc bien l'effet d'une sagesse et non le symptôme d'un abandon à la logique fatale de l'histoire de la philosophie.

1. Telle est la méthode adoptée par Hans Jonas. *Cf.* par exemple, *ÉL*, p. 31-32.

2. Telle est par exemple, nous semble-t-il, la démarche de Chantal Jaquet dans *L'unité du corps et de l'esprit*, Paris, P.U.F., 2004, p. 22.

CHAPITRE IV

PENSER LA VIE, FONDER L'ÉTHIQUE
VARELA ET JONAS

Puisque du point de vue de Hans Jonas ce n'est pas en se tournant du côté de la métaphysique, fut-elle aussi élaborée que celle de Spinoza, que l'on peut faire pièce à l'ontologie de la mort, peut-être convient-il de trouver une alternative en prenant en considération les acquis d'une biologie contemporaine, comme cella de Francisco Varela ? Lorsque celui-ci fait paraître en 2000, peu de temps donc avant sa mort, au Chili, sa terre natale, un livre qui regroupe un ensemble de conférences et d'articles ayant trait à la question de la vie, celui-ci lui choisit pour titre celui-là même sur lequel un autre penseur, Hans Jonas, s'était arrêté en 1966, lui aussi pour regrouper un ensemble de textes exposant sa conception de l'existence vitale, à savoir *le Phénomène de la vie*[1]. L'identité de ce titre témoigne, qu'avec un peu moins d'une quarantaine d'années d'intervalle, le biologiste soucieux de philosophie – qui a dû quitter le Chili après le coup d'État sanglant de Pinochet – rencontre le philosophe curieux de biologie – qui a dû fuir l'Allemagne après la prise de pouvoir d'Hitler – sur le terrain des idées, tout particulièrement sur celui de la manière de concevoir la vie, et ce comme si cette dernière ne pouvait être simplement l'objet d'une interrogation neutre et purement théorique, mais devait aussi être le thème d'une inquiétude. Se pourrait-il que l'expérience partagée de la menace politique que les dictatures barbares ont fait peser sur le vivre-ensemble ait joué un rôle dans ce souci pour une vie fragile, qui appelle le penseur à prendre ses responsabilités, notamment en en proposant une appréhension conforme à son mode d'être véritable ? Quoi qu'il en soit, Francisco Varela revendique de manière pleinement assumée le patronage de Hans Jonas,

1. F. Varela, *El fenómeno de la vida*, Vitacura, JC. Sáez editor, 2000. Nous traduisons.

non pas tant dans la construction de sa pensée personnelle, que dans le constat d'une certaine communauté de pensée, découverte sur le tard, et malgré le choix de point de départ opposé, Varela rencontrant la philosophie au cours de son investigation biologique, Jonas abordant la biologie à l'occasion de ses réflexions philosophiques. Comme l'écrit en effet le biologiste chilien dans son introduction au *Phénomène de la vie* :

> Le titre de ce livre est un emprunt[1] à l'œuvre magistrale de Jonas, *The Phenomenon of Life*, qui parût en 1966. Je vins à découvrir Jonas il y a peu d'années quand les idées de ce livre étaient déjà installées. J'ai rencontré avec passion une philosophie de la biologie qui donnait une amplitude, inégalée jusqu'à maintenant, précisément à tout le phénomène de la vie. Pour cette raison, ce penseur, encore peu connu, me donna confiance en mes propres intuitions. Je le signale ici comme figure tutélaire qui continue d'être source d'inspiration[2].

Si Varela se sent si proche de la phénoménologie de Jonas, c'est, sans aucun doute, à cause de sa prétention à penser l'unité du phénomène de la vie. Au lieu en effet de penser un phénomène mutilé, au lieu de comprendre la vie en se limitant à décrire ses mécanismes, Jonas prétend en effet réunir, pour ainsi dire, les deux têtes de l'aigle qui qualifient l'existence vitale, et lui donne le pouvoir de se projeter en avant, le corps et l'esprit. Ce faisant, il ne se limite d'ailleurs pas à contester le présupposé matérialiste de la biologie, mais également à rejeter le préjugé idéaliste de la philosophie, trop souvent centrée, selon lui, sur la conscience pure. Il s'agit, au rebours d'un tel dualisme sur lequel repose ces visions erronées, de définir une existence qui n'est jamais à ce point psychique qu'elle ne soit aussi vivante et qui n'est jamais à ce point vivante pour n'être pas aussi et en même temps psychique. En d'autres termes, il s'agit de montrer que :

> L'organique, même dans ses formes les plus inférieures, préfigure l'esprit, et l'esprit, même dans ce qu'il atteint de plus haut, demeure partie intégrante de l'organique[3].

Or cela ne se peut qu'à condition d'expliciter le phénomène de la vie en deçà de sa description objectivante livrée par la science moderne. C'est en partant d'une expérience de la vie, non sédimentée dans un savoir mécaniste, que celle-ci pourra se faire dans la riche unité d'une existence qui se meut *et* qui s'oriente.

1. *Intertexto*.
2. F. Varela, *El fenómeno de la vida, op. cit.*, p. 15.
3. *PhV*, p. 13.

Or Varela reconnaît également qu'on ne peut disjoindre l'acte de et celui de vivre. Il affirme :

> Le phénomène de la vie comme un tout veut dire, précisément, que l'acte de vivre précède l'explication des origines de la vie sur terre. Que le précède la compréhension du vu comme mécanisme biologique et neuronal. Que l'expérience vécue est la base même de l'exploration scientifique de la conscience [1].

Ici aussi donc la connaissance du vivant ne peut annuler l'appréhension plus originaire que nous avons de la vie. Car si un robot pourrait très bien définir le vivant, compris dans ce qu'il a de plus mécanique, en revanche « seule la vie peut la vie », comme Varela l'écrit en épigraphe de son livre, reprenant une formule de Jonas, qui fait écho à celle de Canguilhem. Il faut comprendre la vie de telle façon qu'elle rende possible les actes cognitifs et il ne faut pas concevoir de manière séparée l'intelligence et le processus vital. La première procède du second, qui doit être compris de manière à rendre l'intelligence elle-même intelligible. Mais peut-on aller par-delà l'énoncé de ce souci partagé et faut-il voir dans la tentative de Varela un écho authentique de la démarche jonassienne ?

Cette interrogation n'aura naturellement pas pour but de dégager la figure authentique d'un Jonas pur, préservée de toute dangereuse récupération par la biologie mécaniste. Dans la confrontation entre deux pensées, il s'agira plutôt de mesurer la spécificité de ces deux démarches, et, identifiant le point où elle se sépare, de mieux évaluer la pertinence des décisions théoriques qui sont effectuées dans un cas et dans l'autre. C'est à cet effet que nous procéderons en trois temps. Après avoir montré dans quelle mesure on pouvait identifier une certaine proximité entre la conception jonassienne et varelienne du vivant, nous aurons à cœur de mettre au jour la différence de nature de leur entreprise. Ceci sera le prélude à une réflexion sur la tentative des deux auteurs de fonder l'éthique depuis la vie.

La communauté d'approche est, à dire vrai, incontestable. Aussi bien Jonas que Varela revendiquent pour point de départ la prise en compte de l'individu vivant plutôt que celui de l'espèce. On pourra s'étonner que les questions de la reproduction et de l'évolution passent au second plan, d'autant qu'on pourrait faire de la capacité du vivant à se perpétuer le signe de sa viabilité en tant que vivant. Mais c'est que l'un et l'autre reconnaissent une priorité logique et génétique à l'individu. Non

1. *El fenómeno de la vida*, *op. cit.*, p. 14.

seulement en effet il peut exister des formes vivantes qui ne se reproduisent pas, mais en outre il faut bien comprendre d'abord l'individu pour savoir ensuite comment il lui est possible d'évoluer vers des formes plus complexes[1]. L'approche évolutionniste a tendance à masquer la compréhension de la spécificité du vivant, en subordonnant sa logique propre à la nécessité d'expliquer le devenir de l'espèce. Il faut au contraire rendre compte de ce devenir sur la base de l'individualité, qui seule est offerte à l'observation.

Pour autant, il ne s'agit pas de comprendre l'individu au plan génétique ou moléculaire. Ce niveau d'explication n'est certes pas invalide. Simplement, il est dérivé et réduit la vie à une construction théorique, qui masque le phénomène qu'elle est comme totalité. Varela et Jonas expriment cette insatisfaction en des langages différents, mais tous deux se rejoignent sur la nécessité de tenir compte en premier lieu du plan phénoménal pour rendre compte de la vie et la définir. Tous deux en effet font droit à l'idée selon laquelle l'organisme est essentiellement cet étant qui non seulement se totalise par lui-même, s'auto-produit, se renouvelle mais qui, en outre, peut le faire par ses échanges avec le monde extérieur. La vie organique doit être comprise comme ce type d'être qui se régénère lui-même dans sa confrontation avec le monde, source de perturbation mais aussi vivier de nourritures terrestres grâce auquel le vivant peut se perpétuer. L'attestation de la vie comme auto-totalisation se fait sur la base d'une appréhension phénoménale et elle suffit à rejeter l'explication du vivant en termes génétiques. Jonas consacre un appendice pour montrer que l'ADN ne participe pas à l'activité métabolique du vivant. On croirait en effet de prime abord que les molécules ADN représentent le code génétique qui pilote le devenir de l'organisme sans lui-même être sujet à un auto-renouvellement par échange avec l'extérieur. Nous avons une permanence du substrat, un centre pilote fondé sur la persistance d'entités matérielles bien déterminées. Mais il est remarquable de voir que l'argument de Jonas rejoint ici celui de Varela qui refuse, lui aussi, de faire du réseau des chromosomes le fondement de l'identité, stable, du vivant. En effet, ce dernier vaut, comme le montre Jonas, non pas tant par l'identité de ses composantes que par celle de sa structure fonctionnelle. D'ailleurs, on peut très bien penser le remplacement de chacune de ces entités matérielles par une molécule similaire sans porter préjudice à l'identité totale. Comme le dit donc Jonas :

1. *Cf.* HJ, 2-12-3, p. 149-151. Cf. *El fenómeno de la vida*, *op. cit.*, p. 35: « Dans la définition que nous proposons ici, l'évolution et en particulier l'évolution darwinienne, est bien davantage la conséquence de la vie que sa cause. » Nous traduisons.

« le principe est la continuité de la forme et non de la matière, même là où il se trouve y avoir continuité matérielle »[1]. Cette forme peut certes avoir recours à un stratagème matériel pour se perpétuer mais elle ne saurait se réduire à lui, et l'identité vitale a, par conséquent, une autonomie au regard de son substrat matériel. Varela, quant à lui, récuse la logique de la commande au profit de celle de l'autonomie. La commande suppose en effet un apport d'information qui en guide l'usage et il reste à expliquer cette dernière, ce qui suppose de comprendre comment l'organisme échange avec l'extérieur pour se perpétuer. Ici encore nous sommes renvoyés au plan de l'organisme global, et au phénomène d'une totalité qui se renouvelle en échangeant avec l'environnement[2].

Le refus de céder sur un réductionnisme de type physique ou matérialisant ne conduit pas le biologiste et le philosophe à animer le vivant en lui insufflant un esprit. Varela rejette tout spiritualisme. Force est de remarquer que ce dernier ne s'impose en biologie que pour compenser les insuffisances du mécanisme. Celui-là n'est que l'envers de celui-ci. Et c'est parce qu'on ne comprend pas tout un ensemble de phénomènes en se contentant d'en exposer les mécanismes qu'on est conduit à envisager un guidage de type psychologique. Jonas ne conçoit pas non plus l'idée d'un esprit qui serait là pour animer le corps. Son propos ne consiste pas en effet à incarner l'esprit, mais bien plutôt à en expliquer l'émergence au sein de la vie. Contre le matérialisme et contre le spiritualisme, Varela et Jonas fournissent chacun un effort propre pour définir l'autonomie des formes vivantes. Et c'est sur ces résultats qu'il faut à présent insister davantage.

L'autonomie de la vie qui s'atteste dans l'expérience que l'homme fait de sa vie et grâce à laquelle il peut interpréter, selon son sens le plus propre, l'activité vitale des autres organismes, conduit Jonas à proposer une définition du métabolisme comme :

1. *PhV*, p. 109.

2. « Ainsi la théorie de la commande est intimement liée à une conception de l'information comme instruction et représentation. C'est pourquoi, étudier comment un système spécifie sa propre identité, c'est aussi étudier ce que peuvent bien signifier ses activités informationnelles. Nous sommes alors conduits, pour traiter de l'autonomie, à reconsidérer le concept d'information lui-même, en nous intéressant moins à l'instruction qu'à la façon dont un comportement adéquat reflète la viabilité du fonctionnement du système. Ce livre tente de dénouer les liens qui unissent *l'identité* d'un système, ses performances au cours de ses *interactions* avec ce qu'il n'est pas, et la façon dont nous mettons *en relation* ces deux aspects. », *Autonomie et connaissance, Essai sur le vivant*, trad. fr. P. Bourgine et P. Dumouchel, Paris, Éditions du Seuil, 1989, p. 8-9.

> Ce mode d'être [dans lequel] les parties matérielles en lesquelles consiste l'organisme à un instant donné sont seulement temporaires aux yeux de l'observateur pénétrant ; ce sont des contenus passagers dont l'identité matérielle conjuguée ne coïncide pas avec l'identité du tout dans lequel elles entrent et qu'elles quittent, et qui maintient sa propre identité par l'acte même par lequel de la matière étrangère traverse son système spatial, la forme vivante[1].

La vie se définit par le paradoxe d'une totalité qui ne peut se maintenir qu'à condition de renouveler constamment les matériaux qui la composent. Elle mourrait de ne pas changer et l'individu qu'on identifierait avec les mêmes composants matériels à deux moments du temps différent serait au mieux en sommeil et, dans le pire des cas, mort. La forme est ce qui assure la régénération du vivant en s'appropriant des matériaux nouveaux venus de l'environnement et assimilées à l'organisme, grâce à l'activité métabolique. Ce procès est irréductible à celui du mouvement matériel, car même si la vague – que la physique peut modéliser – possède un mouvement de déplacement qui évoque celui de l'être vivant – chaque entité matérielle ne participant que momentanément au mouvement global qui a une identité propre –, il n'en reste pas moins que celle-ci diffère de celui-là, par le fait que l'être de la première résulte des particules matérielles tandis que celui du second n'est pas tant l'effet que la cause du mouvement des particules. Mais l'acte incessant d'auto-régénération n'est possible qu'à condition de trouver de quoi *se refaire* dans le monde extérieur. L'individu n'est donc pas clos sur lui-même, mais immédiatement tourné vers le monde, auquel il fait face, et vers lequel il est engagé. Cette polarité de soi et du monde est une exigence vitale qui pousse l'organisme à s'ouvrir au monde, à se transcender vers lui, à s'inquiéter de son environnement, car c'est de lui que dépend sa vie.

Nous n'avons pas besoin d'aller au-delà de cette brève présentation de l'activité métabolique qui est, selon Jonas, l'essence de la vie pour comprendre dans quelle mesure cette définition est dans une très grande proximité avec celle de Varela. Ici aussi il s'agit de faire droit à l'autonomie du vivant, dont nous avons l'intuition et qui distingue n'importe quel vivant de tout autre étant. Cependant, Varela n'évoque pas le métabolisme mais la notion d'autopoïèse pour décrire ce phénomène. Il le définit de la manière suivante :

1. *PhV*, p. 86.

> Un système autopoiétique est organisé comme un réseau de processus de production de composants qui (a) régénèrent continuellement par leurs transformations et leurs interactions le réseau qui les a produits, et qui (b) constituent le système en tant qu'unité concrète dans l'espace où il existe, en spécifiant le domaine topologique où il se réalise comme réseau [1].

La vie organique se caractérise donc par sa tendance à se constituer une identité. Il y a système autopoiétique, lorsqu'il existe une limite semi-perméable permettant de distinguer un intérieur et un extérieur. Mais la membrane qui joue le rôle de frontière doit être produite par le réseau de réactions intérieures, en même temps qu'elle rend elle-même possible la genèse de ce réseau. Il y a donc une interdépendance entre le milieu intérieur et la membrane. Cette définition permet en toute rigueur d'exclure le cristal de l'ensemble des êtres vivants, tout autant que le virus. Le premier est certes, comme le vivant, le produit de réplication moléculaire, mais il ne possède pas de membrane. Le second a certes le pouvoir de se régénérer mais seulement grâce à la cellule hôte et non grâce à un milieu intérieur. On remarquera ici la forte analogie avec la conception jonassienne de la vie. Vivre consiste en un acte qui n'a rien de mental et qui ne dérive pas de ses composantes matérielles. C'est le processus qui importe et il conduit à l'auto-production du vivant qui, grâce à une clôture opérationnelle, se distingue de l'environnement et affirme son identité. Il n'y a pas à supposer ici un élan vital qui guide le vivant ni une commande centrale, telle que le programme génétique. Comme Jonas, Varela reconnaît la nécessité pour l'organisme d'avoir un rapport à l'extérieur. Chaque vivant a en effet un monde qui lui est propre, et cette production d'un monde est sa réponse aux perturbations que provoque le milieu. C'est par ce moyen qu'il se relie à lui. Et cet acte de construction par lequel il entre en contact avec lui est aussi l'acte par lequel il s'en distingue, pour définir ce qu'on pourrait appeler son *quant-à-soi*. Comme Jonas donc, Varela met au jour une véritable intentionnalité au cœur du vivant. On ne peut concevoir la cognition indépendamment de l'acte vital, puisque c'est au contraire dans son effort pour donner sens à un monde, grâce auquel il pourra s'auto-produire, que le vivant fait émerger des significations. Le monde n'est pas le produit d'une conscience qui redoublerait la présence matérielle de la nature sous la forme d'images intérieures, comme en des tableaux, mais il n'est pas non plus ce pur donné, déjà là, dans sa factualité brute. Le monde n'a de sens qu'en *relation* à l'activité d'un organisme, qui s'y engage et contribue à le

1. F. Varela, *Autonomie et connaissance*, Paris, Seuil, 1989, p. 45.

faire. Et c'est cela que Varela appelle *l'enaction*. Jonas décrit le même phénomène, lorsqu'il montre comment le métabolisme permet à l'organisme de s'ouvrir au monde, dont le sens n'est ni celui d'un jeu de forces au cours calculables ni celui d'une représentation de la conscience. Le vivant se donne au monde, et le fait en même temps qu'il se fait.

On ne peut insister assez ici sur l'originalité d'une telle approche. Contentons-nous de remarquer que la conception autopoiétique permet de rendre compte du vivant à partir de lui-même, et non depuis l'esprit ou la matière, non depuis la perspective d'un sujet faisant face à des objets prédéfinis. Pour autant cette approche ne réfute pas la perspective scientifique classique, mais l'intègre à un niveau d'explication plus large. Ainsi on peut continuer d'interpréter l'activité du vivant en posant un monde donné, qui exigerait du vivant d'en extraire des informations, afin d'expliquer la mécanique de son adaptation. Simplement cette interprétation concerne des situations d'autonomie réduite[1]. Dans ce cas, et dans ce cas seulement, le modèle de la commande et de la représentation peut suppléer celui de l'autopoïèse et de l'enaction. Mais cette approche n'est pas seulement originale, elle est également féconde. Varela dessine de nouvelles perspectives non seulement pour penser l'ontogenèse et l'évolution, mais aussi la logique des systèmes nerveux et immunitaires[2]. De manière symétrique, l'interprétation de l'organisme comme métabolisme montre son originalité en permettant à Jonas de surmonter le dualisme inhérent à l'histoire de la pensée de la vie[3], qui aboutit aux écueils du matérialisme et de l'idéalisme, dont la phénoménologie (de la conscience) n'est que le prolongement contemporain. La fécondité de cette conception réside dans le fait qu'elle rend possible une lecture à nouveaux frais du procès évolutif et offre des perspectives nouvelles sur la cosmologie, s'il est vrai que la vie provient de la matière et que le principe de continuité oblige à réformer notre conception traditionnelle de cette dernière[4].

En dépit pourtant de cette proximité dans la doctrine de ces deux penseurs, il faut à présent mettre au jour la nature de leur différence. Si la biologie de Varela insiste pour définir le vivant à partir de son activité

1. F. Varela, *Autonomie et connaissance*, *op. cit.*, p. 12-13. Une telle idée trouve un écho dans les pensées de Canguilhem et de Merleau-Ponty qui l'héritent eux-mêmes de Goldstein. *Cf.* K. Goldstein, *La structure de l'organisme*, trad. fr. E. Burckhardt et J. Kuntz, Paris, Gallimard, 1983.

2. Nous ne pouvons malheureusement pas aborder ces points ici. *Cf.* en particulier F. Varela, *Autonomie et connaissance*, *op. cit.*, chap. 3, 6 et 7.

3. *PhV*, Essai I.

4. *Ibid.*, Essai II et III.

d'autoorganisation, il n'en reste pas moins que le modèle par excellence du système autopoiétique reste la cellule. Celle-ci possède une membrane, produit par le réseau intérieur des réactions chimiques, qui la distingue de l'environnement extérieur, avec lequel elle a des échanges, qui permettent le maintien de son activité. De fait si la conception autopoiétique du vivant permet d'en acter la spécificité au regard de la matière physique sans avoir à recourir à « un supplément d'âme », il convient également de mettre l'accent sur le fait que cette démarche reste de part en part mécaniste. En effet, le biologiste peut dissocier la machine de la matière, dès lors que la première renvoie à un jeu de relations et la seconde à des composants. C'est dire que la relation entre les composants importe davantage que les composants eux-mêmes, et qu'il suffit de se concentrer sur les propriétés que ces relations sont susceptibles de faire émerger afin de comprendre en quel sens le vivant peut être, à bon droit, assimilé à une machine. C'est dire aussi que la machine n'est que l'autre nom du système[1]. Certes l'organisation d'une machine implique une matière, mais seul l'ensemble des relations du système permet de comprendre la dynamique du vivant. Ainsi on sera attentif à la *structure* d'un organisme, dans la mesure où celle-ci est un exemple de cette *organisation*. La structure permet d'expliquer comment les différents composants particuliers s'agencent dans le cadre du jeu des relations, qui seul définit l'organisation du vivant. Il ne fait donc pas de doute que pour Varela l'organisme est une machine, à condition de la comprendre non comme une somme d'éléments mais comme un système de relations :

> Les systèmes vivants sont des machines. Son organisation (un ensemble de relations conduisant à des transformations de forme donnée) est l'élément qui définit une unité vivante indépendamment de sa structure, de la matérialité au sein de laquelle cette organisation est incorporée[2].

Et c'est bien à ce titre que Varela peut parler du vivant comme d'une machine autopoiétique. L'autonomie de la biologie au regard de la physique est assurée par le fait que les machines en question mettent en jeu des relations, dont l'interdépendance permet d'expliquer l'émergence de propriétés dont seul le vivant est le lieu. Le mécanisme est donc la condition d'une conception *émergentiste* du vivant et sert de préservatif contre toute tentation de définition métaphysique de la forme organique :

1. F. Varela, *Autonomie et connaissance*, *op. cit.*, p. 40, note 4.
2. *Ibid.*, p. 43.

> Dans notre définition d'une machine autopoiétique, nous n'utilisons pas le terme « organisation » en un sens métaphysique, en prétendant qu'il a une valeur explicative en soi [1].

La forme vivante n'est pas un principe d'explication. Elle est au contraire ce qu'il faut expliquer à partir d'un point de vue mécaniste. Elle n'est donc rien d'autre qu'une concaténation de processus, permettant à l'individu de s'auto-produire en se différenciant de son environnement. La perspective de dévoiler en totalité la logique de ce mécanisme est donc offerte à la science, qui doit espérer pouvoir, un jour, fabriquer la vie en laboratoire, vie qui n'est d'ailleurs pas restreinte en soi à un seule mode d'organisation, quand bien même le système protéine-acide nucléique soit le seul qui existe sur terre.

Par ailleurs, Varela nous invitait, avec la théorie de l'enaction, à réformer la conception traditionnelle de la nature et de l'information, véhiculée par les sciences cognitives. On avait en effet l'habitude de poser un monde déjà là, offert à la perception. Les représentations en miroir de ce monde véhiculaient alors des informations permettant au vivant de s'adapter. Mais la conception autopoiétique du vivant conduit à définir autrement le *rapport* de l'organisme au monde. Puisque le vivant se distingue de son environnement, il faut reconnaître que son monde ne recoupe pas le milieu ambiant propre au biologiste. Il y a une différence entre le point de vue de l'organisme vivant qui produit ses propres significations et celui du milieu où les lois physico-chimiques prévalent. L'excédent de signification ainsi mis au jour ne renvoie pas à un élan vital ou une conscience mais il tranche pour autant avec la continuité physico-chimique du milieu. Le sens advient précisément pour rendre possible la clôture opérationnelle, grâce à laquelle l'organisme se distinguera du milieu et affirmera son identité. Il est donc nécessaire d'admettre que l'organisme ne se trouve plus dans le monde comme une chose matérielle au sein d'une totalité de choses bien déterminées. Bien au contraire, il s'engage activement dans le monde qu'il contribue à définir. Rompant avec l'alternative malheureuse du réalisme – pour lequel les choses existent en soi indépendamment de notre rapport à elles – et de l'idéalisme – pour lequel le monde n'est autre que nos représentations, Varela incarne la connaissance, montre que la perception suppose une base organique et donc que le vivant se caractérise par son intentionnalité. Sujet et objet sont de ce point de vue des termes corrélatifs : l'information n'est pas préexistante mais s'élabore

1. F. Varela, *Autonomie et connaissance*, *op. cit.*, p. 45.

dans la confrontation de l'organisme avec le monde, qui se déterminent l'un l'autre de manière réciproque[1]. Ainsi, par exemple, on ne peut pas dire que la perception de la couleur dérive de manière purement objective d'un état du monde donné, en fonction de la longueur d'onde lumineuse, puisqu'il faut prendre en compte la manière dont telle ou telle espèce vivante a, au cours de son évolution, développé des opérations neuronales sous-jacentes à la perception. La longueur d'onde n'est donc pas la cause de la perception de la couleur[2].

Cependant, si la cognition doit être conçue comme vivante, il faut rappeler que le vivant est davantage machine que sujet. Autant dire qu'en dépit du souhait revendiqué de rompre avec la vision classique de la science, Varela reste tributaire de son cadre le plus traditionnel, et c'est le point de vue de l'objet qui prévaut pour lui. La compréhension de l'activité perceptive met en jeu des significations inhérentes au processus vital, mais elle reste l'objet d'une explication de part en part mécanique, puisqu'il s'agit d'expliciter les mécanismes biologiques qui font que tel vivant perçoit la couleur de telle ou telle façon, en tenant compte des lois optiques uniformes et de la structure mécanique du cerveau.

Cette décision théorique était d'ailleurs assumée sans aucune ambiguïté. Dans *Autonomie et connaissance*, Varela prend pour point de départ de son analyse le niveau cellulaire, qui illustre parfaitement sa conception de la machine autopoïétique. Dans *El fenómeno de la vida*, il imagine un extra-terrestre arrivant sur terre, découvrant les choses du monde, et s'efforçant de définir le vivant dans sa spécificité[3]. C'est le phénomène de l'auto-organisation qui s'impose alors à lui et celle-ci est rapidement comprise comme autopoïèse, et illustrée par le modèle de l'activité cellulaire. L'idée de recourir à un extraterrestre avait pour but d'éradiquer dès le départ tout risque d'anthropomorphisme, en projetant sur la vie cela qui n'appartiendrait qu'à l'homme. C'était du même coup reconnaître sans plus de justification que le postulat d'objectivité était primordial et devait servir de norme de vérité à toute analyse.

Or c'est précisément un tel parti-pris que Jonas refuse lorsqu'il appréhende le vivant. Le philosophe se tourne non pas du côté d'un extra-terrestre mais du côté du Dieu des mathématiciens pour penser la connaissance objective du vivant. Or, il apparaît que ce Dieu ne connaîtrait de la vie rien de plus que l'échange moléculaire dont elle est le lieu, un va-

1. *El fenómeno de la vida*, *op. cit.*, p. 207.
2. *Ibid.*, p. 208-209.
3. *Ibid.*, p. 24.

et-vient d'atomes portés par des forces, et tout le reste étant du vide. Autant dire que Jonas met en doute la position de l'extraterrestre de Varela ou plutôt nous conduit à en mettre au jour un présupposé inaperçu. Pour qu'il identifie certaines choses du monde comme capable de « s'auto » renouveler, l'extraterrestre doit lui-même être vivant. Et c'est bien pourquoi il peut comprendre ce qu'il est impossible au Dieu mathématicien de comprendre. Comme l'écrit Jonas :

> L'observateur de la vie doit être préparé par la vie. (…) Ainsi sommes-nous préparés par ce que nous sommes. C'est seulement par cette interpolation d'une identité interne que le simple fait morphologique (comme tel dépourvu de signification) de la continuité métabolique est compris comme un acte incessant ; c'est-à-dire que la continuité est comprise comme perpétuation de soi [1].

La citation de Jonas, « seule la vie peut la vie » sert d'épigraphe au livre de Varela[2]. Or c'est bien une telle formule qui nous permet de mesurer la distance entre ces deux pensées. Pour Varela, elle signifie qu'il faut incarner la connaissance, et que l'enaction est le visage incarné de l'esprit. Mais cette vie qui connaît est une machine autopoiétique qui en droit peut être comprise sur une base purement mécanique. Par conséquent, un être purement artificiel pourrait très bien en avoir l'intelligence. Au contraire, pour Jonas, la pensée de la vie requiert d'assumer l'anthropomorphisme et non de s'en délivrer. Le postulat d'objectivité découle d'une décision théorique, grâce à laquelle on sépare l'objet du sujet et où on rejette comme subjectif tout ce qui ne relève pas d'une analyse objective. Mais la vie défait ce partage classique de l'être, puisque son existence consiste à se viser elle-même, dans un acte où cette intention lui permet également de se faire elle-même, ce que ni l'esprit ni la matière n'est capable de réaliser. La compréhension de ce mode original d'existence suppose donc de partir du témoignage que l'homme a de lui-même, précisément parce qu'il est vivant et que son témoignage quant à la vie a une valeur. Certes l'anthropomorphisme doit être manié avec délicatesse. Il ne s'agit pas d'importer dans ce témoignage cela qui relève d'abord de l'esprit mais bien d'identifier cela qui relève de la vie. Sans doute une telle démarche n'est possible qu'en faisant fond sur des comparaisons raisonnées avec la vie animale. Quoi qu'il en soit, il importe de dire que l'anthropomorphisme, pour peu

1. *PhV*, p. 92.
2. *El fenómeno de la vida*, *op. cit.*, p. 13.

qu'il ne soit pas naïf, est la condition de toute compréhension de la vie, entendue comme acte de régénération[1].

Le rapport que l'homme a à son corps témoigne en effet de ce mixte d'extériorité et d'intériorité qu'il est. Mon corps occupe une étendue mais il est également doté de sensibilité. Il est inerte mais il peut aussi s'animer sous l'effet de la volonté. Mieux : chacun des termes de cette dualité ne peut se comprendre qu'en *relation* à l'autre. L'acte volontaire irréductible à une explication mécaniste requiert pourtant d'en décrire la modalité physique de réalisation. Le corps lui-même ne peut être compris indépendamment de cette possibilité d'agir spontanément, de cette liberté qui réside en lui. La sensibilité n'a aucun sens si elle ne renvoie à ses conditions physiques de possibilité. Mais inversement, le corps ne peut être compris qu'à condition de prendre la mesure de sa réceptivité, de son ouverture à l'extérieur. C'est bien cette *autotranscendance,* pour reprendre un terme de Jonas, qui pousse, qui le corps mécanique, qui l'esprit à se diriger vers son autre afin d'en appréhender la véritable nature. Et c'est à partir de cette vision du corps que nous pouvons, par redescente, interpréter à nouveaux frais le sens du processus qui anime les vivants. L'activité vitale consiste en un échange métabolique informé qui conduit à un renouvellement de soi par l'intégration des nourritures extérieures, empruntées au monde. Il s'agit de penser la spontanéité du vivant sur la base d'une réceptivité au monde, au sein duquel il réalise des prélèvements qui ont, pour lui, un sens vital. L'animal s'ouvre au monde en le percevant. Cette perception lui permet de chasser le gibier et de fuir les prédateurs. Son mouvement est orienté. Et ce couplage sensori-moteur repose sur le besoin de l'organisme de se perpétuer. La plante elle-même, bien qu'à un degré moindre, est dotée d'une activité métabolique. Dépourvue de perception et de motricité propre, elle peut cependant *se refaire* grâce à des échanges avec l'environnement immédiat[2]. L'interprétation de la vie comme acte d'autointégration requiert donc d'avoir une expérience de la vie en première personne, et c'est précisément ce qui rend, aux yeux de Jonas, inadéquat le modèle de la machine. Certes, Varela évoquait un type particulier de machine. Il fallait la définir comme un système de relations plutôt que comme un ensemble de composants matériels. Pour autant, il demeure difficile de comprendre comment l'organisme peut produire ses propres composantes de manière strictement mécanique. Il importe de penser l'acte qui permette une telle production, et le modèle nous en est donné par notre propre activité vitale.

1. *PhV*, p. 33-34.
2. *Ibid.*, p. 114-115.

C'est bien en effet la forme qui permet d'organiser l'ensemble des parties matérielles qui constituent temporairement l'organisme, sauf à s'interdire de comprendre comment de la nouveauté peut surgir dans la totalité. Dans le cas contraire en effet, elle ne résulterait que d'une concaténation de mécanismes bien déterminés.

Une telle affirmation suppose de remettre en question le découpage de l'être entre un pôle subjectif et un pôle objectif. Si l'organisme a pour mode d'être de s'autoconstituer dans la relation à un monde qu'il permet d'ouvrir, grâce à la relation qu'il noue avec lui et qui n'interdit pas mais appelle au contraire aussi une séparation d'avec lui, alors il faut contester de manière définitive l'idée d'une nature au sein de laquelle des choses reposeraient en soi et vis-à-vis desquelles le vivant aurait à se relier. Varela certes reconnaissait également cette nécessité. L'excès de signification est engendré par le vivant afin de rétablir une perturbation provoquée par le milieu ambiant. Mais le maintien même d'un plan purement objectif où la nature est perturbatrice pour le vivant conduit à relativiser l'affirmation de Varela selon laquelle l'organisme, machine autopoiétique, produit des significations. Comment penser en effet au sein d'un tel plan l'émergence d'une *relation*, d'un rapport, qui suppose de donner congé au caractère purement déterminé de l'objet ? En effet, pour que le vivant s'ouvre à un monde au sein duquel il cherchera ce qui peut le satisfaire, encore faut-il supposer une indétermination ou une insatisfaction qui puisse ouvrir ce monde, ce que ne permet pas de thématiser la conception objective de la nature. Or Jonas prend soin de noter que le vivant est condamné à ouvrir un monde, précisément parce que sa vie n'est qu'une *possibilité*. C'est pour ne pas mourir qu'il doit veiller constamment à mettre en œuvre son pouvoir de se relier au monde et, dans le même mouvement, de s'en séparer. Le risque qu'il court de mourir le détermine à se projeter en avant dans l'espace et dans le temps pour faire surgir un monde au sein duquel il pourra se satisfaire. C'est sur le fond d'une telle inquiétude vitale qu'il peut définir pour lui-même cela qui se présente comme une promesse de vie et cela qui s'apparente à une menace mortifère. *C'est donc parce que le vivant est originairement en rapport avec la possibilité de sa mort, parce que la vie s'angoisse pour elle-même qu'elle est amenée à se rapporter au monde.* Jonas nous introduit donc à une pensée de la vie qui puisse rendre compte du phénomène d'un vivant condamné à se faire lui-même par la production de significations qui lui permettront de définir son monde. La phénoménologie de la vie de Jonas est bien un essai de description du phénomène de la vie alors que « la phénoménologie du vivant », expression que Varela utilise parfois, renvoie plutôt à une description du comportement des vivants dont il s'agit de rendre compte au plan objectif ou mécanique.

Par-delà cette différence dans l'appréciation du rapport de l'organisme au monde, qui est l'objet commun de leur préoccupation, on peut insister sur la manière dont Francisco Varela et Hans Jonas montrent comment la conception de la vie doit peut donner lieu à la mise au jour d'une éthique. L'étude de la vie ne sera pas simplement fructueuse au plan théorique, elle représentera également un gain au plan pratique. Savoir ce qu'est la vie sera aussi un moyen de savoir comment mieux vivre. Tout se passerait alors comme si la vie incluait en son sein une norme, dont le respect – obligatoire sans être contraignant – serait la garantie d'une vie véritablement humaine. Née de la vie et s'appliquant à la vie, l'éthique serait pourtant au seul pouvoir de l'homme. Mais comment les deux auteurs parviennent-ils à défaire ou à surmonter l'opposition traditionnellement construite entre l'être et le devoir, entre ce qui est et ce qu'il faut faire ?

La voie suivie par Varela semble être double. À l'issue de *l'arbre de la connaissance*[1], le biologiste chilien pense une obligation qui dériverait directement de la conception autopoiétique de la connaissance. Puisque le vivant est cela qui produit son propre monde, il n'y a pas de raison d'absolutiser le monde que j'ai, qui n'a de sens que relatif. Cela ne signifie pas que chacun est renvoyé de manière solipsiste à son propre monde, mais plutôt que le monde commun est le fruit d'un effort commun pour le faire émerger. L'affirmation de mon monde étant la négation de celui d'autrui, et donc aussi de sa vie, il importe de reconnaître au contraire l'égale légitimité de ces deux revendications d'être, afin de construire un monde plus large rendant possible la coexistence de chacun. Varela suggère alors que la condition d'une telle construction est l'amour. L'extension de mon ouverture d'esprit, préalable à la possibilité d'un vivre-ensemble, serait conditionnée par la présence au sein de la vie de l'amour. Or cette intuition reçoit un développement plus manifeste dans un ouvrage ultérieur spécifiquement dédié à l'éthique. Dans *Quel savoir pour l'éthique ?*[2], Varela montre de manière plus précise le lien entre sa conception autopoiétique du vivant et la définition d'une éthique. On voit bien en effet quelle difficulté se dresse à l'horizon de la pensée éthique de Varela. Autre chose est le constat biologique de l'unicité du monde de chacun, autre chose la

1. Rédigé par F. Varela et H. Maturana, trad. fr. F.-C. Jullien, Paris, Addison Wesley-France, 1994. La question éthique est abordée au chapitre 10.

2. F. Varela, *Quel savoir pour l'éthique ?*, trad. fr. F. Regnot, Paris, La découverte, 1996.

reconnaissance par chacun de ce fait et la nécessité de l'élargir pour y intégrer l'autre au sein d'une construction commune. L'amour se présentait alors comme cette médiation heureuse permettant de dépasser l'égoïsme. Mais ce principe d'ouverture était plutôt posé que justifié et c'était baptiser la difficulté plutôt que de la résoudre. Or telle est bien la question, assez implicite, qui guide l'ouvrage de Varela spécialement consacré à cette question. Il s'agit en effet de penser les conditions d'ouverture de l'individu à l'humanité par un élargissement de la conscience qui permet de passer du micro-monde, qui fait les hommes petits, au monde commun qui les agrandit. En passant du microcosme au macrocosme, l'homme ne peut en sortir que fortifié[1]. Pour mener à bien cette démonstration et indiquer les conditions de possibilité d'un tel élargissement de soi, Varela réinvestit les résultats de sa biologie. Il faut d'abord avouer que, selon le biologiste et à rebours de ce qu'affirme la tradition éthique occidentale, la bonne action relève moins du jugement réfléchi que du comportement. Le savoir-faire l'emporte sur le savoir, et la moralité de notre conduite est davantage affaire d'habitude que de délibération. Cette dernière relève plutôt des moments de crise ou d'hésitation, lorsque, pour une raison ou pour une autre, l'individu est amené à changer sa conduite coutumière afin de s'adapter à une situation inédite. Il troque alors un micro-monde de significations pour un autre et cela appelle une réflexion. Ce constat empirique reçoit un fondement biologique. D'une part en effet la théorie de l'enaction permet de comprendre pourquoi, pour le sujet vivant, la réalité n'est pas donnée mais le produit d'un engagement immédiat dans le monde. Il s'adapte moins à une situation qu'il ne s'y projette conformément à la perception qu'il s'en fait, dans le moment même de cet engagement. C'est ensuite sur la base même de schémas sensori-moteurs récurrents qu'il va élaborer des structures cognitives contribuant à donner un air familier et naturel à son monde. Il n'est donc pas cela qui appelle une réflexion ou une délibération mais ce dans quoi nous évoluons naturellement.

Mais si Varela insiste ici sur le caractère immédiat et spontané de notre action, il n'indique pas encore en quoi le savoir-faire quotidien est

1. Tout se passe comme si Varela entendait penser la construction sociale d'un monde commun, en prenant pour point de départ l'affirmation de l'autonomie des individus (humains.) Cette conception s'oppose à une construction sociale qui s'appuierait sur une biologie de l'individu, pensée à partir du modèle de la commande. Il est difficile de ne pas voir dans l'équivalent politique du modèle biologique de la commande le système dictatorial, prétendant régenter la société sur une base purement ingénieriale. Le souvenir du régime de Pinochet habite peut-être ici la pensée de Varela.

moralement bon. Ne faut-il pas ici introduire une norme extérieure à l'activité vitale pour distinguer le bien du mal ? Un détour par les sagesses orientales, et en particulier par l'enseignement de Meng Zi, laisse entendre que le développement de l'individu sur la voie de la vertu est solidaire de la prise de conscience du caractère virtuel de son moi. Aucune norme extérieure au mouvement de la vie n'aurait donc besoin d'être posé arbitrairement. Réaliser que l'individu se définit moins par un je conscient de son action et amené à réfléchir sur elle que par le mouvement même de l'agir dans lequel il est engagé, rend possible la transformation individuelle. En actant la vacuité de l'action ou l'irréductibilité de la cognition à la conscience, chacun peut s'ouvrir à un élargissement de sa conscience, au-delà des bornes que l'assignation à un monde bien déterminé pourrait lui fixer. Explorer sa *sunya*, la nature virtuelle de son moi, c'est rendre possible un progrès dans l'apprentissage de la vertu. Varela l'affirme d'ailleurs sans ambiguïté: «*le savoir-faire éthique est la prise de conscience progressive et directe de la virtualité du moi*»[1]. Or l'effort du biologiste, que nous ne pouvons restituer dans le détail ici, consiste précisément à montrer dans le troisième chapitre de *Quel savoir pour l'éthique ?*, intitulé: «l'incarnation de la vacuité», en quel sens l'idée d'un moi sans détermination, d'un moi doté d'une conscience vide, peut s'expliquer sur une base biologique. Telle serait alors la justification ultime de ce principe d'ouverture que nous évoquions plus haut et qui rend possible d'habiter le monde en commun. C'est bien en un sens immanent que la vie porte en elle un critère de dépassement de l'individu, centré sur son monde, en direction d'un élargissement de soi. La sagesse orientale trouverait une justification biologique, à travers la mise au jour de mécanismes cérébraux dotés de propriétés émergentes. L'ouverture de la conscience aurait un enracinement biologique, au même titre, bien que sous la condition d'une ontologie de la vie différente, que la morale ouverte chez Bergson pouvait être dite d'essence biologique.

Or c'est bien une telle ouverture, permettant à l'individu de se décentrer de son moi afin de prendre en considération la nécessité d'habiter un monde en commun, que Hans Jonas découvre au cœur de l'activité vitale et qui lui permet de fonder son éthique. Cette ouverture consiste en un principe responsabilité. De fait, Jonas montre dans *le Principe responsabilité*, que la vie est un bien en soi qui requiert de nous la responsabilité

1. F. Varela, *Quel savoir pour l'éthique ?*, *op. cit.*, p. 106.

de la préserver. Sans restituer ici la démonstration dans toute son étendue [1], contentons-nous de noter qu'en vertu de la méthode de l'anthropomorphisme évoqué plus haut, il faut conclure qu'il y a dans toute vie une tendance à s'affirmer elle-même et à faire de son existence une tâche qui a une signification. Vivre n'est pas le déroulement simple d'un mécanisme ou d'un programme. Il y va de l'engagement du vivant à vouloir sa propre vie. Le risque permanent de la mort fait de l'adhésion à cette vie une valeur et même un bien en soi, puisque tout vivant qui fait effort pour vivre choisit de continuer de vivre. C'est donc le fait même de poursuivre des fins qui doit être érigée en valeur absolue. Mais le respect d'un tel bien n'a évidemment de sens qu'à condition d'identifier un sujet de devoir. Et cela signifie d'une part que ce sujet doit être réceptif à l'appel d'un tel bien et d'autre part que cet appel doit avoir une dimension d'obligation, car sinon le simple automatisme de la conduite suffirait à réaliser le bien, sans qu'il soit nécessaire par conséquent de lui attribuer une dimension morale. Or l'homme est ce vivant qui, par la démesure de son agir technologique moderne, non seulement peut mettre en danger la vie dans son ensemble mais qui, en outre, peut accéder à la conscience de la valeur de cette vie. L'extension de son pouvoir lui révèle en effet le caractère fragile de la vie puisqu'il peut en compromettre l'évolution par son agir insouciant. La vie se donne alors en lui dans sa dimension *d'être-possible* et l'anticipation de sa disparition lui montre que cet être-possible a une valeur digne d'être préservé. « Nous savons seulement *ce qui* est en jeu lorsque nous savons *que* cela est en jeu », écrit Hans Jonas [2]. La menace portant sur le futur nous dévoile la *quoddité* de la vie, sa contingence et son caractère d'être-possible. C'est donc à l'homme de se reconnaître responsable de la vie en général et de l'humanité en particulier, qui pourrait voir sa vie, comme lieu des possibles, se transformer en chose manipulable à souhait – Jonas pense à l'ingénierie génétique [3] – ou en mécanique absorbée par sa survie si l'environnement est trop dégradé pour pouvoir permettre à chacun d'envisager des possibilités d'existence, où sa liberté de déploiement est pleine et entière. Le devoir humain consistera alors non seulement à préserver les conditions de la vie future, mais aussi à transmettre aux générations à venir les conditions sous lesquelles la responsabilité est possible, et sans laquelle aucune humanité ne peut continuer d'exister. La sollicitude

1. *Cf.* É. Pommier, *Hans Jonas et le Principe Responsabilité*, Paris, P.U.F., 2012 et les chap. V, VI, VII et VIII.
2. *PR*, p. 66.
3. *Cf.* chap. VIII.

du vivant humain pour la vie (en particulier humaine) à venir repose donc sur un savoir de la vie et le type de responsabilité naturelle qui peut lui servir de modèle de penser est celui du parent. De même en effet que le parent est appelé par la nature à préserver celui dont la vie a une valeur mais qui a besoin d'un autre pour le conserver, et cela jusqu'à ce que conscient de sa responsabilité, il puisse se prendre en charge lui-même, l'homme en général doit se soucier des générations futures, trop fragiles pour se soucier seules d'elles-mêmes, puisqu'elles ne sont pas encore pleinement déterminées mais n'existent que sur le mode de la pure possibilité d'être. Il devra préserver les conditions de leur liberté à tout prix et leur transmettre la charge de leur propre préservation. Quoi qu'il en soit, c'est seulement à condition d'ouvrir sa conscience à la responsabilité pour la vie en général et les générations futures que le monde pourra demeurer habitable pour l'homme au sein d'une nature, dont la diversité doit être préservée. C'est bien de manière immanente, dans le mouvement même de l'activité vitale que la conscience peut s'élever à l'éthique, s'élargir pour englober le bien en soi qu'est la vie et tout particulièrement celle de tous les hommes.

On peut prendre pour conclure la mesure de la distance qui sépare pourtant l'approche de Varela et de Jonas sur ce dernier point. Si l'un et l'autre s'appuient sur l'autonomie du vivant, qui dans l'autopoïèse qui dans l'activité métabolique, et sur un horizon d'ouverture pour penser un dépassement de soi en direction d'autrui, il n'en reste pas moins que Varela ne thématise pas vraiment l'objet de notre respect. Il décrit les conditions permettant de dépasser le cadre étroit du monde individuel en direction de nouvelles perspectives d'existence, mais rien n'indique que cet élargissement passe par la prise en compte d'autrui. On peut toujours le supposer mais on peut également imaginer que cet oubli de soi ne s'accompagne pas *ipso facto* de considération pour les possibilités de vie des autres vivants. Par ailleurs, il n'est pas certain que la genèse d'un moi sans conscience à partir de mécanismes cérébraux [1], sur la base d'une conception auto-organisationnelle du vivant et émergentiste du soi, soit pleinement clair. On voit mal en effet comment un système de relations entre des composantes physiques peut donner lieu à un *rapport* à soi, qui plus est au rapport d'un moi en direction de virtualités personnelles dont le statut ontologique n'est pas élucidé. Chez Jonas en revanche une attention est portée sur la manière de passer du souci de soi à la considération de l'altérité, de même qu'à la possibilité d'inscrire la valeur et le devoir au sein de l'être, ce qui permet de faire l'économie d'une déduction de l'être au

1. Jonas propose une critique de l'émergentisme, par exemple dans *PR*, p. 136-140.

devoir-être. Mais cette fondation ontologique de l'éthique se fait alors au prix de l'acceptation d'intuitions – celle de la valeur en soi de la vie et du bien en soi de la responsabilité – que le philosophe est toujours libre de refuser au profit d'une autre ontologie[1]. Il reviendrait alors à l'analyse biologique de montrer comment, au sein de la mécanique autopoïétique, on trouve la préface de telles intuitions axiologiques.

1. *PEF*, p. 97-100.

SECONDE PARTIE

L'ÉTHIQUE DE LA RESPONSABILITÉ

CHAPITRE V

LA QUESTION ONTOLOGIQUE ET SON IMPLICATION ÉTHIQUE LA RELATION HEIDEGGER-JONAS[1]

Si l'entente de la relation entre les pensées de Hans Jonas et de Martin Heidegger est décisive, cela ne tient pas seulement à ce que le premier fut l'élève du second ou à ce qu'il a nourri une amitié durable avec Hannah Arendt qui accompagna un temps la vie du maître. Cela ne tient pas non plus à ce que le juif immigré en Palestine, pour fuir la barbarie hitlérienne et dont la mère avait péri à cause de cette dictature sanglante, ne comprit jamais pleinement ni comment le penseur de l'authenticité avait pu assumer des fonctions institutionnelles d'importance sous un tel régime ni comment il avait pu s'abstenir d'exprimer des regrets. Si la compréhension de cette relation importe, c'est, d'une part, dans la mesure où le projet philosophique de Hans Jonas ne peut être appréhendé qu'à travers une reprise critique du projet heideggérien et, d'autre part, parce que de ce rapprochement et de cette confrontation peuvent se dégager les lignes d'une pensée soucieuse d'interroger les conditions d'un accès à l'être à partir du phénomène de la vie et désireuse d'en tirer les implications au plan éthique. On pourrait estimer en effet que c'est à partir de la formulation de la question de l'être que Jonas rejoint Heidegger mais aussi à cause de l'insatisfaction ressentie dans le traitement de cette question que Jonas choisit de s'affranchir du cadre de pensée heideggérien. Mais ce désir d'émancipation à l'égard du maître n'est pas encore une émancipation réelle. Nous souhaitons en effet montrer qu'en prétendant mettre au jour l'impensé de la méditation de Heidegger, Jonas en conserve

1. Ce chapitre a été rédigé dans le cadre du contrat de recherche de post-doctorat avec le CONICYT-FONDECYT n° 3130574.

les présupposés et donc les limites. C'est donc paradoxalement le dépassement, par le maître lui-même, des limites de sa propre pensée – nous faisons ici allusion à la *Kehre* – qui permettra de mettre au jour les insuffisances du système jonassien, dans la mesure même où elles résultent d'une dépendance au projet, manquant de radicalité, du premier Heidegger. C'est alors seulement, nous semble-t-il, à condition de restituer la manière dont Jonas aborde la critique du Tournant effectué par le maître que l'on peut comprendre, d'une part, le sens véritable de l'éthique de la responsabilité qu'il proposera, mais, d'autre part, l'originalité de l'ontologie qu'il a souhaité mettre en place, sans y parvenir. De ce point de vue, le *Principe Responsabilité* ne saurait être lu purement et simplement comme cela dont la fondation est préparée par le *Phénomène de la vie*, mais bien comme cela qui tend à renouveler l'ontologie présentée dans cet ouvrage. Notre propos consistera alors à suggérer que l'éthique de Jonas n'est pas tout à fait à la hauteur de ses ambitions dans la mesure où la refondation ontologique qu'elle suppose est en partie obérée par sa première ontologie. Cet « échec » ne devra pas pour autant être interprété de manière négative, puisqu'il laisse entrevoir les attendus d'une éthique de la responsabilité qui serait explicitement justifiée à partir d'une ontologie de la vie.

LA FORMULATION DE LA QUESTION ONTOLOGIQUE

Le chemin de Husserl à Heidegger

C'est dans une certaine manière de se rapporter à la phénoménologie d'Edmund Husserl et d'aborder la question ontologique que l'on peut trouver les voies d'un rapprochement entre les pensées de Hans Jonas et de Martin Heidegger. Dans une conférence intitulée « Edmund Husserl et la question ontologique » prononcée en hébreu, à l'université de Jérusalem, en 1938, après la mort du père fondateur de la phénoménologie, dont il avait suivi les cours à Fribourg, Hans Jonas, contraint à l'exil par l'arrivée au pouvoir d'Hitler, inscrit immédiatement l'apport husserlien au sein de la grande tradition philosophique de la pensée de l'être. Le mouvement philosophique consiste en effet à ressaisir périodiquement, mais selon un ancrage toujours neuf, la manière dont l'homme pense « la réalité » et se pense comme pensant « la réalité ». Il revient au philosophe d'interroger de manière critique la réalité et le concept dominant de réalité qui prédomine à son époque. Comme le note Jonas :

> La relation mutuelle essentielle entre la pensée et l'être était de tout temps le nœud de la quête de la vérité qui évolua à partir de la tradition classique, quête qui reçut le noble titre grec de « philosophie »[1].

On doit aux Grecs non seulement d'avoir posé la question de la vérité de l'être, c'est-à-dire ici la question du rapport de la pensée à l'être, mais également d'avoir proposé le principe d'une identité de l'être et de la raison, identité grâce à laquelle une réponse pouvait être donnée à ceux d'entre eux – par exemple les sophistes – qui contestaient notre pouvoir d'accéder au « réel » ou qui se faisait de la réalité une notion subvertie par le devenir et les apparences. L'âme humaine capable d'intelligence pouvait se mettre en relation avec les formes du monde afin d'en percer l'intelligibilité. Sa perfection propre coïncidait avec son degré de compréhension du monde et la raison n'était donc pas l'autre du monde, puisqu'elle était une partie de l'être même de la totalité. Husserl, telle est sa grandeur selon Jonas, est l'héritier de cette tradition ontologique critique. Si donc il renouvellera en profondeur la méthode philosophique cela se fera néanmoins, selon Jonas, en restant fidèle à son aspiration la plus fondamentale. Comme le père fondateur le signale dans *La crise des sciences européennes* :

> Le problème du monde, comme celui de la conjonction la plus profonde et essentielle entre la raison et l'être en général [est] l'énigme des énigmes [et donc le vrai thème de la raison][2].

Ses *Recherches Logiques* – qui ont pour premier objet de déterminer l'essence de la connaissance mathématique et la compréhension de l'essence des entités mathématiques en faisant porter son investigation sur le domaine de la conscience et de son pouvoir « constituant » – le conduisent à mettre en question le positivisme des sciences, donc le concept de réalité dominant à l'époque. Cela passe par une critique du psychologisme, qui tend à naturaliser le sujet de la connaissance, à discréditer le sens de la vérité et donc à conduire au scepticisme. Si la conscience obéit à une loi, celle-ci ne peut être naturelle : elle est plutôt une loi de signification. « Le péché cardinal de la psychologie est d'interpréter la conscience comme partie de la nature. »[3] L'investigation

1. « Edmund Husserl and the ontological question », trad. anglaise, D. Louvish, *Études phénoménologiques*, n°33-34, Bruxelles, Ousia, 2001, p. 7. Nous traduisons.

2. « Edmund Husserl and the ontological question », art. cit., p. 10-11. Nous citons et traduisons à partir de la version anglaise de la conférence. *Die Krisis der europäischen Wissenschaften*, 1936, p. 90 [Hua VI, p. 12]

3. « Edmund Husserl and the ontological question », art. cit., p. 9.

de la conscience doit donc pouvoir élucider son sens le plus propre, en défaisant le prestige du naturalisme.

Mais en s'interrogeant sur l'essence de la compréhension mathématique, Husserl est du même coup amené à donner les premiers germes de la méthode phénoménologique. L'intentionnalité de la conscience doit être mise au jour grâce à une rigoureuse description des phénomènes tels qu'ils se donnent à elle. C'est cette intentionnalité qui doit être prise en charge par la science des commencements et qui permet de reposer la question de l'être en la ramenant à son origine, c'est-à-dire aux principes d'après lesquelles une compréhension de l'être est possible. L'approche husserlienne demeure, de ce point de vue, classique. Pour autant, cette reformulation de la question fondamentale n'est pas une pure et simple répétition de l'inauguration grecque de la philosophie. Le climat en est en effet tout différent. La partition ontologique « classique », terme désignant cette fois la période historique dont la pensée cartésienne est le prototype, a accusé et même creusé comme jamais le clivage entre l'intérieur et l'extérieur. C'est un gouffre qui sépare *l'ego* de la réalité. Alors en effet que l'opposition grecque de l'esprit et de la matière était interne à notre expérience du monde et à l'existence objective, voici à présent que *l'ego* se démarque du monde, si bien qu'un *ego* sans monde peut désormais exister. Le dualisme de la pensée et de l'étendue apparaissait cependant en même temps que les conditions de sa résolution. Puisque la conscience est perceptive, elle peut appréhender la réalité extérieure sous la forme d'une représentation. La question de l'être ne cesse pas de se poser mais c'est en des termes différents. C'est donc dans ce contexte qu'Husserl doit reformuler la question de la vérité, comprise comme accès à une objectivité mise en question par la subjectivité de *l'ego*. Or tout en héritant de la dualité cartésienne, Husserl prétend s'émanciper de son devenir spéculatif, qui culminera chez Hegel, et faire retour à une exigence descriptive. Il ne s'agit pas d'expliquer par concepts mais de décrire le phénomène de la conscience. C'est en explorant la « nature » même de la conscience que son intentionnalité nous permettra de comprendre comment se constitue l'objectivité. Voici donc ce qu'il y a de plus originaire, l'intentionnalité comme forme concrète de l'unité de la pensée et de l'être, selon les termes qu'utilisent Jonas pour rendre compte du projet husserlien. C'est ainsi que Husserl s'inscrit, selon lui, de la manière la plus traditionnelle dans le questionnement philosophique classique, tout en apportant une réponse personnelle. Être, c'est, par excellence, être pour une conscience. Rien n'est en dehors de cette conscience intentionnelle, qui elle-même n'est rien en dehors de cette visée de quelque chose. L'unité ontologique de l'idée et de la chose assurée par Dieu dans le climat ontologique de la période classique est désormais prise en charge directement par la conscience. Tout le génie de Husserl réside dans cette capacité à décrire les différentes opérations de la conscience de manière à montrer la genèse de l'objectivité. L'absolu n'est pas l'autre de la conscience, cela qu'elle vise ou cherche à atteindre, puisqu'elle est l'absolu. La relation devient l'être par excellence au lieu d'être cela qui le relativise. Il revient à la réduction, sur laquelle Jonas ne s'étend pas, de nous ménager un accès à cet acte originaire de la conscience.

Or si l'admiration de Jonas pour Husserl ne se démentira pas[1], notamment à cause de la rigueur méthodologique qu'il a su incarner à travers son exigence de fidélité à la description phénoménale, on voit cependant déjà poindre dans cet hommage rendu en 1938 les prodromes d'une critique qui n'aura de cesse de s'accuser au fil du temps, l'expérience de la guerre que Jonas traversera tragiquement, ne faisant que nourrir davantage une telle critique. Déjà dans « Edmund Husserl et la Question ontologique » on peut noter que la solution husserlienne au problème de l'être semble s'inscrire dans la tradition plutôt que la renouveler de manière suffisamment significative. Le dualisme cartésien définit par avance les termes de la solution et Husserl ne fait que reconduire, ultimement, un tel dualisme, lorsqu'il fait de la conscience le siège originaire de toutes les apparitions mondaines. Il s'agit là en effet d'une conscience pure coupée de son inscription mondaine. En dénaturalisant la conscience, Husserl la déréalise et s'interdit de comprendre son mode d'être propre, grâce auquel celle-ci peut à la fois se tourner vers le monde, mais aussi en faire partie. Jonas fait certes discrètement allusion à la tentative husserlienne de comprendre le corps à partir de la sphère intentionnelle de la conscience, mais ce n'est pas là rendre compte de l'être de la conscience, par quoi elle peut s'engager et investir le monde, et peut-être surtout en pâtir et souffrir. Cette apparente « réalisation » de la conscience est en vérité une idéalisation du corps, qui conduit à manquer le sens d'être propre du corps et par là-même –puisqu'une conscience sans corps ne saurait être expérimentée ou plus exactement vécue – le sens d'être propre de la conscience. Comme le signale très sobrement Jonas :

1. *PEF*, p. 25-28.

> Pouvons-nous la réduire [=l'existence corporelle] elle aussi à une « donnée de la conscience » sans priver de son sens la donnée à décrire, à savoir qu'il y va de l'être et du non-être du sujet lui-même[1] ?

On le voit, c'est bien la question du mode d'être de la conscience qui conduit Jonas à mettre en question l'approche husserlienne du problème de la vérité[2]. D'emblée comprise dans sa prétention ontologique, le projet husserlien suscite le même type de critique que celui que lui adressera Heidegger, dont Jonas a également été l'élève. Même si Heidegger ne porte pas au premier plan le problème de l'incarnation de la conscience husserlienne, il lui reproche de ne pas poser correctement le problème du monde, faute de saisir l'ouverture d'un existant qui, voué au monde – sans retrait possible dans une intériorité pure – est également inscrit dans un monde, jeté en lui[3]. C'est la raison pour laquelle Jonas se félicitera du progrès accompli par Heidegger sur le chemin de la compréhension du sens de l'être[4]. De fait la critique d'une conscience essentiellement occupée à et à catégoriser cela qui se donne à elle comme étant des objets cède la place dans *Être et Temps* à un existant d'abord occupé de lui-même et de sa manière d'être au monde. Les péripéties du *Dasein* sont celles d'un étant qui s'ouvre à lui-même en s'ouvrant au monde. Sans qu'il ait choisi la situation où il est jeté, sans qu'il ait même choisi de choisir, le voici cependant intriguant envers lui-même afin de se réaliser dans ce monde où il doit assumer des possibilités, élire des options, vivre des événements, fut-ce sur le mode de la fuite ou du déni. Il n'est pas d'abord question pour le *Dasein* d'avoir des objets, contrairement à la conscience intentionnelle, mais de vivre un événement ou de s'abîmer dans un quotidien, dans

1. *Ibid.*, p. 29.

2. Hans Jonas ne semble pas prendre en compte le thème du monde de la vie tel qu'on le trouve abordé dans la *Krisis* ni faire droit aux analyses de l'intersubjectivité élaborées à partir du phénomène du corps propre (Cinquième *Méditations cartésiennes*.) Il n'évoque pas davantage les autres textes de Husserl consacrés à l'intersubjectivité qui accorde une place à la question de la vie. Cf. *Sur l'intersubjectivité*, Tome I et II, trad. fr. N. Depraz, Paris, P.U.F., 2001. Mais il est fort probable que le point de départ de Husserl (la conscience transcendantale pure) condamnerait aux yeux de Jonas son investigation sur la vie. Le rapport au corps est une donnée première pour lui.

3. *Cf.* « Lettre à Husserl du 22 octobre 1927 », trad. fr. J.-F. Courtine dans M. Haar (éd.), *Martin Heidegger*, Paris, Éditions de l'Herne, 1983, p. 67-68. Cette critique de Husserl fait écho à celle qu'il adresse à Descartes dans *Être et temps*, §10, *op. cit.* L'étant qui ouvre le monde ne peut avoir le même mode d'être que celui de la chose subsistante (Heidegger suit Husserl dans cette critique de Descartes). Mais cela ne signifie pas que cette possibilité d'ouverture n'est rien d'étant.

4. *PEF*, p. 31-38.

lesquels c'est toujours son existence qui est en jeu, existence pathétique ou dramatique précisément parce qu'elle est mortelle et donc finie. Si mes choix ont une importance si radicale – que j'en prenne la mesure ou pas – c'est qu'ils mettent en jeu la seule vie qui soit à ma disposition, qui est mienne, et que je ne vivrai qu'une fois. C'est à la mortalité du *Dasein* que tient la précarité de l'existence qui nous rend si soucieux. Il ne s'agit pas tant de dire que le *Dasein* peut objectivement mourir à tout instant, d'une part car il y aurait là un emphatisme de la description, dès lors que l'existant ne se trouve pas dans une situation de guerre ou de violence mortifère, d'autre part, car cette mort ne peut véritablement être l'objet d'un souci « réel » faute d'être expérimentée, la mort n'étant rien d' « objectif ». Il est donc plutôt question d'un rapport au monde véritablement mien, en cela que la mort me ramène à mes possibilités les plus propres, me conduit à faire retour sur le caractère fini et purement « possible » de mes possibilités, en dehors de toute attente objective, ou de toute possibilité logique, idéale, qui pré-dessinerait le contour de ce que j'ai à vivre. La possibilité du rien de ma mort est la condition même d'une certaine créativité de l'existence. Cette expérience de l'existence qu'est l'angoisse mortelle trouble la familiarité du quotidien – constitué par un réseau de significations déterminées anticipativement par mon milieu, réseau qu' « on » détermine dans le bavardage de tous les jours, qui connaît toujours déjà tout par avance – qui s'effondre pour laisser place à des possibilités propres– qui ne sont pas toujours immédiatement perçues comme telles, lorsque l'accent est plutôt mis sur la perte du familier. Ayant à prendre en charge par moi-même le sens des perspectives que je vais élire, des partis-pris que je vais adopter, je prends alors la mesure de la contingence et donc la liberté de mes choix. La précarité de l'existence invite à une responsabilité, dans une prise de décision personnelle du sens de son existence. Le monde est pour moi et rien ne doit me permettre d'échapper à cette responsabilité, ni le refuge dans le déterminisme de la nature –comme si c'était malgré moi et donc à cause de mon corps, de mon caractère ou de mon inconscient que j'agissais de telle ou telle façon – ni le repli dans une conscience pure, idéale, à l'abri de toute situation concrète où les choix peuvent se faire. Si la mort est mon affaire, c'est donc parce qu'elle me conduit à faire face au néant des déterminations objectives sans pourtant me transporter ailleurs qu'au sein d'une situation circonstanciée au sein de laquelle les questions se posent. Je ne peux authentiquement m'exiler hors du monde en direction d'une conscience pure, ni hors de moi en direction d'une nature souveraine et déterministe. Heidegger nous donne donc les moyens de penser l'unité de l'être et de la pensée en décrivant le mode d'être du *Dasein* comme jeté en lui et porté vers lui, comme lui appartenant et comme s'y projetant. L'authentique compréhension de soi-même est découverte d'un soi irrémédiablement inscrit dans le monde et se comprenant sur le mode de la projection de possibilités qui sont siennes. Le *Dasein* est bien un étant du monde qui a le privilège de pouvoir interroger et comprendre son rapport à lui, rapport de compréhension et de projection qui fait partie de ce monde et permet de le ressaisir comme tel.

La critique de la phénoménologie et l'éthique du philosophe

Cette avancée semble porter à son terme l'investigation ontologique qui tente de décrire notre manière de comprendre l'être, en décrivant « la subjectivité » dans son rapport au dehors. Ce scénario ontologique grâce auquel Heidegger pense l'existant comme transcendance et l'être comme ouverture au monde d'un *Dasein*, surmonte le dualisme husserlien, hérité de Descartes, d'un dedans et d'un dehors qui interdisait véritablement de comprendre comment l'intérieur peut appréhender l'extérieur et comment l'intérieur peut figurer « dans » l'extériorité. Néanmoins Jonas ne se satisfait pas d'une telle solution et d'une certaine manière renvoie dos à dos Heidegger et Husserl dans une dénonciation commune. En effet, en dépit de la plus grande concrétude du *Dasein* heideggérien au regard de la conscience husserlienne, ce que Jonas reconnaît être un progrès dans la résolution du problème ontologique, il n'en demeure pas moins qu'il partage l'un et l'autre le même oubli : celui du corps et celui de la nature[1]. Il ne s'agit pas là d'une remarque purement anecdotique. Elle signifie bien plutôt que l'un et l'autre penseur ne sont pas parvenus à comprendre le mode d'être de l'existant grâce auquel il peut s'ouvrir au monde. Le corps, grâce auquel on peut comprendre le sens de la faim et le risque de la mort, pourtant si essentielle au dispositif heideggérien, n'est pas évoqué de manière suffisamment topique, pour comprendre l'inscription du « sujet » dans la nature et partant la possibilité de son ouverture au monde[2]. Autant dire que Heidegger, comme Husserl, reste prisonnier d'un certain idéalisme philosophique, en provenance du découpage cartésien de la réalité en deux zones, l'âme et le corps.

1. Heidegger évoquera certes ici et là le thème de la chair et du corps propre (*Lettre sur l'humanisme*, *op. cit.*, *Séminaire de Zürich*, trad. fr. C. Gros, Paris, Gallimard, 2010.) Mais son point de vue demeure subordonné à l'idée qu'on ne peut avoir de connaissance que privative de la vie à partir du *Dasein*. Cf. *Être et temps*, §10, *op. cit.*, *cf.* également l'analyse de Renaud Barbaras dans *Introduction à une phénoménologie de la vie*, *op. cit.*, p. 39-66.

2. *PEF*, p. 39-43 et *PhV*, p. 235-236.

On pourrait certes reprocher à Jonas de mécomprendre le sens de la mortalité propre à *Être et Temps*. Référer la mortalité au corps, c'est en faire un phénomène purement biologique, digne d'une explication objective qui conduit à ignorer son sens propre. « Tout le monde meurt », « il faut bien mourir », « on meurt tous », voilà des formules que la science valide, en donnant les causes biologiques de la « finitude » humaine. Mais elle nous empêche alors de nous comprendre selon un mode d'être authentique qui n'a rien d'objectif, de physiologique ou de « spécifique », puisqu'il est au contraire singulier, personnel. Parce que la relation à ma mort n'est relation à rien de déterminable, elle me permet de me comprendre très « essentiellement » comme être de relation. Cependant Jonas ne remet aucunement en cause cette dimension « existentiale » du mourir. Il porte simplement au premier plan le fait que cette mort n'est pas sans lien avec la vie, qu'elles se rendent même possibles mutuellement, et que notre existence ne serait qu'abstraitement mortelle si elle n'était d'abord biologique. C'est donc à une reconsidération du mode d'être du corps que nous invite Jonas précisément pour comprendre en quel sens il m'est possible de mourir, c'est-à-dire d'exister.

Ce point aveugle de la démarche husserliano-heideggérienne, pourrait bien cependant renvoyer ultimement à une décision de nature *éthique* selon Hans Jonas. C'est en effet pour être resté théorique que le « sujet » ne semble pas pouvoir être ressaisi en son être. Or il est réducteur d'appréhender le projet de compréhension de l'homme au sein de la réalité seulement du point de vue théorique, comme si celui-ci n'était pas également engagé dans un monde au sein duquel il a des devoirs à rendre envers ses semblables, comme si ce monde n'impliquait pas, pour exister comme tel, des tâches et des devoirs à remplir de la part de chacun et en direction de chacun. Tout se passerait comme si à l'éthique de la vie, que Jonas proposera ultérieurement, il fallait opposer une éthique de mort, caractérisée par le point de vue d'une conscience uniquement soucieuse de considérations théoriques, désimpliquée du rapport au monde, incapable d'en faire l'expérience à partir du témoignage de son corps, le rapport à ce dernier apparaissant comme la voie véritable nous conduisant à la prise en compte, au souci et à la responsabilité pour autrui. L'oubli du corps n'aurait donc pas seulement des conséquences au plan ontologique mais également au plan éthique. Plus exactement, cet oubli aurait une signification indistinctement éthique et ontologique. En se détachant du monde et de lui-même, le sujet se détacherait tout autant des autres, le monde n'étant concevable que depuis le point de vue d'un existant biologique capable non seulement d'en partager les significations les plus générales avec d'autres existants – quitte ensuite à développer une perspective propre sur lui (mais le monde propre ne saurait avoir de sens indépendamment d'une référence au monde commun) – mais également *soucieux* de *préserver* ce monde commun en se reconnaissant responsable des conditions de son maintien, ce qui passe, si l'hypothèse de Jonas est exacte, par un certain respect de la vie corporelle [1].

Il ne convient pas d'anticiper exagérément un tel point de vue que Jonas n'assumera qu'au fur et à mesure du développement de sa philosophie et qu'il ne parviendra peut-être pas à justifier pleinement. Cependant, il est manifeste que celui-ci voit dans la considération de notre incarnation le point de départ décisif de l'ontologie et la voie d'accès à l'éthique. C'est alors bien un préjugé étroitement théoricisant, d'ailleurs en partie d'origine religieuse [2], que Jonas diagnostique chez Husserl et qui constitue *l'ethos* propre de ce type de philosophie. Le souci excessif de la vision la rend aveugle à d'autres modes de donation plus propices à la description de notre être-au-monde incarné [3]. La responsabilité de soi qu'Husserl met en avant concerne l'homme en tant qu'être essentiellement rationnel. Husserl fait de la responsabilité une dimension de la raison dont la vocation est de se justifier en permettant à l'homme de se confronter à l'être véritable et ainsi d'être pleinement lui-même [4]. Jonas identifie les prodromes d'une telle position chez Aristote, Descartes et Hegel, mais c'est avec Husserl selon lui que cette tâche d'une auto-satisfaction de la raison devient l'affaire personnelle et la responsabilité de chaque individu. Cette tâche résulte en effet moins d'une exigence impersonnelle de la raison que du sujet philosophe qui fait de la compréhension de l'être une affaire personnelle. *Être* vrai signifie accomplir cette tâche de justification de la raison en élucidant les principes, les sources permettant de porter au concept le sens que nous donnons au monde. Telle est également la vocation même de la phénoménologie érigée en devoir par Husserl, devoir de rendre compte de l'apparaître des phénomènes à la conscience. C'est cette responsabilité de soi, conçue comme devoir de décrire les phénomènes pour eux-mêmes et de témoigner ainsi du monde, qui constitue le noyau de l'approche husserlienne aux yeux de Jonas. Elle a l'allure d'un principe

1. Ces dernières propositions sont ici mentionnées sans être davantage justifiées puisqu'il reviendra à la philosophie de Jonas que nous évoquons dans les pages qui suivent d'en rendre raison.

2. « Edmund Husserl and the ontological question », art. cit., p. 15-20.

3. *PEF*, p. 31 et *PhV*, p. 34, 37-44.

4. « Edmund Husserl and the ontological question », art. cit., p. 16.

éthico-métaphysique[1] qui ne semble pas s'autoriser lui-même d'une quelconque justification. Ce qui chez les Grecs relevait d'un idéal (rendre compte de toutes choses par la contemplation) devient chez Husserl un *devoir* de description, afin que le philosophe puisse justifier tout ce qu'il pense. Or nous avons là un devoir qui n'est pas philosophiquement justifié et qui repose sur une conception purement cognitive et optique du sujet philosophique. Cette abstraction semble mettre en question, aux yeux de Jonas, le système de pensée de Husserl. De fait, ce sens de la responsabilité dont Jonas fait l'éloge dans le texte de 1938 se retourne, à n'en pas douter, en une critique du projet husserlien[2], en ce qu'il ne trahit pas tant un souci de décrire notre être au monde que les opérations pures de la conscience, ses modes de connaissance objective, dans l'oubli d'un monde vécu d'abord charnellement, sur le mode de l'épreuve physique, qu'elle soit, par exemple, celle de la faim ou de la mortalité.

Or c'est également ce souci purement théoricisant qu'il condamne chez Heidegger. Certes celui-ci a pensé une existence soucieuse, mais faute d'incarner l'existence mortelle, ici encore le sujet se détourne du monde, auquel il aurait pu avoir accès à condition de se soucier de sa corporéité. En se souciant d'elle, il aurait pu se soucier de la nature, et donc de cette ouverture au monde qu'elle rend possible et dont témoigne son existence physique. Ainsi la responsabilité vis-à-vis de soi-même que Heidegger appelle de ses vœux lorsqu'il décrit le mode d'être authentique du *Dasein* souffre d'une lacune originelle et demeure, ici encore, purement théorique. Or cet oubli du corps n'est pas seulement préjudiciable au plan de la description ontologique, il est également hautement problématique au plan éthique. Jonas prend acte du souci de neutralité éthique souhaitée par Heidegger dans sa description du mode d'être du *Dasein* – puisque l'être authentique ne peut faire fonds sur une morale de type ontique, qui repose sur des normes déterminées – mais il fait remarquer que cette neutralité est un défaut, une inquiétante anesthésie, si l'on considère que l'ouverture à la question du mode d'être du corps pourrait ménager un accès à une éthique de la vie, ce que Jonas semble suggérer lorsqu'il écrit :

1. *Ibid.*, p. 16.

2. *Cf.* à cet égard l'impression éloquente qu'il tire des cours de Husserl : *Souvenirs*, *op. cit.*, note 4, p. 328-329.

> En ignorant son fondement concret, cette interprétation de l'intériorité se barrait un accès important, dispensateur de contenu, à l'éthique en soi, qui à défaut d'un tel accès est resté prisonnière d'un vain décisionnisme [1].

Si dans « Philosophie. Regard en arrière et regard en avant à la fin du siècle », cette critique devient assez feutrée, tel n'est pas le cas dans un texte antérieur [2], où, il est vrai, Jonas se penche sur le Heidegger d'après le « tournant » : le rapport direct à l'*Être* éloigne définitivement le sujet, selon lui, de l'incarnation, du rapport à l'autre et de toute vocation normative.

Si les approches husserliennes et heideggériennes ne permettent pas de répondre correctement à la question de la vérité de l'être, leur insuffisance permet cependant d'indiquer le nouveau chemin à suivre. C'est en prenant pour thème privilégié le mode d'être du corps qu'on pourra, en premier lieu, comprendre comment le « sujet » provient du monde en même temps qu'il se donne la possibilité d'en ouvrir un. La vie ne doit donc pas être comprise dans une acception restrictive en vertu de laquelle elle serait l'autre du monde, sa disparition ou son abolition, en nous condamnant à répéter l'effectivité d'un comportement animé seulement par le souci de la survie au détriment du sens du possible, de la perspective de l'inachèvement fécond ou de l'accès à un manque qu'aucune donnée objective ne peut combler. C'est bien plutôt à partir de la vie que seule est possible la compréhension de l'origine du monde. Mais ce serait également à condition de prendre pour thème d'investigation le corps propre, qu'il serait possible, en second lieu, d'échapper au solipsisme d'une conscience uniquement préoccupée d'elle-même, soit dans la tâche husserlienne d'une justification de la raison [3], soit dans la conception heideggérienne d'une responsabilité uniquement tournée vers la quête d'une authenticité personnelle [4]. C'est donc selon cette double orientation – d'une phénoménologie du corps vivant et d'une responsabilité éthique pour autrui [5] – que le

1. *PEF*, p. 40. Jonas critiquera plus loin avec force l'engagement de Heidegger dans le nazisme.

2. *PhV*, p. 249-250.

3. On peut remarquer cependant que Husserl pense la relation à autrui en s'appuyant sur le phénomène du corps propre (Cinquième des *Méditations Cartésiennes*) sans pour autant considérer cette relation d'un point de vue éthique.

4. Nous reviendrons sur ce point.

5. J. Taminiaux a parfaitement raison de remarquer que : « les derniers travaux dont la thématique a pour titre *le Principe Responsabilité* ont leur source initiale dans l'inspiration proprement éthique que Jonas retirait, dès avant la guerre, de l'enseignement de Husserl et de l'insistance avec laquelle celui-ci situait la tâche de la phénoménologie sous l'autorité suprême de l'idée d'« absolue responsabilité de soi », idée déjà nettement mise en exergue par Jonas dans son éloge funèbre de Husserl à l'Université hébraïque de Jérusalem en 1938 »

projet jonassien peut se poursuivre au-delà d'une reprise critique de la tradition ontologique.

LA PHÉNOMÉNOLOGIE DE LA VIE ET LE COMMENCEMENT DE L'ÉTHIQUE

Rappelons ici, en quelques mots, comment Jonas entend réaliser le projet d'une phénoménologie de la vie. De manière analogue à la façon dont Heidegger décrit la démarche phénoménologique dans l'introduction aux *Problèmes fondamentaux de la phénoménologie*[1], on pourrait dire que Jonas se livre à une destruction, une réduction et une construction, lui permettant de décrire le phénomène de l'ouverture au monde, par quoi la vérité de l'être ne saurait se réduire à l'adéquation entre une conscience porteuse de représentations qui « coïncideraient » avec la chose extérieure, à travers un processus d'objectivation. On ne saurait comprendre en effet ce qui pourrait garantir au plan épistémologique une telle conformité des représentations subjectives et de la chose en soi. On ne comprendrait pas davantage le mode d'être d'une telle adéquation qui doit unir une chose et une représentation. Le but de Jonas est donc bien plutôt de partir directement de la description du « sujet » qui se transcende et se dépasse vers un monde. En prenant pour thème une telle relation, il fait l'économie d'une réflexion, vouée à l'antinomie du réalisme et de l'idéalisme, posant *a priori* et abstraitement un sujet pur et une chose absolue. Cependant pour mener à bien une telle tâche, encore convient-il de procéder à une destruction de la tradition ontologique classique, qui a conduit la question de l'être dans une impasse. C'est en effet « l'ontologie universelle de la mort »[2] qui anime une telle histoire, puisqu'en passant d'un monde où c'est la vie qui domine les conceptions de l'homme, nous sommes conduits, aujourd'hui à l'époque contemporaine, à un partage de l'être entre une conception purement idéaliste et une conception purement mécaniste.

(*Études phénoménologiques* n°33-34, Bruxelles, *Ousia*, 2001, p. 91-92) mais il faut ajouter que cette inspiration n'exclut pas une reprise critique. En effet, la quête ontologique a une dimension éthique pour Jonas, mais d'une part la responsabilité pour le vrai est une dimension de l'être qui appelle une justification à partir d'une phénoménologie de la vie si on veut la comprendre de manière concrète, et d'autre part la responsabilité doit également viser un bien qui n'est pas seulement la vérité du philosophe qui explore la conscience en première personne mais aussi celui de l'humanité et des autres vivants. Nous insisterons sur le second point. Pour le premier point, cf. *PhV*, p. 183-190 et 192-194.

1. *Ibid.*, p. 40-42.
2. *Ibid.*, p. 22.

L'une et l'autre reposent sur un dualisme qui, historiquement, explique le passage du panvitalisme à des monismes idéalistes ou matérialistes. On peut en effet leur trouver ce point commun de ne pas penser le corps pour lui-même, mais ou bien à partir de cette norme ontologique qu'est la matière, comprise comme pure *res extensa,* ou bien à partir de la conscience purement cognitive, pour laquelle le corps vivant est une représentation comme une autre de la pensée. Jonas voit l'origine de cette logique historique dans la méconnaissance du phénomène corporel ainsi, et cela va de pair, que dans une conception extérieure de la mort. Au lieu de la comprendre comme un phénomène de la vie, ce qui nous conduirait à comprendre le corps comme mortel et à pouvoir rendre compte des horizons qu'il permet d'ouvrir, à la fois dans le temps et dans l'espace, nous la comprenons comme l'autre de la vie, comme son opposé, sa pure et simple négation, qui l'interrompt de l'extérieur. Au lieu de voir, comme dirait Rilke, la mort comme une « grande mort que chacun porte en soi », « fruit qui est au centre de tout », « mort née de sa propre vie », celle-ci est comprise comme un accident extérieur ou comme un phénomène scientifique positif sans signification particulière. La représentation scientifique converge vers celle mythologique des Moires. D'un côté, c'est Atropos qui coupe le fil de l'existence. De l'autre, c'est l'arrêt de la division cellulaire suite au raccourcissement, par usure, des télomères. Elle n'affecte donc pas de l'intérieur le corps, qui d'une certaine manière pourrait continuer d'être ce qu'il est, quand bien même il serait immortel[1]. C'est avec une telle histoire qu'il faut rompre afin de se réapproprier le sens de notre subjectivité, afin de la comprendre comme corporelle et mortelle. C'est donc en prenant pour thème ce phénomène de la vie physique mortelle que, selon Jonas, nous pourrons comprendre notre ouverture au monde.

Mais cette destruction, qui est en fait une réappropriation de notre histoire philosophique, doit s'accompagner d'une réduction. Ce n'est pas seulement en effet « à cause de » la logique historique que nous nous manquons, cela tient également à un mouvement de recouvrement à l'œuvre dans la vie elle-même. Quel est le sens de ce recouvrement et comment l'attester ? Jonas procède à une analyse génétique *objective* de la connaissance d'origine sensible. Cet empirisme jonassien met au jour un processus qui conduit à conclure à la fonction objectivante des sens[2]. Mais sauf à être obligé de reconnaître que le postulat d'objectivité posé par Jonas dément sa prétention phénoménologique, force est d'insister sur la

1. *Cf.* M. Radman avec D. Carton, *Au-delà de nos limites biologiques*, Paris, Plon, 2011.
2. *PhV*, p. 40-41.

description qu'il donne du *phénomène* de la sensation telle qu'elle a lieu pour tel ou tel sens [1]. Or cet examen le conduit à conclure à une hiérarchie des sens quant à leur fonction objectivante. La vue en particulier magnifie la distance du sujet à l'objet et abolit l'influence causale du second sur le premier, et des objets entre eux. Elle produit donc un effet d'idéalisation propice à la conceptualisation et au détachement de l'esprit à l'égard du monde qui se le représente de manière plus feutrée sous forme d'idée. « Ainsi l'esprit est-il allé là où se dirigeait la vision. » [2] La vie elle-même, dans sa tendance à élargir son ouverture au monde, produit donc la perception, qui dans son orientation objectivante, masque cette tendance même à l'ouverture à des horizons de significations. Voilà pourquoi il faut opérer une réduction telle qu'elle neutralise la fonction objectivante de la perception afin de nous reconduire vers une appréhension plus originaire des « vécus » corporels, tels qu'ils nous donnent à penser, notamment dans l'expérience tactile ou dans l'expérience que nous faisons du mouvement, cette transcendance irréductible à l'opposition du sujet et de l'objet. Il s'agit de rompre là définitivement avec le modèle optique de la conscience ou avec le préjugé d'un sujet qui serait purement et essentiellement théoricisant. Jonas varie lorsqu'il décrit cette transcendance corporelle à laquelle la réduction nous conduit. Tantôt il emprunte son vocabulaire à la dualité psycho-physique [3], si bien que tout en prétendant décrire une ouverture originaire, qui précède et donne sens à la dualité, il reste malgré tout tributaire d'elle. Tantôt c'est le vocabulaire apparemment plus neutre de la force qui semble convoqué [4]. Mais cette force est décrite par opposition à la causalité efficiente de même qu'à la causalité finale, sans qu'elle soit véritablement thématisée pour elle-même. Tantôt enfin c'est la référence directe ou indirecte au *Dasein* qui semble privilégiée [5] en tant qu'il possède un corps, donc depuis une conception « existentiale » du corps propre. Or tel est très probablement le point de départ phénoménologiquement adéquat dont il faut partir pour rendre compte de l'être-au-monde du sujet corporel, en vertu de sa prétention à la neutralité vis-à-vis de l'opposition du sujet et de l'objet. Et cela nous conduit directement au

1. *Ibid.*, Essai VI.

2. *Ibid.*, p. 160.

3. « Notre corps vivant constitue cette autotranscendance même dans chacune des deux directions (...) Il faut le décrire comme étendu et inerte, mais également comme sensible et volontaire – et aucune des deux descriptions ne peut être menée à son terme sans pénétrer dans la sphère de l'autre ni sans en préjuger », *Ibid.*, p. 29 et p. 34.

4. *Ibid.*, p. 34.

5. *Ibid.*, p. 237.

moment *constructeur* de la phénoménologie jonassienne. En suspendant la tendance objectivante inhérente à la vie sensible, et tout particulièrement visuelle, nous voici reconduit à l'effort d'un corps qui se meut et qui sent dans un monde pour ne pas mourir. Ce souci fondamental de soi est la condition d'un temps et d'un espace biologiques, donc d'un espace-temps qu'ouvre le souci de vivre. La tâche du phénoménologue est alors de décrire cette ouverture, par exemple, dans les phénomènes de la faim et de l'appétit. Il s'agit de partir de l'expérience corporelle humaine du vivre afin de trouver par redescente ce qu'il en est pour un animal, et pour une plante. Les significations biologiques ne sauraient être les mêmes pour eux que pour nous. Pour autant il doit y avoir quelque chose en commun, une ouverture originaire, puisque c'est de cette vie animale et de cette vie première que nous venons. C'est ce point de vue qui conduit Jonas à délivrer le sens phénoménologique de la catégorie biologique du métabolisme[1], grâce auquel il peut thématiser la signification de la vie.

Une telle approche pourrait cependant être contestée pour au moins deux raisons opposées. Soit on considérera que Jonas se fait une conception trop élevée de la vie, puisqu'il la comprend comme possibilité d'une ouverture authentique à soi, comme s'il n'y avait pas un hiatus entre l'expérience existentiale du *Dasein* et la réalité biologique impersonnelle. Un tel idéalisme ne serait d'ailleurs pas cohérent et, en dépit d'une prétention apparente à rendre compte du monde à partir de la vie, la pensée de Jonas ne ferait rien d'autre que de proposer une conception extrêmement réductrice de l'humanité envisagée depuis la vie, en engloutissant le monde, ses possibilités et significations, dans la vie entendue comme répétition du cycle vital de consommation. En lieu et place d'une phénoménologie de la vie, on aurait en effet une philosophie de la biologie, qui reçoit ses concepts de la catégorie biologique du métabolisme, qui absorbe dans son « environnement » – ou plutôt dans le milieu matériel où il évolue – les éléments objectifs dont il a besoin, en vertu d'un échange de type physico-chimique. La vie ne serait alors rien d'autre, pour Jonas et contrairement à ses prétentions, que le besoin qui détruit en consommant[2]. Soit on lui reprochera de s'en faire une conception trop basse, puisqu'en intégrant la mort à la vie, il réduit la vie à la survie, et se rend alors incapable de penser

1. *Ibid.*, Essai III. Il s'agit de montrer que la vie est un processus de renouvellement de soi grâce à des échanges avec l'extérieur, qui lui permettent de faire surgir un soi en relation à un monde.

2. M. Foessel, *Après la fin du monde, Critique de la raison apocalyptique*, Paris, Éditions du Seuil, 2012, p. 205-209.

l'émergence d'une ouverture au monde à partir de cette lecture réductrice de la vie. Cette fois Jonas dépendrait d'une conception trop matérialiste de la vie[1].

Entre la description par excès d'une *vie* authentique et la description par défaut d'une vie cyclique, il convient en vérité de ne pas trancher trop brutalement. Bien que Jonas ne le thématise pas explicitement en ces termes dans *le Phénomène de la vie*, on pourrait effectivement comprendre l'existence biologique mortelle comme donnant lieu à tout le spectre possible de l'existence humaine, depuis ses besoins les plus primitifs (bien que jamais suffisamment primitifs pour être purement et simplement mécaniques) jusqu'à ses aspirations les plus élevées (l'histoire, la métaphysique, la religion.) C'est d'ailleurs bien ce que semble faire valoir Hans Jonas dans un texte postérieur au *Phénomène de la vie* et intitulé « Outil, image et tombeau. Du transanimal dans l'humain »[2]. L'invention de l'outil, premier degré d'humanité pourrait-on dire, est en étroite relation avec ce que nous appelons la nécessité animale qu'il sert, bien que la liberté d'imagination qu'elle suppose et le contrôle du corps qu'elle requiert soit déjà le signe d'une liberté humaine. La mortalité joue donc ici le rôle d'une ouverture au monde qui a une signification humaine. C'est pour ne pas mourir que l'homme s'éveille à des possibilités qui lui sont propres et qui font de lui un *homo faber*. Plus avant, l'imagination surgit de ce pouvoir de prendre ses distances avec la réalité extérieure, y compris avec ses besoins organiques compris au sens strict. Les produits de l'imagination ne servent en effet aucun besoin immédiat lié à la simple vie ou survie. Une certaine gratuité s'accentue. On pourrait argumenter que la mort a ici la fonction d'ouvrir l'homme à des possibilités d'existence qui se dessinent pour lui du fait de sa finitude. En le rappelant à son être fini, la mort l'invite à s'ouvrir à une créativité dans ses possibilités d'existence, à prendre ses distances avec un milieu qu'il peut alors concevoir ou modifier grâce aux images. Enfin, le retour sur sa propre vocation mortelle dont témoigne l'existence des tombeaux, l'ouvre à une réflexion historique et métaphysique sur sa destination et son origine[3]. Il ne faut donc pas s'empresser de faire une lecture réductionniste ou au contraire idéalisante du rôle de la mort au sein de la vie. Il importe au contraire de ressaisir la variété des possibles qu'elle

1. R. Barbaras, *Introduction à une phénoménologie de la vie*, *op. cit.*, p. 182-231.

2. *ÉL*, p. 59-81. Dans ce texte cependant, Jonas accentue davantage le dualisme corps/esprit que dans *PhV*, Essai, VII, prenant le risque de faire passer l'unité vie/mort au second plan.

3. *PhV*, p. 193-194 et *ÉL*, p. 76-81.

ouvre et qui font l'existence humaine, constituant un monde où les hommes fabriquent, créent et imaginent, enfin se représentent leur destination. C'est alors depuis une description de ces différentes conduites humaines qu'on peut saisir le sens des comportements animaux et la manière dont ils font monde, par réduction ou redescente à partir du niveau humain, et ainsi des plantes[1]. Les opérations de destruction, de réduction et de construction doivent donc nous permettre de rejoindre le monde de la vie, compris pour lui-même et selon une description graduée depuis la plante jusqu'à l'homme.

Une semblable conception de la vie n'est pas sans implication éthique. Le soi peut faire retour sur lui-même grâce à la réflexion que rend possible l'imagination – la production d'images étant rendue possible grâce à la transcendance de la vie, dont l'ouverture au monde va s'élargissant au fur et à mesure des progrès évolutifs que commande la relation dynamique à la mort – afin de mesurer ce qu'on est à l'idéal de ce qu'on veut être *en tant qu'humain*. Ceci ne peut avoir lieu que dans une confrontation avec l'image véhiculée par le monde social ouvrant la perspective d'une quête d'authenticité, d'un accord impossible, et donc en quelque sorte désespéré, avec soi, à égale distance d'un conformisme qui abolit la singularité et d'un marginalisme qui interdit la réalisation de soi[2].

Il semblerait alors que la promesse jonassienne de penser l'ouverture au monde à partir de la vie soit tenue, et qu'en cela le philosophe parvient à surmonter les limites inhérentes au projet phénoménologique de Husserl puis de Heidegger. En dépassant le point de vue étroit de la conscience transcendantale et du *Dasein* désincarnés, en prenant pour thème le corps propre, il trouve une voie d'accès privilégiée à la vie en tant qu'elle permet de comprendre l'ouverture au monde. Mais, du même coup, il rend intelligible une lecture éthique de l'existence. Parce que la vie rend possible l'imagination, l'homme peut devenir une question pour lui-même. Parce qu'*en tant que vivant* il doit mourir, il se sait fini et soucieux de se mettre à la hauteur de ce qu'il doit être en tant qu'humain. Une éthique de l'authenticité, d'un soi désireux d'être conforme à l'idée qu'il se fait de l'humanité, reçoit alors une justification sur la base d'une phénoménologie de la vie.

1. Cf. *PhV*, Essai III et IV.
2. Cf. *Ibid.*, p. 193-194.

DE LA NÉCESSITÉ D'UN TOURNANT ?

On peut pourtant se demander si cette approche jonassienne de la vie est pertinente aussi bien au plan ontologique qu'au plan éthique. Au plan ontologique, on peut s'étonner en premier lieu des ambiguïtés de la conception jonassienne de la perception et du langage. S'il prétend décrire de manière phénoménologique la perception pour elle-même à partir d'un sujet incarné, il n'en reste pas moins que Jonas semble rester prisonnier d'une conception objectivante. En prenant pour donné la division des sens entre eux afin de comparer leur ressemblances et leur différences, il entérine une appréhension du corps comme étant pourvu d'organes objectifs et séparés. Il a alors tendance à comprendre la perception à partir des sensations objectives au lieu de voir en elle la condition de l'ouverture à un monde sensible où ces distinctions ne sont pas encore avérées [1]. Au lieu donc de dépasser le dualisme du sujet et de l'objet en direction d'une ouverture au monde, il reconduit le découpage de la réalité entre un corps-objet et un sujet qui réalise mystérieusement la synthèse des sensations pour *construire* une perception [2]. Le sujet de la perception est donc moins celui qui se projette vers le monde en vertu de possibilités qui lui donnent sens que celui qui le recueille sous la forme de représentations qui sont comme des tableaux intériorisés de ce monde. C'est d'ailleurs ce qui se confirme lorsqu'on passe à l'examen de la conception jonassienne du langage. La fonction linguistique qu'il privilégie est moins celle de la signification, où un sens s'atteste à travers les mots, que de la représentation. Les mots sont moins le véhicule d'un sens qui exprime

1. *Vie et liberté*, *op. cit.*, p. 119.

2. D'un côté Jonas distingue la perception et la sensation mais en insistant sur leur continuité. La perception procède de la sensation en vertu d'une organisation propre à la sensation. Il se réfère alors à la *Gestaltpsychologie* (*PhV*, p. 187 et implicitement à la théorie husserlienne de la perception avec sa théorie des esquisses.) Le corps propre (phénoménal) joue le rôle de synthétiseur et est considéré comme « le fait primitif de « notre » spatialité » (*Ibid.*, p. 163.) De ce point de vue, il n'y a pas à opposer une dimension intellectuelle et purement sensible au sein de la perception, contrairement à ce que propose Descartes. Jonas condamne cette approche (*Ibid.*, p. 187.) Il évite ainsi de reconduire l'opposition d'un corps objet et d'un sujet intellectuel, d'un monde objectif qui se donne à un sujet qui construit intellectuellement sa perception avec des idées. Au contraire mon corps m'ouvre au monde en percevant des objets qui sont indifféremment en soi et pour moi : les aspects de l'objet se dépassent vers l'objet lui-même. D'un autre côté cependant Jonas n'est pas fidèle à cette inspiration phénoménologique puisqu'il isole la vue des autres sens en en faisant le principal synthétiseur perceptif qui abstrait l'objet du monde primordial qu'il ne thématise pas davantage. Et il valorise l'image comme copie de la réalité. Ce faisant il renoue avec l'opposition monde objectif ou en soi et représentation perceptive ou pour moi.

notre être-au-monde que le redoublement d'une représentation qui a déjà lieu pour le sujet au plan de la perception. Le mot renvoie à une image, image qui est le ressouvenir d'une image autrefois perçue et doublant intérieurement l'objet qui existe extérieurement. Jonas ne quitte donc pas la perspective d'un sujet clos sur lui-même qui intériorise, on ne sait comment, le monde sous la forme de représentations d'objets prélevées sur « la réalité extérieure »[1]. Cette dimension hors-monde du sujet se confirme avec force dans la manière dont Jonas pense la relation à autrui. Tout se passe en effet comme si le vivant n'avait pour seule affaire que sa vie propre dans un isolement quasi-total à l'égard des autres vivants. L'autre n'est qu'une proie ou un prédateur dangereux qu'il faut fuir. Il n'y a guère de place pour les prodromes d'une identification de l'autre comme tel[2]. Celui-ci est purement et simplement ignoré, ne fait pas sens pour l'organisme ou bien est réduit au statut d'objet à fuir ou à consommer. Certes Jonas ne manque pas d'évoquer, notamment dans un texte ultérieur[3], l'existence d'une certaine intersubjectivité animale que l'on peut pressentir dans les phénomènes de jeu par exemple. Mais ce phénomène est davantage posé comme relevant d'une intuition que décrit pour lui-même. La description de la relation vitale entre les hommes est elle-aussi lacunaire, si bien qu'on ne voit pas comment une société peut se constituer, alors même que Jonas la présuppose[4]. Le monde humain est d'ailleurs un monde sans politique : la cité ne réfléchit pas sur son propre sort et la communauté n'est pas vraiment prise pour thème de réflexion. C'est l'individu solitaire qui semble construire ses outils, faire une œuvre d'art ou bien réfléchir à sa mort et à sa place parmi les hommes en général. L'individu humain reste centré sur lui-même, sans qu'on comprenne vraiment comment il peut entrer en dialogue avec autrui, comment une communauté a véritablement pu se former. Or on peut se demander si cette auto-centration qu'on retrouve aussi bien dans la vie animale que dans la vie humaine n'empêche pas de penser le monde. Celui-ci suppose en effet, d'une part, d'être visé par d'autres existants et, d'autre part, la reconnaissance par chaque existant de ces autres visées. Faute d'indiquer les conditions de la reconnaissance

1. Dans une recension critique de R. Arnheim, *La pensée visuelle*, (Paris, Flammarion, 1976), *PE*, « 11. Sight and Thought : A Review of "Visual Thinking" », p. 224-236, Jonas met en exergue la portée significative du langage, mais c'est pour en conclure à la présence d'idées invisibles, et non pour montrer comment le sens est immanent à la sensation et à la perception. Il accentue encore le dualisme latent du *Phénomène de la vie*.

2. *PhV*, p. 94, 116.

3. *ÉL*, p. 101-102.

4. *PhV*, p. 193.

des vivants entre eux, Jonas est conduit à décrire un rapport au « monde » où le sujet n'a, au mieux, affaire qu'à des objets. L'appréhension d'une altérité permettrait à l'existant de se rapporter à d'autres centres de perspectives, défaisant alors la vision purement objectivante [1] et suggérant une profondeur, des horizons qui sont le propre du monde [2].

Il ne faudrait donc pas s'étonner, faute de thématiser une véritable relation ontologique à autrui, que la seule perspective éthique offerte par *le Phénomène de la vie* soit au fond théologique, solution qui prend appui sur la conception solipsiste et solitaire de la vie humaine que le premier Jonas développe. Certes Jonas proposait, comme nous l'avons vu, les linéaments d'une éthique. Le soi se construit en relation aux autres et conformément à l'idée qu'il se forge de l'humain au cours de ce débat. Mais force est de reconnaître que cette démarche n'a pas véritablement de sens dès lors que les conditions biologiques d'un accès à l'autre ne sont pas données et dans la mesure où l'idée d'humanité, pour avoir un sens, doit renvoyer à un horizon d'universalité qui n'est pas explicité. Il est vrai que dans l'esprit de Jonas l'éthique de la vie est encore à venir mais est devenue possible puisque le premier pas, fondateur, d'une ontologie de la vie a été réalisé [3] et c'est ainsi qu'il faut comprendre le reproche fait, ultérieurement, à Heidegger de ne pas proposer une éthique faute de penser l'incarnation de l'homme [4]. Cependant il importe de remarquer que l'ontologie de la vie proposée par Jonas se présente davantage comme un obstacle que comme une condition d'une ouverture soucieuse à autrui, puisqu'elle est autocentrée. Si l'éthique doit être envisagée à partir d'une l'ontologie de la vie, il semble alors que seule une refonte de cette ontologie rendra possible un tel projet [5]. En attendant, la justification théologique de l'éthique, présente dans *le Phénomène de la vie*, apparaît moins comme une implication ou une suite possible de l'ontologie de la vie au plan éthique que comme la seule voie offerte à cette ontologie dès lors qu'elle se révèle soucieuse de

1. C'est en effet seulement pour une communauté intersubjective de pures consciences – à supposer que cela soit possible – que le monde se réduirait à une objectivité pure et sans reste. La communauté des sujets incarnés est en effet vouée à partager des perspectives qui ne peuvent jamais s'abolir dans l'objectivité, fruit d'une « pensée de survol » pour reprendre les termes de Merleau-Ponty.

2. Ce solipsisme du vivant ne permet pas davantage de comprendre l'évolution de la vie. Celle-ci reste une énigme faute de porter au premier plan la question de la sexualité et de la reproduction, qui est une des relations possibles entre les vivants et celle qui explique l'évolution.

3. *PhV*, Épilogue, p. 281.

4. *PEF*, p. 40.

5. C'est ce que nous nous proposons de vérifier dans les pages qui suivent.

penser l'éthique. En effet, dans une reprise d'un argument kantien qu'il subvertit cependant [1], Jonas nous recommande d'agir comme si c'était face à la fin, car cette manière de nous totaliser permet de dévoiler notre ipséité et de donner un poids infini à notre décision, dont l'action à laquelle elle donne lieu viendra s'inscrire dans les comptes du dieu éternel mais pathique. Par notre agir, nous sculpterons la figure d'un Dieu prospère ou au contraire, pour ainsi dire, défiguré. Ce n'est donc pas tant pour nous ou pour notre salut que nous devons agir mais pour Son bien. Quoi qu'il en soit, nous avons là une proposition théologique à vocation éthique qui se substitue à l'éthique absente du *Phénomène de la vie*.

On pourrait alors suggérer que la reconduction de la dualité du sujet et de l'objet qui non seulement relativise la portée de l'ontologie jonassienne, mais qui empêche également de penser la relation intersubjective et son prolongement dans une éthique qui se soucie de l'autre comme tel, trouve sa raison dans ce qu'on pourrait peut-être appeler le thanatocentrisme que Jonas hérite d'Heidegger et dont il reconnaît lui-même explicitement l'influence à l'époque du *Phénomène de la vie* [2]. Certes on pourra doublement s'étonner d'une telle remarque. En premier lieu, d'un point de vue heideggérien, l'analytique du *Dasein* et son *Sein-zum-Tode* ne saurait jouer aucun rôle d'influence dans la construction jonassienne puisque l'existence est en « rupture » avec la vie [3]. En second lieu, la structure du *Mit-sein,* qui est un existential du *Dasein,* manifeste la capacité du *Dasein* à mettre en œuvre une compréhension authentique d'autrui, telle qu'elle ne soit ni perte de soi dans l'autre ni absorption de l'autre en soi. En cela, on peut affirmer l'existence d'une éthique heideggérienne, pour peu qu'on la distingue avec force d'une éthique ontique, qui reposerait sur des normes déterminées. Il existe en effet également une compréhension inauthentique, dans le règne du On, où chacun est en relation avec tous sans être en relation ni avec soi-même ni avec personne en particulier. Ainsi non seulement on trouve chez Heidegger l'affirmation d'une inter « subjectivité » – en affirmant que chacun est toujours déjà en relation avec tous, Heidegger s'économise les problèmes que Husserl rencontrait pour retrouver autrui dès lors qu'il reconduisait l'apparaître à la sphère solitaire

1. *PhV*, p. 270 et Kant, « La Fin de toutes choses », Ak VIII, 331-331, trad. fr. H. Wismann, *Œuvres philosophiques*, « Bibliothèque de la Pléiade », Paris, Gallimard, 1986, tome 3, p. 315.

2. L. Kass, « Appreciating the Phenomenon of Life », *The Hastings Center Report*, vol. 25, supplt. n°7, 1995.

3. Heidegger, *Être et temps*, §10, *op. cit.* et *Les concepts fondamentaux de la métaphysique*, *op. cit.*, p. 277-397.

de la conscience transcendantale – mais on décèle également les lignes d'une éthique de l'authenticité qu'il faut distinguer certes d'une morale déontologique[1]. On voit mal, en ce cas, en quoi Jonas pâtirait de l'influence heideggérienne sur ce point.

Cependant, quant au premier point, nous avons vu en quel sens Jonas concevait la vie comme ouvrant des possibilités des plus spécifiques ou impersonnelles jusqu'aux plus propres, à partir de son mourir. On pourrait dire de ce point de vue que Jonas existentialise le vivant en prenant pour référence le *Dasein* de Heidegger. Il étend à la vie la conception existentiale que Heidegger réservait au *Dasein*. On ne comprendrait d'ailleurs pas selon lui l'origine du *Dasein* si on ne le réinscrivait pas, par la médiation de la vie corporelle, dans une nature dont le sens d'être s'en trouve par là-même renouvelée[2]. Or cette vie ainsi existentialisée conserve les « attributs » du *Dasein* et ses insuffisances. La relation personnelle à la mort qui seule permet au *Dasein* de s'approprier à lui-même reconduit dans cette prétention même la perspective d'une totalisation de soi (il est vrai sur un mode ouvert) qui conduit le sujet à se clore sur lui-même, dans l'oubli d'un monde vers lequel se projeter. Comme le fait valoir par exemple Hannah Arendt, le rapport à la mort ouvre l'espoir d'une maîtrise du futur par le pouvoir-être total qui contrevient à l'exigence d'accueil de l'inconnu en tant qu'inconnu, de la singularité, qui suppose la relation à la pluralité. La primauté de la mort provient du refus, de la part du philosophe, de reconnaître que la vie humaine est le lieu des opinions, dans le commerce desquelles peut naître une vie singulière[3]. En rompant avec le pluralisme des opinions, il meurt au monde. C'est donc bien précisément dans la mesure où Jonas hérite d'une conception thanatocentrée de l'existence, que la seule biologisation du *Dasein* ne lui permet pas de penser l'ouverture d'un monde, d'une transcendance qui dépasse la sphère close du sujet tourné sur lui-même.

En outre, quant au second point et cette fois au plan éthique, force est de reconnaître, d'une part, que l'origine de l'inauthenticité des relations existentiales n'est pas donnée par Heidegger. Le On est posé sans plus de justification. L'inter « subjectivité » inauthentique est affirmée sans que soit indiqué pourquoi les *Dasein* se comprennent d'abord nécessairement

1. É. Bimbenet, « Heidegger: l'ontologie d'un point de vue éthique », art. cit., p. 162.

2. *PhV*, p. 237.

3. *Cf.* J. Taminiaux, « Le paradoxe de l'appartenance et du retrait » et « La Kehre et le conflit de la pensée et de la volonté », *La fille de Thrace et le penseur professionnel*, Paris, Payot, 1992.

sur le mode de l'indifférenciation. Rien n'est dit dans *Sein und Zeit* sur l'origine de la fuite de soi-même et sur les raisons pour lesquelles l'angoisse de la mort n'est pas assumée comme telle par le *Dasein*. Ainsi la justification de cet être-ensemble n'est pas indiquée. D'autre part, le *Mitsein* authentique de *Sein und Zeit* consiste à ramener chacun à lui-même. Loin qu'autrui puisse être l'objet d'un souci ou d'une responsabilité, il faut au contraire suspecter un tel souci. On ne peut prendre soin que de soi-même et assumer son propre fardeau. Notre responsabilité ne peut aller que jusqu'à remettre autrui à son propre fardeau. Et, ce qui pourrait être vu comme une forme de négligence ou d'indifférence à autrui, est au contraire vu par Heidegger comme le seul souci authentique possible. Comme le dit explicitement Jean-Luc Marion: «Le soin d'autrui demande de l'abandonner à *soi*-même»[1]. Heidegger ne semble pas prendre en compte le fait que, par exemple, un *Dasein* soit encore incapable (comme pour l'enfant) ou rendu incapable (le malade) de faire face authentiquement à lui-même, et requiert précisément pour cela un soin ou une prise en charge extérieure[2]. En outre, qu'il soit possible de se rapporter à autrui n'est pas encore un devoir de le faire, quoi qu'il en soit de la situation vulnérable dans lequel celui-ci peut se trouver. L'éthique heideggérienne fait donc avant tout fond sur une exigence solitaire d'authenticité. Non seulement le rapport à autrui n'est pas requis pour satisfaire à cette exigence mais en outre aucun devoir d'assistance, de solidarité ou de responsabilité pour autrui n'incombe au *Dasein* en vertu de ce qu'il est. C'est bien en ce sens-là qu'on peut dire que l'éthique jonassienne hérite de la conception heideggérienne de l'éthique. En termes jonassiens, cela signifie que le sujet s'ouvre à lui-même dans la réflexion, en particulier sur sa mort[3], se soucie d'abord de lui-même sans qu'autrui soit pris en considération pour lui-même. C'est donc la structure thanatocentrée de son ontologie, c'est l'influence du premier Heidegger qui conduit Jonas à ne pas pouvoir véritablement proposer une éthique. Tout se passerait alors comme si la seule responsabilité, d'origine ontologique qui soit envisageable dans le cadre du système jonassien était de même nature que celle qui constituait, selon lui, le noyau de la pensée

1. «La substitution et la sollicitude. Comment Levinas reprit Heidegger» dans *Emmanuel Levinas et les territoires de la pensée*, D. Cohen-Levinas et B. Clément (éd.), Paris, P.U.F., 2007, p. 59.

2. Il faut cependant faire remarquer que l'objet des Séminaires de Zürich a précisément pour enjeu d'articuler l'analyse existentiale et la médecine, afin de comprendre comment on peut «soigner» un malade, qui se définit par son incapacité à pouvoir nourrir une ouverture au monde, qu'il soit propre ou commun.

3. *ÉL*, p. 77.

husserlienne de même que sa reprise dans le cadre de la pensée heideggérienne : responsabilité de rendre compte des phénomènes du monde à partir d'une sphère originaire (conscience transcendantale ou *Dasein*), à laquelle cette formule de Jonas semble faire écho : « c'est le monde qui demande à l'être humain d'être vigilant pour lui, de le refléter, lui conférant ainsi une existence nouvelle »[1]. Mais c'est cette responsabilité théorique elle-même qui peut précisément être mise en question, car il n'est pas sûr qu'elle soit à la hauteur de sa prétention, dès lors que le phénomène d'autrui n'est pas pris en compte pour lui-même et que la perspective d'un sujet qui s'oppose à un objet est reconduite au détriment de la pensée véritable de l'être-au-monde.

Mais si la limite rencontrée par l'approche jonassienne, aussi bien au plan ontologique qu'éthique, dérive bien de l'héritage du premier Heidegger, c'est sans doute alors dans le dépassement des limites inhérentes à cette philosophie que l'on pourra trouver une issue à la question ontologique et à son prolongement éthique. C'est dans l'analyse même des limites de cette philosophie et dans la manière de les surmonter qu'on pourra non seulement trouver une solution aux problèmes qui sont inhérents au premier état de la pensée heideggérienne, mais peut-être également fournir une approche adéquate des thèmes que Hans Jonas considère absents de la tradition philosophique, y compris phénoménologique, à savoir ceux du corps, de la vie et de la nature d'une part, de l'éthique de la vie (et de la nature) d'autre part.

Or, comme nous l'avons vu, les obstacles rencontrées au cours de la quête ontologico-éthique tiennent moins à la nécessité d'incarner le « sujet » (transcendantal ou « existential ») qu'à l'exigence de se défaire du point de vue du sujet enfermé en lui-même afin de penser directement l'ouverture du monde comme tel. C'est le maintien d'une perspective transcendantale qui dans tous les cas (ceux de Husserl, de Heidegger et de Jonas) obère la tentative ontologique en reconduisant l'opposition du sujet à l'objet et en réifiant le sujet. L'analyse proposée dans *Être et Temps* (dont Jonas s'inspire) demeure d'inspiration transcendantale puisqu'elle approche la question de l'être à partir de l'analytique du *Dasein*. L'ouverture au monde est donc le fait d'un existant et non le fait de l'être lui-même : elle reste donc inintelligible et l'on ne comprend pas ce qui, dans l'être, rend possible « quelque chose » de tel qu'un *Dasein*. On ne comprend pas davantage pourquoi le *Dasein* est, de par son être, voué d'abord à l'inauthenticité. C'est la raison pour laquelle l'alternative du dévalement

1. H.Jonas, *Souvenirs*, *op. cit.*, p. 264.

dans l'inauthenticité du On et de la reprise authentique de soi-même demeure injustifiée, faute d'une légitimation en provenance de l'être même.

LA PENSÉE DE L'ÊTRE

Il suffit néanmoins de faire ces remarques pour indiquer la voie à suivre. Il convient alors d'identifier de manière beaucoup plus profonde au sein de la tradition philosophique le mouvement par lequel elle tend à s'accomplir en métaphysique de la subjectivité, mouvement dont l'origine est l'*Être* même. Fort de cet enseignement, il conviendrait alors de renoncer à prendre pour point de départ le *Dasein* qui demeure dépendant d'une telle histoire pour se tourner directement vers l'*Être* et l'ouverture grâce à laquelle la transcendance du *Dasein* est possible. On ne saurait sous-estimer la profondeur d'une telle démarche qui présente le mérite de nous défaire de la tendance conjointe au subjectivisme et à l'objectivisme. On peut se tourner du côté de Jonas pour résumer la nature de cette réorientation philosophique opérée par Heidegger :

> Heidegger « ne demande plus : que signifie le « monde » pour l'être-là qui s'y trouve, mais que signifie « être-là », c'est-à-dire l'homme pour le monde qui le contient – toi et moi– en lui-même ? [1]

Heidegger quitte le niveau d'analyse du *Dasein* et montre alors que l'histoire de la philosophie est marquée par l'onto-théo-logie dont le destin est de masquer l'être au profit de l'étant. Il ne s'agit plus de se rapporter à la tradition philosophique en montrant que l'oubli du *Dasein* était également la préparation de l'ontologie fondamentale mais de montrer en quel sens la métaphysique s'accomplit en oubliant l'Être, en oubliant même qu'elle l'oublie au point de rendre la tâche d'une ontologie générale difficile, du moins si l'on reste dans le cadre étroit de la métaphysique. C'est cette logique qu'illustre le problème auquel la modernité doit faire face.

L'accomplissement du destin de la métaphysique a en effet lieu à notre époque, qui est l'époque de la technique. On pourrait s'étonner de ce « privilège négatif» accordé à la technique, dès lors que l'histoire de l'humanité semble coïncider avec le développement de la technique. D'ailleurs elle était au cœur de l'analyse de *Sein und Zeit*, qui prétendait

1. *PEF*, p. 44.

décrire l'être fondamental du *Dasein*. La mondanéité du *Dasein* est d'abord décrite à partir des notions d'outil et d'ustensilité. Les outils et leur usage se renvoient aux uns et aux autres définissant une totalité de renvois qui permet d'ouvrir un monde, monde qui renvoie ultimement au *Dasein* et à ceux avec qui ils partagent ce monde quotidien. Il n'y a donc pas de monde sans technique. Si cependant notre *époque* (comprise de manière historiale comme projection d'une configuration du comprendre propre à une génération et à une communauté) peut être désignée comme époque de la technique, c'est bien au sens où non seulement la technique ne renvoie plus ultimement à l'existant et à son pouvoir de faire monde mais où, en outre, elle est au contraire l'acteur de la démondanéisation. L'essence de la technique est le *Gestell* entendu comme l'arraisonnement de l'être qui ne peut plus être envisagé autrement qu'à partir de la raison calculante et de l'étant manipulable. Ce destin de la technique qui met en question l'Être affecte donc tout autant l'être du *Dasein* lui-même vu, à terme, comme reconfigurable, puisque donné comme étant. Si la technique peut à bon droit être entendu comme « la métaphysique achevée» [1], c'est parce qu'elle parachève la logique onto-théo-logique, à l'œuvre dans la métaphysique de recouvrement de l'être par l'étant, jusqu'à faire du sujet non plus cela qui a la liberté de maîtriser la technique mais cela qui est un jouet entre ses mains. L'étant ne se fonde plus que sur lui-même dans l'oubli de son origine ontologique.

Une telle analyse, que nous ne faisons que survoler, a le mérite de montrer que c'est à partir de l'Être même que ce recouvrement a lieu. L'inauthenticité du *Dasein*, dont l'origine demeurait inexpliquée dans *Sein und Zeit*, est donc un mouvement qui a son origine au cœur même des choses. Il appartient en effet à l'Être de se voiler et de se donner sur le mode du retrait. Ce n'est pas tant à cause d'une imperfection originaire du *Dasein* qu'il faut comprendre ce que, à l'époque du maître ouvrage, Heidegger qualifiait de dévalement. C'est bien plutôt en vertu d'un mystère (*das Geheimnis*) propre à l'Être. Nul secret ici qu'on pourrait définitivement lever ; nulle énigme qui pourrait trouver une solution. Mais un mystère de l'Être qui donne en se soustrayant, qui fait qu'*il y a* tout en résorbant ce mouvement de donation dans la factualité du donné. Pour autant le trait de l'époque n'est pas tant d'être condamné à ce mystère que d'être destiné à l'éluder. Si le contemporain erre, c'est bien parce qu'il s'adonne à l'étant, dans l'oubli du mystère. Au lieu de voir dans ce règne unilatéral de l'étant donné le signe d'un manque ou d'une détresse qui le porterait vers cela qui

1. Heidegger, *Essais et Conférences*, trad. fr. A. Préau, Paris, Gallimard, 1958, p. 92.

se donne en se cachant, au lieu de faire de l'oubli de l'Être un thème de méditation, l'homme technologique s'abîme dans la manipulation constante, dans l'oubli de l'oubli et dans l'affairement ininterrompu. Au lieu de penser le vide ou le rien qui rend l'étant possible, il préfère passer son temps à le combler. Au lieu de s'adonner à l'existence « mystériologique » et faire de sa vie une question, il préfère errer en multipliant les réponses techniques à des questions qu'il ne prend plus la peine de poser. Cette radicalité de l'approche nous permet de prendre la mesure du poids de la technique que nous subissons. En l'érigeant à la hauteur d'un destin, Heidegger disqualifie toutes les approches pessimistes ou optimistes, et par-delà toute techno-phobie ou toute technophilie, il montre que la technique est d'abord une manière pour l'Être de se manifester négativement, à savoir dans le retrait. Son ouverture fondamentale est donc tout aussi bien un essentiel repli qui donne en se retirant.

La portée de cette analyse se révèle considérable puisque, en même temps qu'elle nous donne les moyens de nous *accorder à notre époque*, elle critique les approches insuffisamment critiques – en ce qu'elles restent dépendantes de la métaphysique de la subjectivité – qui ne feraient que précipiter le règne unilatéral de la technique. On doit en effet considérer que le seul « remède » au déferlement de la technique consiste en une méditation de l'Être. Puisqu'en effet le *Gestell* est le « négatif photographique » de l'*Ereignis*, de l'événement et de l'avènement de l'Être, c'est en le comprenant comme danger, comme oubli de l'Être que l'Être cessera de relever de l'oubli de l'oubli, et pourra commencer à se manifester. C'est donc paradoxalement dans le laisser-être, et dans le renoncement à toute volonté de maîtrise que nous pourrons nous ouvrir à l'Être. Il n'est donc pas en notre pouvoir ou en notre volonté (entendu au sens de la libre maîtrise d'un sujet) de stopper la technique, puisqu'il y va du destin de l'Être. En revanche, l'absence de désir de maîtrise n'est pas pour autant synonyme d'absence de liberté. Simplement cette dernière doit être comprise autrement que comme pure activité. Au contraire, c'est dans l'abandon à l'ouverture de l'Être que siège notre liberté, et par là-même notre distance à l'égard de la technique. C'est dans la sérénité, dans l'acceptation d'une certaine passivité [1], que nous pourrons donc nous accorder à l'Être tel qu'il

1. En vérité, Heidegger prétend définir un acte qui soit en-deçà de l'opposition activité/passivité. Il n'y a de passivité qu'au regard d'une pensée inféodée à la logique de la maîtrise. Le « laisser-être » échappe à cette alternative. *Cf.* « Pour servir de commentaire à Sérénité », trad. fr. A. Préau, *Questions III*, Paris, Gallimard, p. 152 et E. Cattin, *Sérénité. Eckhart, Schelling, Heidegger*, Paris, Vrin, 2013, p. 121.

se donne et non dans le contrôle, fut-il éthique. Il ne faut donc pas en tirer la conclusion que Heidegger nous invite à renoncer à faire usage de la technique – comme si c'était possible !– mais bien plutôt qu'il s'agit, en en comprenant le sens, d'en défaire le prestige unilatéral, grâce auquel il gouverne nos existences et nous condamne à l'errance. Autant dire alors que la seule éthique susceptible de prendre la mesure du danger de la technique et le sérieux de son destin doit être une éthique du séjour dans l'Être, une éthique qui laisse-être. Car la pensée qui médite sur le sens de la technique est bien au plus haut point un agir, un agir en un sens élevé. Telle est la possibilité la plus humaine offerte à l'homme soucieux de son humanité et de son monde. Elle seule nous permet de prendre la mesure du mal au lieu de le redoubler en proposant une éthique ontico-centrée, toujours marquée par la volonté de maîtrise d'un sujet.

C'est ainsi qu'on pourrait interpréter le caractère insuffisant radical de l'éthique médicale et de l'éthique environnementale. À la première, on opposera que l'invocation du respect de la personne n'est pas suffisante pour mettre en question l'irrésistible tendance à traiter le patient comme un objet. En convoquant le libre sujet raisonnable comme norme du respect, elle continue de concevoir l'homme comme sujet doté de raison par opposition à l'animal, l'enferme dans une définition ontique qui ne fait pas droit à sa dignité propre (celle d'un étant qui est en rapport avec l'Être) et sous-estime le pouvoir de la technique qui est à l'origine de la tendance à tout considérer sur le mode de l'étant[1]. L'éthique biomédicale n'identifie pas davantage la véritable menace lorsqu'elle s'efforce de préserver la pureté génétique de nos aliments ou de notre programmation ADN, contre toute perspective trans-humaniste, puisqu'elle succombe au contraire à la réduction de l'homme à un programme ontique (= la génétique). C'est encore ici la technique qui *semble* donner sa loi à l'Être. À la seconde – l'éthique environnementale – on fera valoir que la démondanéisation qui menace l'homme n'a rien à voir avec le spectre d'une apocalypse qui pourrait détruire la nature. La perte de monde est autrement plus grave que l'altération du patrimoine naturel. On pourrait même suspecter la pensée catastrophiste d'être une fuite devant le véritable devoir de l'existence, qui est d'assumer son être. Le souci éthique pour un secteur déterminé de l'étant – ici la nature physique – servirait de dérivatif pour ne pas avoir à prendre en charge le fardeau de sa mort propre et son être même. La crainte de la mort collective dans l'abolition universelle de toute nature par la technique

1. B. Sichère, *Seul un Dieu peut encore nous sauver. Le nihilisme et son envers*, Paris, Desclée de Brouwer, 2002, p. 259.

serait au fond une pensée rassurante pour celui qui refuse d'avoir à mourir en première personne. Le «on meurt» serait un commode refuge existentiel pour éviter d'exister en propre[1]. Cette dernière analyse pourrait certes encourir l'objection de retomber dans la perspective transcendantale d'un *Dasein* d'abord occupé de lui-même, lorsqu'il vise sa mort au lieu de se comprendre plus directement à partir de l'Être. Mais l'angoisse du mourir ne doit pas nécessairement être interprétée de manière étroitement existentiale et peut trouver une justification au sein même de l'Être[2]. L'éthique ainsi conçue serait un commode refuge dans une région de l'étant (la valeur de l'humain et de son organisme lorsqu'il s'agit de l'éthique médicale, la valeur de la nature lorsqu'il s'agit de l'éthique environnementale) afin de ne pas avoir à s'accorder à l'Être. Comme nous l'avons vu il ne faut pas en tirer la conclusion que toute éthique est impossible, mais au contraire que celle-ci doit trouver son origine dans un accord avec l'ouverture de l'Être comme tel. On pourra donc penser une éthique médicale mais celle-ci devra avoir l'allure d'une *Daseinsanalyse*, qui interprète la pathologie du patient non comme un défaut au regard d'une moyenne quantitative ou d'une lacune de son corps objectif mais comme une incapacité dans laquelle le malade se trouve de faire monde. Le respect qui lui est dû ne consistera pas à le traiter comme une personne, comme un sujet potentiellement libre et raisonnable mais à viser par une compréhension et une sollicitude authentique le moyen de restaurer en lui comme un pouvoir-être propre, un pouvoir de faire monde[3]. Une éthique

1. « Le Tournant », *Questions IV*, trad. fr. J. Lauxerois et C. Roëls, Paris, Gallimard, 1990, p. 319. *Après la fin du monde*, *op. cit.*, p. 185.

2. C. Ciocan, «Le problème de la mort dans *Beiträge zur Philosophie* (1936-1939)», *Revue Philosophique de Louvain* 108(2), 2010, p. 313-333. Et J.-F. Courtine, «Voix de la conscience et vocation de l'être» dans *Heidegger et la phénoménologie*, Vrin, 1990, p. 322-325.

3. Une telle approche devrait nous conduire à reconsidérer le statut ontologique du corps. Or si on trouve chez Heidegger des indices permettant de déceler une telle réévaluation ontologique, le corps n'étant plus seulement un étant parmi d'autres mais une chair (par exemple : *Nietzsche: la volonté de puissance en tant qu'art*, GA 43, §15, p. 117 ; *Einleitung in die Philosophie*, GA, 27, §37, p. 328), celle-ci reste cependant largement allusive au regard de l'indépendance du *Dasein* à l'égard d'une justification qui pourrait être ontique. L'incapacité de Heidegger à accorder un statut existential au corps provient selon Ricoeur d'une double raison. En premier lieu, la spatialisation existentiale du *Dasein* se fait par contraste avec la spatialité des étants sous la main. Penser le corps du *Dasein*, c'est donc prendre le risque d'en proposer une approche inauthentique. En second lieu, *Être et temps*, *op.cit.* pense l'être dans l'horizon de la temporalité, et ceci est au détriment d'une pensée de la spatialité authentique mettant en jeu une ontologie de la chair. Cf. *Soi-même comme un autre*, Paris, Éditions du Seuil, 1990, p. 378-380.

environnementale, quant à elle, devrait très probablement viser une compréhension de la nature qui non seulement, c'est évident, ne soit pas celle de la technique – elle n'est pas un fonds disponible de ressources exploitables – mais qui ne soit pas non plus celle de la science, qui n'est qu'un produit de la technique. Elle ne peut donc consister en une saine gestion des ressources qui s'appuierait sur la science de l'environnement et de ses équilibres, ni sur une prise en compte de sa valeur dite intrinsèque–il y aurait là une subjectivisation en provenance de la métaphysique de la subjectivité qui transporte dans la nature la manière dont l'homme se comprend lui-même comme sujet en provenance de cette nature. L'éthique de la nature ne peut donc avoir de sens qu'à condition de commencer par être une pensée, pensée qui est un agir éminent, du mode d'être de la nature, indépendamment de la manière dont l'ontothéologie a eu tendance à l'« étantifier ». Voici pourquoi Heidegger se tournera vers la pensée dite « préplatonicienne » (mais cette dénomination a tendance à ériger le platonisme en norme, qui inaugure le développement onto-théo-logique de la pensée) afin de trouver un nouveau sol afin de penser l'Être, non pas indépendamment de l'étant mais indépendamment de son recouvrement par l'étant.) C'est ainsi la *physis* des présocratiques qui lui permet d'identifier ce qui pourrait être un nouveau lancement de la question de l'Être. La nature n'est pas cette présence subsistante objective mise en avant par les savants mais une puissance généreuse et originaire, chaotique mais féconde, d'où provient l'étant que le sens peut éclairer. La croissance naturelle n'est pas simplement quantitative mais une manière de se déployer en s'ouvrant, de se présenter en s'épanouissant.

C'est à de tels fruits qu'on prend toute la mesure des insuffisances jonassiennes. Lorsque Jonas reproche à Heidegger d'oublier la vie et la nature, outre qu'il semble se montrer ignorant des travaux que ce dernier a consacré à la *physis*[1], il ne voit pas que les problèmes ontologiques et éthiques ne se résolvent pas tant en incarnant le sujet et en le réinscrivant dans la nature qu'en désubjectivisant le rapport à l'Être, précisément pour pouvoir ensuite retrouver le sens véritablement de la vie et de la nature. Faute de cette lucidité Jonas n'échappe d'ailleurs pas à la loi de l'ontothéologie, aussi bien au plan ontologique qu'au plan éthique. On pourrait dire en effet que l'existentialisation du corps vivant ne lui permet pas de saisir l'unité de la chair que nous sommes puisque, comme nous l'avons vu, il reconduit au contraire l'opposition du sujet et de l'objet sans nous donner

1. Heidegger, *Introduction à la métaphysique*, *op. cit.*

les moyens de penser l'ouverture au monde dont il est le lieu[1]. Cette ontologie renoue avec un dualisme dans lequel le corps est présenté comme purement matériel tandis que le sujet est le lieu de représentations[2]. La nature ne saurait davantage être explorée en son sens propre, puisqu'elle est comprise à partir de cette conception close ou réifiée du sujet. Elle est donc moins cela qui rend possible l'ouverture au monde du « sujet » vivant au titre d'ouverture primordiale, que lieu d'une déchirure entre l'en soi matériel et le pour soi psychique[3]. Au plan éthique ensuite, Jonas oscille entre deux points de vue mais reste tributaire d'une approche subjective. Soit l'individu s'interroge abstraitement avec d'autres sujets sur une norme d'humanité[4]. Il reste donc tributaire d'une définition de l'éthique comprise de manière normative avec imposition d'une règle déterminée, empruntée au régime de l'étant. Soit il trouve la norme de l'agir dans la norme biblique et dans la préservation transcendante d'un Dieu coupé du monde. L'éthique qui devait se fonder dans la vie est donc renvoyée ou bien à une norme abstraite ou bien à une norme divine. On pourra certes se référer en dernier recours au *Principe Responsabilité*, que nous n'avons pas encore évoqué. Mais ne faut-il pas reconnaître qu'en postulant une maîtrise éthique de la maîtrise (devenue en vérité incontrôlable) technique de la nature, il reconduit la métaphysique de la subjectivité et la croyance que la volonté du sujet peut quelque chose contre le régime ontologique de la technique qui requiert au contraire de la sérénité ? Il faudrait donc nous féliciter de pouvoir trouver chez Heidegger les concepts nous permettant de nous affranchir de cette naïveté qu'il y a à poursuivre l'investigation ontologique et éthique en prenant pour point de départ l'étude du mode d'être de la vie. Une telle voie semblerait condamnée à l'échec précisément parce qu'en vitalisant l'existence, qu'en incarnant le sujet, elle continue de rester prisonnière d'un point de vue transcendantal. Il faut au contraire réaliser un

1. Il en irait, de ce point de vue, de même qu'avec le Merleau-Ponty de *La phénoménologie de la perception*, Paris, Gallimard, 1945, dont la notion de corps propre ne permet pas de penser l'ouverture au monde, du fait qu'elle reconduit l'opposition du sujet et de l'objet. *Cf.* M. Merleau-Ponty, *Le visible et l'invisible*, Paris, Gallimard, 1964, p. 250. D'où le développement ultérieur d'une ontologie de la chair dans *Le visible et l'invisible*.

2. Ce dualisme incline alors tantôt en direction d'un matérialisme (le métabolisme est survie et le sujet qui en provient est également corps cherchant à se conserver en vie) ou d'un idéalisme (le point de vue du sujet réfléchissant est projeté sur le corps vivant d'où l'intériorité est censée émerger.)

3. Et ici encore ce dualisme incline tantôt en direction d'une totalité d'étants matériels, tantôt en direction d'une totalité synthétique de représentations constituée dans une conscience.

4. *PhV*, p. 193.

tournant afin de remonter en deçà même de l'existant en direction de sa condition ontologique de possibilité. Il ne faut pas partir de notre relation à l'Être mais de la relation ou de l'ouverture que l'Être est et grâce à laquelle nous sommes comme relations. C'est seulement sous la condition d'une telle pensée que nous comprendrons l'Être (ainsi que le sens de la corporéité et de la nature) et que nous pourrons envisager une éthique appropriée à la civilisation technologique.

LA CRITIQUE DU TOURNANT « THÉOLOGIQUE »

Nous aurions ainsi, dans cette véritable révolution ontologique qui ne fait plus «tourner» l'Être autour du *Dasein* mais plutôt le *Dasein* autour de l'Être, les principes d'une compréhension rigoureuse de notre entr'ouverture au monde et d'une authentique manière de s'accorder à l'Être. Contrairement à Jonas qui resterait prisonnier d'une optique subjective lui interdisant de rejoindre l'être pour lui-même et partant de penser une éthique à la hauteur des défis posés par la civilisation technologique contemporaine, il faudrait alors trouver dans la pensée de l'Être et dans l'éthique qui en découle les ressources nécessaires pour comprendre et agir à notre époque.

Cependant, cette démarche est susceptible d'une critique selon Hans Jonas et ce à un triple point de vue, ontologique, religieux et éthique. Autant dire donc que loin de nous permettre de résoudre la question de l'Être et du juste rapport à lui, elle nous fait courir le risque de nous en éloigner. C'est la mise au jour de cette critique qui nous permettra alors de dévoiler le véritable sens du projet jonassien, quoi qu'il en soit ensuite des obstacles qu'il rencontre dans sa réalisation.

1) En premier lieu, c'est le projet même de penser directement l'Être qui suscite la réprobation de Jonas. Il y a là une tentative philosophiquement illégitime dès lors qu'elle prétend dépasser les conditions mêmes de la connaissance, conditions qui nous imposent de conserver la relation sujet-objet, marque de notre finitude. Comme il le note :

> La relation sujet-objet, qui présuppose, tient ouverte et maintient de part en part la dualité, n'est pas un manquement, mais le privilège, la charge et le devoir de l'homme[1].

1. *Ibid.*, p. 259.

Comme il l'écrit encore, à propos de la pensée heideggérienne de l'Être :

> C'est en outre prétendre qu'en principe on peut différer, éviter, surmonter la condition humaine fondamentale, consistant à être à l'égard des choses à une distance qu'il nous faut franchir en étendant les prises de notre esprit, – ce qu'on appelle la séparation sujet-objet. C'est prétendre, autrement dit, à une possible immédiateté qui a peut-être une place dans la relation de personne à personne, mais non dans la relation à l'être impersonnel, aux choses et au monde [1].

On pourra à bon droit s'étonner d'une telle accusation, dès lors que le projet même de Jonas semblait consister à ressaisir l'être même de la vie, avant sa déchirure entre l'objet et le sujet, et ce au point de rendre compte de la tendance à l'objectivation au sein même de la vie, tendance qui expliquait le recouvrement de la vie par elle-même et qui nous renseignait sur la raison pour laquelle nous manquions la *transcendance* qu'elle est pourtant. En dépit donc du caractère quelque peu flottant du vocabulaire que Jonas utilise ici et à condition de prendre au sérieux la locution « ce qu'on appelle » – ce qui permet à Jonas de prendre ses distances vis-à-vis de cette dénomination usuelle – on peut identifier le nerf de l'argument ici mis en avant. Là où Heidegger manque à son devoir de philosophe, selon celui qui fut son élève, c'est lorsqu'il prétend remonter en-deçà même des conditions de notre ouverture au monde pour penser « un champ », pré-subjectif et pré-objectif, ou un « en soi absolu ». Jonas assume donc une certaine posture transcendantale et refuse de remonter en-deçà des conditions de cette ouverture. Cela ne signifie pas qu'on ne peut pas se prononcer sur la vie dont la vie humaine provient, ni sur l'essence de la nature dont la vie provient. Cependant cette ontologie reste toujours tributaire d'une ouverture au monde qui se fait depuis l'être-au-monde humain, et c'est à partir de lui que l'on peut remonter à l'être de la vie et de la nature. Heidegger s'écarte donc, selon Jonas, de la rigueur phénoménologique lorsqu'il prétend penser l'Être pour lui-même et directement.

2) Or ceci n'est pas simplement problématique d'un point de vue ontologique mais également d'un point de vue religieux et métaphysique. En effet, s'il revient à l'ontologie de s'interroger sur les modalités d'être et sur leur articulation, sur les différences au sein de l'être et sur son unité, la voie reste ouverte pour une métaphysique ou une religion qui chacune avec ses moyens, la raison ou la foi, prenne en charge la question de l'origine (et de la destination) de la vie (et même de l'être.) Nous quittons alors le sol

1. *PhV*, p. 258.

assuré de l'ontologie au profit d'une spéculation plus incertaine mais qui satisfait un besoin de la raison, de l'esprit ou du cœur. Or faute d'accepter cette répartition des tâches entre l'ontologie et les disciplines de la transcendance, Heidegger est conduit selon Jonas à dénaturer le sens même de la religion, tout comme il avait eu tendance à transgresser les conditions de possibilité de l'ontologie. Alors en effet que l'ontologie du dernier Heidegger se subvertit dans la pure transcendance, voici désormais que la religion, vue depuis le prisme de l'ontologie heideggérienne, se désacralise dans l'immanence[1]. Au lieu de préserver la transcendance qui caractérise le rapport au vrai Dieu, au principe de toutes choses, voici que Heidegger pense Dieu à partir de l'être et en fait ainsi un étant contingent, une simple occasion de penser l'Être. Cette démarche ne peut aboutir qu'au zen[2], qui divinise l'Être en abaissant Dieu jusqu'à lui, ou à coloniser les autres religions[3].

Ici encore on pourrait s'étonner d'un jugement aussi sévère. Jonas lui-même n'est pas sans évoquer la figure d'un Dieu qui s'immanentise de manière à rendre raison – théologiquement – de l'origine et de l'évolution de la vie. Par ailleurs le fait même de proposer une théogonie a une valeur critique à l'égard des conceptions religieuses classiques, et ce faisant Jonas n'est pas loin d'adopter l'allure même de la philosophie heideggérienne, en proposant sa propre conception de l'Envoi (*Geschick*), ce que Bultmann ne manque d'ailleurs pas de lui faire remarquer[4], et en proposant donc une

1. *Ibid.*, *Essai X* : « Heidegger et la théologie. ». *Cf.* également : *Dieu sans l'être*, *op. cit.*, p. 58-80.

2. *PhV*, p. 252-253. Car si, d'une part, ce n'est pas Dieu qui révèle l'Être mais l'Être qui révèle Dieu et si, d'autre part, la chose est le rassemblement de la terre, du ciel, du divin et des mortels, qui révèle l'Être plus sûrement que Dieu lui-même qui n'est que le divin (Hans Jonas s'appuie, à ce propos, sur la conférence d'Heidegger consacrée à la chose), alors il faut en conclure que le divin émane de toutes choses et que la révélation d'un Dieu vivant est inutile. La référence au zen, indépendamment de sa valeur propre, est peut-être une allusion aux textes recueillis en français sous le titre d'*Acheminement vers la parole,* trad. fr. J. Beaufret, W. Brokmeier et F. Fédier, Paris, Gallimard, 1976, dans lesquels Heidegger se livre à un rapprochement entre sa pensée et certains éléments de la culture japonaise.

3. Richard Kearney fait valoir dans l'admirable « Heidegger, le possible et Dieu » dans *Heidegger et la question de Dieu*, R. Kearney et J. S. O'Leary (éd.), Paris, Grasset, 1980, qu'il faut distinguer, dans l'esprit même de Heidegger, un Dieu « théologique » et un Dieu ontologique. Heidegger s'intéresse au second, laisse à la religion ce qui relève de la foi sur laquelle la philosophie n'a pas à se prononcer. Il est vrai qu'aux yeux de Jonas ce sont surtout des théologiens qui peuvent céder à la tentation d'ontologiser leur propre discipline et non pas directement Heidegger. Toutefois, la démarche de Heidegger n'est pas tant, selon Jonas, athée ou non théiste que païenne. Comme nous l'avons signalé, à quoi bon Dieu si les dieux se donnent à même l'être et si l'être manifeste davantage le divin que Dieu lui-même ?

4. *ENÉ*, p. 137.

lecture philosophique de la religion. Mais encore une fois, la proposition jonassienne en la matière a une valeur simplement spéculative, reflète tout au plus un besoin de pensée[1], mais n'a en aucun cas une valeur ontologique[2]. Jonas s'appuie sur les acquis de son ontologie de la vie pour proposer à un plan purement spéculatif l'hypothèse d'un Dieu qui certes s'immanentise – et donc qui renonce à sa toute-puissance – mais jamais au point de perdre sa transcendance. Tel est le mystère au sens jonassien. Une telle spéculation ne se présente d'ailleurs jamais purement et simplement comme une alternative aux autres religions, puisque si d'un côté il est vrai qu'elle possède un noyau critique – Jonas n'est pas sans critiquer la dimension politique des théologies qui deviennent des instruments de puissance, notamment sur la nature, entre les mains humaines[3] – il est tout aussi vrai que le philosophe reste soucieux de penser le contenu positif de la religion et donc de lui préserver son autonomie[4].

3) Ceci nous permet d'en venir au troisième point de la critique jonassienne. La trahison « politique » d'Heidegger au moment de la prise de pouvoir nazi reste impardonnable aux yeux de Jonas et est significative au plan philosophique. Si d'un côté, il s'étonne que le philosophe de l'engagement authentique n'ait pas su prendre ses distances avec la vague « populiste » qu'a connu l'Allemagne dans les années 30[5], d'un autre côté, il n'est pas sans considérer que le tournant heideggérien légitime tous les crimes. Faute de fournir des critères éthiques clairs, l'appel de l'Être ouvre la voie à une légitimation par la force[6]. Comme l'écrit le philosophe :

1. Cependant Jonas ne justifie pas ce besoin à partir d'une conception philosophique de la subjectivité ou de la raison, contrairement à ce que fait Kant par exemple avec la dialectique.

2. La proposition selon laquelle le dieu jonassien est le fondement de l'être relève de la métaphysique et non de l'ontologie. En revanche, l'envoi heideggérien qui correspond à la manière dont l'être se donne et auquel Heidegger prétend nous ménager un accès direct est présenté sur un mode pseudo-ontologique selon Jonas. Soit il relève de l'ontologie et de l'immanence – en ce cas il ne saurait être comparé au Dieu jonassien – soit il est discours sur la transcendance, et en ce cas il ne doit pas se présenter comme étant une ontologie mais plutôt comme étant une métaphysique, et interroger du même coup son rapport à la pensée religieuse en distinguant le raisonnement philosophique de la foi.

3. Pensons par exemple à sa critique de l'eschatologie judéo-chrétienne (Postface de C. Wiese, *Souvenirs*, *op. cit.*, p. 311 et 313) ou à sa référence à la tradition hétérodoxe de la Kabbale lorsqu'il développe le concept d'un Dieu après Auschwitz.

4. Voir par exemple : *PE*, chapitre 8, ou « Le combat pour la possibilité de la foi », *ENÉ*.

5. *PEF*, p. 46-47.

6. Hans Jonas ne semble pas distinguer deux périodes au sein de la période du Tournant : le moment des années 30 où Heidegger se tournera vers le régime nazi en tant qu'il l'estime être le régime « politique » convenable pour incarner un au-delà de la technique, que les États-Unis et l'Union soviétique, mais plus largement toute démocratie, semblent incapable d'incarner ; le Heidegger des années 50-60 et de la conférence sur la Sérénité, où il ne se réfère

> Il est dur d'entendre l'homme salué comme le berger de l'être quand il vient d'échouer si lamentablement à être le gardien de son frère, ainsi que le désigne la Bible[1].

Mais cet égarement provient justement du fait que l'appel à la responsabilité de soi n'émane pas de l'être fragile d'une autre personne mais de l'Être en général. Ce faisant aucune norme déterminée ne permet de clarifier la voie éthique à suivre, qui prend alors pour guide la pure force d'être, la résolution de l'appel, qui peut être celle du diable.[2] De fait, en quittant les limites du seul *Dasein*, lieu où l'appel résonne, pour s'ouvrir à l'appel « de l'être » Heidegger rend possible la confusion entre un appel à l'authenticité du genre humain, « communiant » dans la méditation de l'être avec celle d'une communauté historique donnée apte à entendre l'appel de l'être[3]. De ce point de vue « l'éthique » heideggérienne[4] recèlerait davantage de dangers que de promesses[5].

plus à un régime politique « volontariste » mais à un laisser-être qui ouvre la voie au Dieu qui seul peut encore nous sauver, pour reprendre les mots de l'article fameux du Spiegel de 1966. On voit mal comment cette invocation de la sérénité peut s'accorder avec l'analyse de Jonas selon laquelle c'est la force de l'appel qui peut autoriser les crimes les plus violents au nom de l'Être. La réponse à cette question semble donnée dans *PhV*, p. 259. Quand bien même Heidegger nous invite à la méditation comme seule réponse possible à l'appel de l'Être, il n'en reste pas moins que l'anonymat et le formalisme de cet appel laissent ouvert tout type de réponse, au plan des relations interindividuelles où s'exerce l'éthique, y compris donc la moins morale. On pourrait par ailleurs ajouter que ne rien faire en laissant être pourrait être irresponsable lorsque ce sont des vies humaines qui sont directement mises en jeu par le déploiement de la technique.

1. *Ibid.*, p. 259.

2. *Ibid.*, p. 249-250.

3. Alors que la perspective du *Dasein* élaborée dans *Sein und Zeit* pouvait ouvrir l'horizon d'une humanité communiant dans la visée d'un rapport authentique à soi, le Tournant subordonne la visée de la compréhension authentique de soi à la possibilité d'une appartenance (communautaire et générationnelle) authentique. Le comprendre existential du *Dasein* dépend lui-même de l'histoire de l'Être, puisque chaque génération se comprend selon une configuration propre. Ainsi s'ouvre la possibilité de voir une communauté être plus authentique qu'une autre. C'est ce qui explique l'engagement nazi d'Heidegger, comme il le reconnaît lui-même. K. Löwith, *Ma vie en Allemagne avant et après 1933. Récit*, Paris, Hachette, 1998, p. 77. Voir aussi l'article du *Spiegel* de 1966 où Heidegger évoquant le mouvement national socialiste parle de « sa grandeur et de sa vérité internes.»

4. On pourrait pourtant mettre en avant la fécondité de la *Daseinsanalyse*. Vu depuis le Heidegger de la *Kehre*, elle permet d'envisager « la maladie » à partir d'un refoulement occidental de l'Être, dont le nom est la technique moderne, le *Gestell*, qui appelle le philosophe – devenant alors médecin de la civilisation – à prendre ses responsabilités afin de penser ce recouvrement. Demeure cependant obscur, ou abstrait, l'horizon de la thérapie dans ce cadre de pensée.

5. On pourrait être surpris de voir Jonas reprocher à Heidegger le caractère indéterminé et transcendant de l'appel de l'être. Ne sera-t-il pas conduit lui-même à évoquer quelque chose

L'ÉTHIQUE DE LA VIE

Si Jonas reproche à Heidegger la nature du tournant qu'il a effectué dans le cadre de sa philosophie, en ce qu'il conduit à immanentiser la transcendance (la religion est absorbée dans l'ontologie générale) et à diviniser l'immanence (l'ontologie générale se hisse à la hauteur d'une religion ou d'une métaphysique inavouée) et si l'éthique qui découle d'une telle démarche se révèle inadéquate en ce qu'elle n'offre aucun critère, aucune norme du Bien et du Mal, faut-il en conclure que le Jonas d'après *le Phénomène de la vie* en reste au point de vue d'un sujet incarné qui continue d'encourir les reproches de subjectivisation que nous avons déjà évoqués, reproches qui conduisaient à rendre *a priori* impossibles non seulement son éthique mais également son projet ontologique ? Le thème de la technique qu'il aborde de manière thématique à partir de la fin des années 70 laisse-t-il indemne sa première approche de l'ontologie ? Nous souhaitons montrer dans ce dernier moment de notre parcours que Jonas prépare un dépassement du point de vue de l'individu auto-centré mais sans pour autant renoncer au point de vue « transcendantal ». La formulation d'une éthique de la responsabilité repose certes sur les acquis du *Phénomène de la vie* mais inversement cette éthique le conduit à élargir le caractère solipsiste de cette première ontologie. L'éthique n'est donc pas seulement un prolongement de l'ontologie ; elle en prépare en un sens la refonte. Jonas semble prendre conscience des impasses de sa première ontologie, mais contrairement à Heidegger il n'en voit pas la résolution dans un dépassement du point de vue du sujet et dans une condamnation pure et simple de la métaphysique de la subjectivité au profit d'une pensée directe de l'Être. Il s'agit de rester solidaire d'une telle conception du sujet, d'un sujet qui doit être incarné et inscrit dans une nature, mais celle-ci doit être modifiée en direction d'une pensée de l'intersubjectivité et de la responsabilité pour autrui. S'il y a un tournant au sein de la pensée de Jonas, c'est donc d'un tournant éthique qu'il s'agit, d'un tournant qui n'abandonne pas le sol de l'ontologie au profit d'une métaphysique de l'Être

de tel que l'appel de la nature (*PR*, p. 35) qui n'a rien d'un appel *personnel* ? Ne semblera-t-il pas évoquer la force du destin technique à laquelle seule une dictature pourrait faire contrepoids en interdisant aux hommes de céder à son aliénation ? (Sur cette dernière remarque et sur sa mise au point : *PEF*, p. 112-113.) Quant au premier point, comme nous le verrons, non seulement l'appel de la nature n'est pas incompatible avec l'humanisme, bien au contraire, mais en outre, il s'incarne dans des relations individuelles qui ont pour visée le soin de l'être fragile. L'éthique jonassienne est hétéronome.

(Heidegger) ou d'une métaphysique de l'Autre (Levinas)[1] mais qui l'élargit jusqu'à prendre en compte l'être du phénomène de la relation à autrui.

1) C'est en effet la prise en compte du changement d'essence de la technique qui conduit Jonas à réinvestir son ontologie de la vie et aussi à la faire évoluer en même temps qu'à formuler une éthique, qu'il appelait de ses vœux mais qui restait encore indéterminée à l'issue du *Phénomène de la vie*, celle-ci se partageant alors entre une éthique ancrée théologiquement et la perspective d'un accomplissement individuel, ontologiquement justifié, prenant certes en compte l'idée d'homme, mais sans qu'aucune obligation n'y détermine l'individu et tout en laissant cette idée ouverte à une définition résultant de débats sociaux. Il se produit ici, *mutatis mutandis*, ce qui se produit pour Bergson, qui abordant les rivages de la morale dans les *Deux Sources* s'appuie sur les acquis de l'ontologie de *l'Évolution créatrice* tout en l'enrichissant grâce à un nouvel ordre d'expérience – la mystique –, morale rendue plus que jamais nécessaire à cause du développement hypertrophique et sans âme de la technique[2].

Cependant, Hans Jonas considère que la lecture heideggérienne de la technique demeure trop abstraite[3]. Cette objection est l'envers de sa critique adressée au tournant heideggérien, qui pèche par excès de spéculation. On ne peut avoir directement accès à l'Être et celui-ci ne peut se masquer derrière le phénomène général et abstrait de la technique, qui le manifeste négativement ou sur le mode du « refoulement ». Il faut donc expliquer l'emprise de la technique autrement que de manière strictement spéculative, autrement que comme un simple produit de l'histoire destinale de la philosophie de la subjectivité. C'est à cet effet que Jonas se livre à une analyse du sens de l'histoire des techniques et qu'il en dévoile d'une part la tendance à l'abstraction et l'objectivation croissante, qui va jusqu'à s'appliquer à l'homme lui-même, d'autre part le caractère global et surtout dynamique[4]. Cependant, force est de remarquer que selon Jonas il faut attribuer la cause de ce changement d'essence de la technique à l'ontologie de la science et de manière plus générale en trouver l'origine véritable dans l'ontologie de la mort, qui sépare le sujet de la vie et fait donc de la vie et de la nature en général un pur objet sans valeur intrinsèque. Ce mouvement

1. *Cf.* chap. VII.

2. Cependant alors que l'expérience mystique joue un rôle clef dans le dispositif bergsonien, Hans Jonas prétend justifier son éthique sur la base d'une argumentation qui se réfère à un plan phénoménal auquel chacun peut avoir accès.

3. *TME*, p. 23.

4. *Ibid.*, p. 15-42.

de technicisation est certes inscrit dans la vie tout comme la tendance à l'objectivation[1] mais le déploiement de l'ontologie de mort interdit de ressaisir le sens véritable de la technique qui est d'ouvrir un monde pour l'homme et d'éployer le monde de la vie. On pourra avoir le sentiment que Jonas demeure finalement assez proche de Heidegger en trouvant la raison du succès de la technique dans l'histoire de l'ontologie de la mort, véritable pendant heideggérien de la métaphysique de la subjectivité. Cependant, et en premier lieu, il faut distinguer avec force une histoire heideggérienne qui prétend rendre compte de l'oubli de l'Être en général d'une histoire jonassienne qui justifie l'oubli du *sujet* en tant *qu'incarné*, comme en témoigne *in fine* chez lui la revalorisation du corps propre qui s'avère être le thème majeur de l'ontologie. En second lieu, Jonas insiste sur les raisons pratiques de la nuisance technique : celles-ci convoquent la responsabilité des acteurs individuels puisque cette nocivité provient de la tendance de chacun à user d'artifices qui ont des effets inoffensifs au plan individuel mais très offensifs au plan collectif de la nature, de la vie et de l'humanité. En d'autres termes, tout se passe comme si, pour avoir l'apparence d'un destin, la technique n'en laissait pas moins entière la responsabilité du sujet. Le « salut » éthique ne dépend donc pas de l'ouverture de l'Être mais de la disposition de chacun à faire preuve de responsabilité. Le point de vue assumé d'une philosophie du sujet demeure donc essentiel à l'analyse jonassienne du phénomène technique et du phénomène éthique, contrairement à Heidegger.

La menace représentée par la technique n'a donc rien d'une fatalité selon Jonas et n'exige pas le laisser-être. C'est au contraire par le contrôle de notre agir et par la réforme de notre pensée, par la réorientation de notre vouloir et la réévaluation de notre ontologie, que nous pourrons modifier notre destination de manière à user de la technique dans le sens de la vie et donc dans celui-ci d'une ouverture au monde, permettant la préservation, dynamique et non statique, d'une humanité authentique. C'est d'ailleurs bien pourquoi Jonas évoque plutôt le « quasi-destin » de la technique que le destin proprement dit[2]. Et dans une allusion discrète au dernier Heidegger, il affirme : « on doit comprendre qu'on est ici en présence d'une dialectique dont on ne viendra à bout que par un niveau supplémentaire de pouvoir et non par un renoncement quiétiste au pouvoir. »[3]

1. *PhV*, p. 180 et voir ici la conclusion.

2. *PR*, p. 417 « presque à la manière d'un destin (*fast wie ein Schicksal*) » Voir notre conclusion.

3. *Ibid.*, p. 270.

2) De fait la menace technique nous invite à une prise de conscience ontologico-éthique inédite. Le péril nouveau a une fonction de révélateur ontologique qui nous apprend quelque chose de neuf sur notre équipement ontologique, sur l'être de l'homme donc, et celui de la vie. Il est par ailleurs une invitation à agir de manière juste et donc éthique. L'heuristique de la crainte nous dévoile ce qu'on pourrait appeler une « intentionnalité éthique » au sein de l'être de l'homme. La possibilité d'une démondanéisation de la vie et d'une destruction du monde humain, la perspective de voir l'homme perdre le sens de ses possibilités les plus propres et de voir la vie perdre les siennes propres ainsi que la dynamique qui prépare souterrainement ces possibilités, révèle d'une part l'être-fragile de l'humanité et de la vie, d'autre part notre devoir de la préserver. La crainte pour la vie et l'humanité, qu'actualise le potentiel technologique, porte au premier plan notre devoir de responsabilité envers l'être de la vie et de l'homme, en tant que nous sommes tout autant le poison que le remède.

On voit donc que cette éthique de la responsabilité n'est en rien une éthique ontiquement fondée qui encourrait le reproche heideggérien de manquer de radicalité. La menace qui pèse sur l'humanité et sur la nature n'est pas d'abord ontique, bien qu'elle le soit aussi, mais ontologique. C'est le mode d'être de l'un et de l'autre qui est mis en jeu par l'extension de la technique. Le premier risque que l'homme court est celui d'une démondanéisation. Il en va de même à la mesure de la nature. C'est leur sens d'être, leur projection comme être de possibilité, qui est compromis par l'objectivation qu'ils subissent. L'éthique jonassienne commande de se reconnaître une responsabilité dans cet état de fait et ce devoir envers la nature et l'homme peut alors se décliner en une éthique médicale – que Jonas a déjà initiée[1] – et une éthique environnementale. Il ne s'agit pas dans l'un et l'autre cas de prendre en considération le corps vivant humain ou l'âme humaine (selon qu'il s'agit de somatologie ou de psychologie), ni de prendre pour objet d'inquiétude d'abord la présence subsistante de la nature. Il s'agit primordialement de se reconnaître l'obligation de préserver le pouvoir-être de l'homme, son sens du possible tel qu'il trouve son « véhicule », pour reprendre une expression de Merleau-Ponty, dans le corps propre. Il s'agit primordialement de se faire du souci, et donc d'agir en conséquence, pour le pouvoir-être de la nature (tel par exemple qu'elle se donne à voir dans la biodiversité –qu'il faut entendre tout autant en termes d'extension (le nombre et la variété des espèces) qu'en termes intensif (leur degré d'ouverture au monde) –, dans sa capacité de renou-

1. *TME.*

vellement et de créativité. Le danger des dangers est très profondément la perte du pouvoir-être responsable de l'homme, grâce auquel il est garant de la perpétuation de la liberté, ou ouverture au monde, de l'homme et de la nature. La responsabilité de l'homme porte donc d'abord sur la perpétuation de l'être responsable de l'homme, qui garantit le développement temporel de l'humanité authentique, c'est-à-dire libre et responsable.

3) Cette éthique, qui prétend donc agir sur les actions humaines, qui prétend maîtriser le quasi-destin de la technique, s'adresse donc à l'humanité de l'homme, telle qu'elle trouve à s'incarner dans les actions collectives et les actions individuelles. On pourra certes s'interroger pour savoir si d'une certaine manière la globalité des problèmes posés ne décourage pas la responsabilité individuelle au point de la transférer à une entité collective abstraite, potentiellement autoritaire si elle doit mettre une barrière aux excès de la liberté individuelle (de consommer). Car si l'appel à la responsabilité est suffisant pour déterminer les consciences individuelles à agir de manière à respecter dans les faits l'humanité (à venir) et la nature, à quoi bon avoir recours à des institutions ? L'éthique suffit, la politique est superflue. Si au contraire seule la politique peut avoir des effets positifs sur le devenir de l'humanité, alors à quoi bon l'éthique de la responsabilité ? Seule la contrainte juridique, et non l'obligation morale, sera pertinente pour orienter les hommes vers le respect de leur dignité.

Il n'y a ici en vérité aucune contradiction entre l'obligation en tant qu'elle s'adresse aux consciences et la contrainte juridique. L'éthique de la responsabilité doit en effet trouver à s'incarner dans des conventions et des organisations juridiques, précisément parce que ce dont il est question, c'est de réguler des effets qui sont nocifs au plan collectif mais le plus souvent innocents au plan individuel – tel que l'usage de sa voiture par exemple. L'action politique est donc l'expression d'une éthique qui s'adresse à l'individu en tant qu'il a le souci de l'humanité et de la nature. La légitimité de telles institutions, qui ne décourage pourtant pas les actes de responsabilité au plan individuel, provient du principe éthique de responsabilité en tant qu'il est la reconnaissance que nous pouvons nous nuire, à nous et à la nature, en tant que collectif, et voilà pourquoi il faut des institutions qui assument la responsabilité de nos actions en tant qu'elles ont des effets collectifs. La contrainte juridique présuppose une réflexion sur nos responsabilités, sur les maux dont nous sommes la cause et sur leur solution. Tel est le rôle du développement de la raison éthique, chargé d'élever la conscience morale à un plus haut degré de responsabilité, puisque tournée sur l'être de l'homme et de la nature. La dimension coercitive de la loi juridique ne reçoit donc pleinement sa légitimité que de la mise en œuvre de l'éthique de la responsabilité au plan de la réflexion.

4) On voit à présent dans quelle mesure on ne saurait reprocher à cette éthique de manquer de radicalité puisqu'elle prend au contraire très au sérieux la destination de l'homme et de la nature du point de vue de leur être même. Pour autant, contrairement à ce que Jonas reprochait à Heidegger dans son abord de la question de l'Être, elle ne repose pas sur une lecture métaphysique inavouée susceptible de dégénérer en religion de l'immanence, mais sur une ontologie de la vie. Si en effet la crainte des excès de la technologie nous révèle notre devoir envers la nature et la vie, nous dévoile notre « être-responsable », encore faut-il avoir démontré en quel sens la vie, que nous pourrions menacer par notre agir insouciant, est une valeur. C'est bien ce qu'entreprend Jonas dans le *Principe Responsabilité*[1], en s'appuyant sur les résultats du *Phénomène de la vie*.

Or ici une double remarque s'impose. En premier lieu, force est de constater qu'au modèle de l'organisme solitaire occupée de sa seule survie s'est ajouté celui du parent soucieux de prendre soin de sa progéniture. En d'autres termes, Jonas enrichit sa biologie d'un modèle qui prend en compte une forme d'intersubjectivité, où le parent, en tant qu'auteur de la naissance, reconnaît une liberté à l'œuvre dans le nouveau-né, qui réclame des soins pour qu'elle soit portée à son accomplissement, c'est-à-dire à un usage responsable. Il ouvre ainsi la voie à une réflexion sur les conditions de reconnaissance d'une responsabilité à même notre équipement biologique, et dont on pourrait trouver des prodromes dans les espèces animales de degré inférieur. Jonas s'affranchit donc de l'influence qu'avait exercée le *Sein-zum-Tode* heideggérien sur sa biologie. L'homme en tant que vivant n'est pas centré sur sa seule destinée et lorsqu'il se rapporte à autrui, ce n'est pas simplement pour le renvoyer à sa responsabilité propre mais pour l'y faire accéder par une prise en charge. La figure parentale nous donne en effet l'exemple d'une relation dans laquelle un vivant se reconnaît responsable pour autrui, en ce que de lui dépend sa pleine venue à l'être, son entrée dans le domaine de l'humanité, son accession au statut d'individu responsable. Le parent est, en un sens et jusqu'au temps imposé par la nature pour cela, responsable de la responsabilité de l'enfant.

En second lieu pourtant, force est de remarquer que cette ligne n'est qu'amorcée par Jonas et non développée, ce qui l'empêche de déployer véritablement une éthique de la responsabilité pleinement fondée au

1. *PR*, chap. III et IV.

plan ontologique. Ainsi l'éthique de l'environnement est une lacune dans sa philosophie, non pas simplement, bien qu'aussi, à cause du défaut d'une science de l'environnement (du moins à l'époque de parution du *Principe Responsabilité*) qui en est la condition [1] mais parce qu'il ne thématise pas, au sein même des espèces vivantes en y incluant l'espèce humaine, la notion de relation, qui est pourtant la condition essentielle d'une pensée de la responsabilité pour la nature [2]. C'est seulement en mettant au jour, d'une part, l'unité du monde de la nature, à travers l'enchevêtrement des mondes animaux et peut-être même végétaux, et, d'autre part, l'être même de notre lien à ce monde, qu'on pourra se reconnaître l'obligation de le préserver. De même c'est seulement en effectuant la genèse ontologique du principe de responsabilité pour l'humanité depuis son niveau biologique qu'on pourra réellement dépasser le risque d'anthropocentrisme qui menace l'éthique jonassienne. Ricoeur par exemple fait valoir que le *Principe responsabilité* contient clandestinement un apport kantien, qui seul lui permet de comprendre le respect de la dignité humaine, qu'on ne peut faire dériver de la biologie philosophique de Jonas [3]. Or le vœu d'une éthique de la *vie* humaine pourrait sans doute être réalisé à condition de produire la venue à l'être responsable de l'homme à partir de sa préface biologique.

C'est alors sans doute à cause de cette insuffisance de la justification ontologique de l'éthique [4] que Jonas se tournera ultimement à nouveau vers la théogonie pour justifier son éthique [5]. Pour autant ce retour à la théogonie ne remet pas en cause *l'aspiration* à une justification ontologique de son éthique. En outre, la justification de cette théogonie ne se présente pas comme une ontologie puisqu'elle assume au contraire la distance propre à la transcendance, contrairement aux yeux de Jonas à ce qui se produit chez le second Heidegger. Enfin la figure jonassienne du Dieu ne peut en aucun cas servir à légitimer des coups de force, soit par engagement direct soit par démission dans le laisser-être qui s'apparente alors à un laisser-faire. Ce n'est pas l'authenticité ou la force de l'engagement qui peut servir de critère à l'action « inspirée de Dieu ». Ce dernier ne peut pas davantage légitimer l'inaction. De fait le Dieu jonassien est un Dieu de la faiblesse : il est à sauver plutôt qu'il ne sauve. Il ne saurait inspirer d'action violente ; il

1. *Le Droit de mourir*, trad. fr. P. Ivernel, Paris, Payot, 1996, p. 89.

2. *Cf.* la conclusion de l'article de J.-C. Gens : « L'assise ontologique et les arrière-plans cosmogoniques de l'éthique jonassienne », dans *L'Éthique de la vie chez Hans Jonas*, C. Larrère et É. Pommier (éd.), Paris, Publications de la Sorbonne, 2013.

3. *Cf.* chap. VI.

4. *PEF*, p. 99-100.

5. *ÉL*, p. 193 *sq.*

ne saurait légitimer l'irrésolution. Il alourdit au contraire comme jamais notre responsabilité, puisque d'elle dépend désormais non seulement le sort de l'humanité et du monde de demain mais aussi du Dieu à venir. Enfin, Jonas se réfère aux critères du Bien et du Mal tels qu'ils s'explicitent dans la Bible pour guider notre conduite, par-delà le risque de formalisme propre à l'éthique de la résolution mais aussi de la sérénité heideggérienne.

On peut conclure de cette analyse qui s'interrogeait sur la possibilité de penser ensemble l'éthique et l'ontologie en prenant pour point de départ le thème de la vie qu'en nous donnant les premières coordonnées d'une telle éthique, Jonas laisse cependant ouverte la question de la justification ontologique. Mais cette insatisfaction n'est pas stérile puisqu'elle nous indique également les voies de sa résolution. C'est seulement en élargissant en effet l'ontologie jonassienne de la vie en y intégrant la notion de relation que l'on pourra comprendre l'unité des mondes végétaux, animaux, humains et penser une responsabilité tournée vers eux. Il s'agit pour cela de rompre avec l'influence que le *Dasein* solitaire a exercé sur cette première ontologie de la vie sans pour autant céder sur un tournant spéculatif, car est plutôt requis un tournant « intersubjectif », ce qui implique de faire entrer la philosophie de Jonas en dialogue avec ceux des phénoménologues qui ont eu à se confronter à la fois à la question de la vie et à la question de l'intersubjectivité.

CHAPITRE VI

L'HOMMAGE CRITIQUE DE PAUL RICOEUR À HANS JONAS

La discussion entre les philosophies de Paul Ricoeur et de Hans Jonas semble s'imposer d'elle-même au vu du chapitre précédent. Ricoeur, tout comme Jonas, entend dépasser le point de vue étroit du sujet réfléchissant, afin de penser une ouverture au monde. Néanmoins, l'un et l'autre refusent d'accorder au *Dasein* un tel pouvoir. On pourrait d'ailleurs considérer que Ricoeur fait un pas en direction d'une ontologie de la vie, à même d'incarner le sujet et de penser son ouverture, d'une part, lorsqu'il effectue son tournant herméneutique, d'autre part, lorsqu'en conclusion de *Soi-même comme un autre*, dans un chapitre consacré à l'exploration de l'ontologie qui découle de l'herméneutique du soi, il accorde une place à la question de la chair et considère que Heidegger, qui semblait pouvoir se frayer un chemin en direction d'une telle question, au contraire, s'en éloigne. À cette proximité ontologique entre les deux philosophies, il faut ajouter une communauté de préoccupation au plan éthique, puisque chacun d'entre eux accorde une place essentielle au thème de la responsabilité. Mais ce sont de telles propositions qu'il faut justifier et préciser davantage dans les lignes qui suivent.

Selon toute apparence c'est à partir de la publication de la traduction française par Jean Greisch du *Principe Responsabilité* en 1990[1] que Paul Ricœur entreprend de nouer un dialogue avec l'œuvre du philosophe allemand[2] qui devait décéder trois ans plus tard. Cet intérêt ne saurait être

1. D'abord paru aux Éditions du Cerf.

2. Voici les principales références: P. Ricoeur, *Soi-même comme un autre*, Paris, Éditions du Seuil, 1990; « La responsabilité et la fragilité de la vie » dans *Le messager européen 5*, Gallimard, 1991 ; Postface au *Temps de la responsabilité*, F. Lenoir (éd.), Paris, Fayard, 1991. Également édité dans *Lectures 1. Autour du politique*, Paris, Éditions du Seuil,

circonstanciel pour un philosophe qui assez tôt dans son œuvre s'interroge sur la possibilité d'articuler une pensée de la vie avec une sagesse, comme l'atteste le final du premier tome de la *Philosophie de la volonté*, dans lequel il explique que les problèmes de science stricte communiquent avec les problèmes de sagesse et que la question du corps propre est médiatrice [1]. La philosophie jonassienne prétendant non seulement définir une ontologie de la vie mais en outre faire reposer sur elle une éthique, et une éthique de la responsabilité, apparaît de ce point de vue comme la réalisation d'un programme philosophique qui a pu être l'objet d'une tentation de pensée de la part de Ricœur mais à laquelle il a toujours refusé de céder. L'examen de la doctrine de Jonas opéré par Ricœur pourrait alors jouer le rôle d'une espèce de mise à l'épreuve du bien-fondé de sa propre démarche intellectuelle, une image en miroir de ce qu'elle aurait pu être si certaines convictions fondamentales ne l'avaient pas conduit à refuser une telle voie. C'est *l'instruction* de ce procès que Ricœur mène envers Jonas que nous voudrions restituer ici, non pas tant pour donner raison à l'un ou l'autre que pour en tirer un enseignement réciproque concernant l'une et l'autre doctrine et, en creux, la possibilité de penser une éthique de la vie ontologiquement fondée. Cette instruction doit donc être entendue au double sens que peut avoir ce mot, aussi bien donc dans sa dimension critique que dans sa dimension didactique. Il s'agit d'instruire pour restituer un argumentaire, mettre au jour un conflit interprétatif mais également pour enseigner et tirer des leçons d'une telle confrontation. Il s'agira donc d'abord de mettre au jour l'hommage que Ricœur rend à Jonas, ce qui justifie la possibilité d'un rapprochement entre les deux pensées, avant de restituer la critique qu'il lui adresse, critique dont la fonction n'est pas tant de rejeter pleinement cette démarche que de se la réapproprier sur des bases propres à la pensée ricoeurienne, jugées plus légitimes. Il sera ensuite permis de mesurer la légitimité d'un tel procès au regard des fondements mêmes de la pensée de Jonas pour en évaluer la pertinence, ce qui nous conduira à interroger certains acquis de la phénoménologie herméneutique de Ricœur. De cette critique de la critique nous espérons pouvoir dégager les lignes d'une fécondation réciproque d'une pensée par l'autre.

2011 ; « L'éthique, le politique, l'écologie. Entretien avec Paul Ricoeur », *Écologie politique. Sciences, Culture, Société*, n°7, 1993 ; « Le concept de responsabilité. Essai d'analyse sémantique » dans *Le Juste*, Paris, Éditions Esprit, 1995 ; P. Ricœur et J.-P. Changeux, *Ce qui nous fait penser. La nature et la règle*, Paris, Odile Jacob, 1998 ; *Du texte à l'action*, Essais d'herméneutique II, Paris, Éditions du Seuil, 1998.

1. Cf. P. Ricoeur, *Philosophie de la volonté*, *op. cit.*, p. 439-440.

LA RESPONSABILITÉ

C'est à l'occasion de la rédaction d'une postface au *Temps de la responsabilité*, réunissant des contributions de plusieurs penseurs contemporains sur le thème évoqué par le titre, que l'influence jonassienne se montre la plus éloquente au sein de l'approche ricoeurienne de l'éthique. S'il s'agit d'un effort de synthèse d'articles qui pourraient susciter d'eux-mêmes la référence à la philosophie de Jonas sans qu'il faille y voir là un intérêt propre de Ricoeur à l'égard de l'héritage jonassien, il n'en reste pas moins que cet effort d'unité et de convergence entre des propos qui abordent des champs variés (depuis l'environnement jusqu'à la politique en passant par les sciences biologiques et les medias) est assumé en propre par Ricœur en s'appuyant sur la pensée de Jonas dont il reconnaît la pertinence. De fait, il faut avouer que non seulement il reprend à son compte une part importante de son analyse mais, en outre, qu'il la porte, en un sens, à un degré d'extension que Jonas n'avait pas pleinement thématisé. Insistons sur cette fidélité avant de signaler cet élargissement. En premier lieu, en effet, Ricoeur constate que la demande nouvelle d'éthique jugée légitime est appelée par une modification de la qualité de l'agir technique. Le sens contemporain de la technique est en rupture avec le sens antique, puisque désormais ses effets ne sont plus seulement locaux mais globaux. C'est le caractère cumulatif des conséquences de l'action technique de même que son changement d'échelle – puisqu'aussi bien dans l'espace que dans le temps ceux-ci ont désormais une envergure cosmique – qui conduisent Ricoeur à affirmer que la différence quantitative a désormais une implication qualitative. De ce point de vue, les questions d'éthique environnementale ont une dimension paradigmatique et nous apprennent quelque chose d'essentiel non seulement sur la modification du sens de la technique mais également sur la nature de l'éthique à même de prendre en charge les problèmes nouveaux qu'elles posent. Il faut en effet réguler l'action humaine par des normes qui permettent de modérer la portée démesurée de la technique et, puisque le mal réside dans l'accumulation des petites actions individuelles, qui du point de vue de l'intention peuvent être bonnes mais qui au regard de leurs effets collectifs sont nuisibles, c'est d'une éthique de la responsabilité qu'il ait besoin. L'homme a su s'affranchir de la nécessité naturelle grâce au pouvoir des machines ; il lui faut à présent se libérer de la quasi-nécessité mécanique grâce à l'éthique qui lui rendra la liberté qu'il perd en voulant la gagner contre le joug de la nature.

Ce type de raisonnement est une reprise point pour point de l'argumentation du *Principe Responsabilité*[1].

Le passage du champ environnemental au champ des sciences de la vie ne modifie en rien la pertinence de cette analyse. Après la nature, c'est la vie qui est modifiée de manière essentielle par les nouvelles possibilités techniques. La révolution technique exige une révolution éthique car le champ d'intervention de la médecine s'étend par-delà l'individu jusqu'à l'espèce. L'intervention génétique peut avoir des effets sur l'ensemble des populations tout comme sur les générations futures. Dans l'espace comme dans le temps, les effets de l'action changent d'échelle et requièrent une éthique du lointain et du long terme, non du prochain et de l'instantanéité, comme c'était le cas avec la formulation kantienne de la morale du respect. Ce n'est plus la qualité intrinsèque de l'agir moral qui importe mais ses conséquences, pour l'essentiel imprévisible. Mais avec la question de la vie, c'est l'humanité qui est directement affectée, dans ce qui auparavant relevait du domaine de la pure passivité. « Notre être-né, notre être-hérité, notre être-tel »[2] n'est plus un donné intangible de l'existence humaine qu'il faut accepter et assumer, mais cela qui peut être modifié, grâce à la maîtrise de la reproduction, de l'hérédité et du système nerveux. Ici encore force est de constater que Ricœur reprend des analyses jonassiennes proposés dans le *Principe Responsabilité* et prolongées dans *Technik, Medizin und Ethik*[3].

Cependant, alors que Jonas reste relativement discret sur l'extension de l'éthique de la responsabilité à un autre plan que celui de la nature et de la vie, Ricœur quant à lui estime pertinent de l'étendre aussi bien à l'éthique des affaires ou des médias, qu'aux questions de développement. Si la responsabilité se révèle à ce point un concept intégrateur, cela tient à ce que dans tous les domaines considérés il s'agit toujours de prendre soin d'une réalité fragile, qui laissée à elle-même pourrait dépérir. Par ailleurs, ce soin ne saurait se réduire à la rectitude d'une droite intention mais doit prendre en compte les effets très concrets de son incarnation pratique sur la réalité considérée. On peut donc être responsable d'une entreprise, du développement d'un pays ou de la qualité d'une information. La responsabilité mise en avant par Ricoeur rejoint donc bien le concept mis en place par Jonas, pour qui il ne s'agit pas seulement de rendre compte des

1. En particulier *PR*, chap. I et chap. II.II*; L'art médical et la responsabilité humaine*, *op. cit.*, p. 23-32.

2. Postface au *Temps de la responsabilité*, *op. cit.*, p. 274.

3. *L'art médical et la responsabilité humaine*, *op. cit.*, p. 75.

conséquences passées de son agir mais d'anticiper les effets à venir de l'agir tout en « vitalisant » ce devoir de responsabilité par la conscience d'une charge qui nous est remise : celle du bien-être de la chose fragile. Ainsi le *devoir* de responsabilité n'exclut-il pas le recours à une conviction concrète[1]. Entre l'idéalisme de la belle âme, soucieuse de la pureté intérieure et insouciante des effets de son agir, et le réalisme cynique d'une autorité qui ne s'intéresse qu'à la réussite quoi qu'il en soit du respect de la personne, Ricœur rejoint Jonas dans l'équilibre subtil d'une conscience qui n'est responsable des conséquences qu'à condition d'être soucieuse de l'être-fragile et qui n'envisage ce souci qu'incarné dans une attitude efficace de prise de responsabilité. Une telle démarche doit ainsi permettre de féconder une politique. Et de même que Jonas voyait dans l'éthique de la responsabilité la clef de voûte d'une politique publique[2], Ricœur rend hommage à Jonas sur ce point[3] et revendiquera pour son propre compte, au sein de la sagesse pratique qui semble devoir rendre compte du soi dans sa pratique politique, un recours à l'éthique de la responsabilité[4].

Il faudrait par ailleurs ajouter que l'intérêt du philosophe français pour le philosophe allemand va jusqu'à reconnaître la nécessité de penser l'éthique à partir de la vie ou depuis une inscription de l'homme dans la nature. Loin de tenir Jonas pour un anti-humaniste sous prétexte que celui-ci pense un respect pour la nature, il reconnaît la nécessité d'élargir l'humanisme – ce qui n'est pas rompre avec lui – jusqu'à l'environnement, dès lors que le destin de l'homme et celui de la nature sont liés. Comme l'affirme Ricoeur dans un autre contexte où il évoque la pensée de Habermas : « Que nous ayons toujours à faire une critique de la raison instrumentale à partir de l'éthique de la communication, elle-même accordée avec une éthique de

1. La conviction peut s'entendre au sens idéaliste de la morale de l'intention indifférente au cours réel du monde. On peut aussi la comprendre, avec Ricoeur, comme ce jugement pratique d'une conscience éthique soucieuse d'une vie bonne avec et pour autrui dans des institutions justes, pour le paraphraser, qui s'est fortifié en passant au crible de la norme, non pas pour s'y arrêter mais pour en dépasser les conflits internes tout en en conservant les exigences. Ainsi, par exemple, le respect formel de la loi au sens kantien se dépasse dans un respect de la personne et de la pluralité humaine, par le biais des ressources d'une singularité questionnante, revenue des illusions sur la bonté immédiate du soi grâce à ce moment purement moral. Une telle conscience aura muri des convictions concrètes, notamment dans le débat avec autrui.

2. *PR*, p. 41.

3. « L'éthique, le politique, l'écologie. Entretien avec Paul Ricoeur », art. cit.

4. P. Ricoeur, *Soi-même comme un autre*, *op. cit.*, p. 291 : « Notre problème n'étant pas d'ajouter une philosophie politique à la philosophie morale, mais de déterminer les traits nouveaux de l'ipséité correspondant à la *pratique politique* (...) ».

l'appartenance ne signifie pas que nous devrons travailler à la hache dans ces domaines : il faut tenir la subtilité de cet équilibre fragile (…) »[1] entre l'appartenance de l'homme à la nature et sa différence avec elle.

De ce point de vue encore, il faut noter une certaine proximité entre les deux philosophes dès lors que l'éthique à venir ne peut faire l'économie de prendre en compte l'appartenance de l'homme à la nature, ce qui est bien le souhait revendiqué de Jonas lorsqu'il écrit le *Phénomène de la vie*, biologie philosophique qui est le prélude à l'éthique et qui montre en quel sens la liberté est inscrit dans les premiers rudiments d'organisme pour culminer dans l'ouverture au monde humaine.

De l'hommage à la critique

Pourtant au-delà de cette prise de conscience que la responsabilité est l'éthique dont le monde contemporain a besoin et que l'inscription naturelle de l'homme ne doit pas être ignorée si l'on veut accorder une crédibilité à cette éthique, force est de reconnaître que Ricoeur s'oppose fondamentalement aux raisons dernières avancées par Jonas afin, d'une part, de justifier sa biologie philosophique et, d'autre part, de fonder l'éthique sur elle. Tel est l'objet d'un article intitulé « La responsabilité et la fragilité de la vie » rédigé par l'auteur en 1991. Si donc Ricœur souscrit à la nécessité de donner au thème de la responsabilité un rôle de premier plan ce ne sera assurément pas sans nouer un rapport critique à elle et sans en revoir le fondement que lui assigne Jonas. Si donc *l'énoncé* de l'impératif peut, jusqu'à un certain point, être reconnu comme légitime par Ricœur, il n'en va plus de même lorsqu'il s'agit de le *fonder* sur une phénoménologie de la vie. La raison de cette opposition est, comme on va le voir, double. D'une part, au plan théorique, celui-ci conteste la prétention jonassienne d'établir une ontologie de la vie. D'autre part, au plan pratique, et donc à supposer même que l'ontologie de la vie soit possible, il n'est pas exact qu'on puisse en *déduire* le principe responsabilité. Une fois restitué l'examen d'une telle critique il nous sera alors permis de comprendre en quel sens le thème de la responsabilité peut, selon Ricoeur, conserver une pertinence au sein de l'éthique.

1. « *L'éthique, le politique, l'écologie. Entretien avec Paul Ricoeur* », art. cit. : « La question que pose Jonas c'est l'émergence d'institutions nouvelles au niveau international. »

Ricœur prend d'abord soin de restituer, au plan de la philosophie théorique, la teneur du projet jonassien. En l'occurrence, il s'agit de surmonter la fracture dualiste que la philosophie hérite du gnosticisme et qui se traduit aujourd'hui par l'opposition entre ce que Jonas appelle l'idéalisme et le matérialisme. La vie, dont le mode d'être défait ce partage d'une âme coupée du corps et qui oblige à considérer l'unité de cette dualité (puisque son phénomène ne correspond ni à un développement purement mécanique ni à un finalisme purement psychique et immatériel), cette vie, donc, est l'objet d'une investigation permettant de montrer en quel sens la liberté existe depuis les formes les plus modestes de l'organisme vivant, son métabolisme, jusqu'à sa forme la plus élaborée dans l'espèce humaine dotée d'imagination et du pouvoir de symboliser. Ricoeur insiste avec force pour montrer que le système jonassien n'est pas une philosophie romantique de la nature [1] reposant sur une intuition mystérieuse et opaque, mais bien une philosophie de la biologie, qui part des données sérieuses de la science – l'étude du métabolisme – pour en tirer des conclusions essentielles sur la vie. Pour autant, l'échelle de liberté qui accompagne l'échelle de la vie aboutit à tenir pour vrai la présence d'une intériorité au sein de cette dernière, et ceci sur le mode de la tâche, de la lutte contre la possibilité de la mort. L'organisme s'auto-organise et c'est ce qui autorise Ricoeur, qui commente l'entreprise de Jonas, à dire que « la vie ne se prouve pas ; elle s'éprouve et s'atteste » [2]. Elle rend témoignage d'elle-même. On pourrait même dire qu'il y a là une activité auto-référentielle. Or c'est précisément cette dernière remarque qui lui permet de mettre en question la méthodologie adoptée par Jonas :

> Au plan de la méthode [écrit Ricœur] il faudrait s'interroger sur la sorte de recroisement que la philosophie opère entre les faits observables que la biologie place sur la ligne ascendante de l'auto-organisation, et le mouvement de la réflexion procédant de façon régressive pour se porter à la rencontre de l'observation biologique, la notion de témoignage de la vie sur elle-même se situant alors au point de rencontre des deux lignes ascendante (observation) et descendante (réflexion) [3].

Même si Jonas, reconnaît Ricœur, ne prétend pas aller dans le *Phénomène de la vie*, jusqu'à décrire l'origine de la vie, ce qui semble le maintenir sur un sol phénoménal, Ricœur estime cependant pertinent de

1. P. Ricoeur, *Soi-même comme un autre*, *op. cit.*, p. 206 ; « L'éthique, le politique, l'écologie. Entretien avec Paul Ricoeur », art. cit.

2. « La responsabilité et la fragilité de la vie », *op.cit.*, p. 206.

3. *Ibid.*, p. 208.

parler d'une «philosophie téléologique»[1], d'une «métaphysique de la biologie»[2] et non d'une phénoménologie de la vie. On devine que, de son point de vue, Jonas reste prisonnier du dualisme du sujet réfléchissant et de la science objectivante, ce qui le conduit à adopter un discours mixte impur, qui tend à projeter sur le vivant les données héritées de la philosophie de la réflexion. En d'autres termes, loin de penser la vie pour elle-même et à partir d'elle-même, Jonas reconduit une forme d'anthropomorphisme en projetant la finalité, que le sujet pur découvre en lui-même, sur la vie objectivement étudiée par le savant, d'où le terme de téléologie utilisée par Ricœur[3]. Loin que le témoignage de la vie sur elle-même soit donc un point de départ, il faut reconnaître qu'il est un point d'arrivée, menée à partir du point de vue de la réflexion, impliquant le maintien d'un présupposé dualiste qui en limite la portée.

Cependant, alors que le questionnement de Ricœur s'apparente davantage à une réserve qu'à une critique pour ce qui est du versant théorique de la pensée de Jonas, tel n'est pas le cas quand il s'agit d'examiner l'argumentation du *Principe Responsabilité*. Ici en effet la critique se fait plus radicale. Ricoeur rappelle au préalable l'argumentation jonassienne. La vie a une valeur en soi du fait même qu'elle se préfère contre le rien et s'affirme contre le néant. L'ancrage biologique de la valeur permet de dresser un pont entre l'humanité et la vie. Or puisque l'homme est susceptible de détruire la vie, c'est par le sentiment de responsabilité qu'il peut s'en reconnaître le garant et faire contre-poids à cette tendance mortifère. Sur la base du phénomène de la responsabilité parentale et politique, où s'atteste, selon Ricoeur qui commente Jonas, l'absence de fossé entre l'être et le devoir-être, puisque c'est en vertu de sa fragilité ontologique que le nouveau-né, par exemple, commande la responsabilité d'une tutelle, Jonas généralise jusqu'à une responsabilité de l'homme envers l'homme. L'existence des générations futures implique un devoir-être qui a valeur d'obligation pour l'homme contemporain, puisque c'est

1. P. Ricoeur, *Soi-même comme un autre*, *op. cit.*, p. 209.

2. *Ibid.*, p. 205.

3. Renaud Barbaras émettra une objection analogue en faisant valoir que le point de départ matérialiste de la philosophie de Jonas – celui-ci initiant sa démarche à partir de l'étude du concept de métabolisme hérité de la science et auquel il accorde sa préférence sur le point de départ réflexif – le conduit à poser par contraste un sujet de la réflexion pure, ce qui l'inclinera intérieurement à projeter sur la vie le témoignage d'un tel sujet sur lui-même. Il aurait au contraire fallu partir du témoignage de la vie sur elle-même indépendamment de tout dualisme initial. Cf. *Introduction à une phénoménologie de la vie*, *op. cit.*, p. 182-230.

de lui que dépend la vie de ces générations. L'être de l'homme implique donc un devoir-être : il faut que l'humanité soit[1].

Pour autant, Ricœur considère que « la philosophie de la biologie » échoue à donner un fondement ontologique au Principe Responsabilité. Celui-ci en effet commande de préserver *l'existence* de l'humanité, ce qui est la *condition nécessaire* de l'humanité. Mais il n'est pas une *condition suffisante* pour penser l'humanité de l'homme. Ce qu'il importe de justifier n'est pas seulement la conservation de l'homme en tant *qu'espèce* vivante mais également sa préservation en tant que conforme à l'idée d'humanité, donc en tant qu'humanité authentique ou responsable. C'est dans ce que Ricœur appelle le « grand détour »[2] de Jonas qu'il voit le symptôme de cet échec. En effet, celui-ci, conscient du fossé entre l'idée de vie et celle d'humanité (en tant qu'humanité), aurait été obligé de recourir à un argument ontologique renouvelé (le devoir de responsabilité étant inclus dans l'idée d'humanité) lui-même subordonné à un axiome général affirmant le Bien dans l'Être, ce qui conduit à une reformulation de la question leibnizienne de l'origine radicale, qui devient alors : Pourquoi vaut-il mieux qu'il y ait quelque chose plutôt que rien ? Un tel détour métaphysique serait alors le signe de l'insuffisance de la philosophie biologique à fonder l'éthique. Force serait alors de conclure que la démarche jonassienne se résume en trois axiomes distincts d'auto-approbation de la vie (qui pose la question de l'articulation de la biologie et de l'éthique), d'exigence de réalisation de l'idée d'humanité (qui est « un rejeton du kantisme »[3] dont la forme actuelle pourrait être une éthique de l'argumentation), et de préférabilité de l'être sur le non-être (où le Bien réalise la synthèse de l'être et du devoir-être.) Il y a ici entre ces trois axiomes un cercle herméneutique qui requiert une thématisation plus approfondie, mais qui ne peut avoir l'allure d'une justification ontologique d'un principe éthique que l'humanité soit comme humanité.

1. Nous reviendrons sur cette lecture du raisonnement jonassien proposée par Ricoeur.
2. « La responsabilité et la fragilité de la vie », *op. cit.*, p. 205 et p. 215.
3. *Ibid.*, p. 215.

LA RÉAPPROPRIATION RICOEURIENNE DE L'ÉTHIQUE DE LA RESPONSABILITÉ

Du refus de l'ontologie de la vie à l'approche herméneutique

Cette critique étant restituée, il est à présent possible non seulement de voir d'où Ricœur parle pour pouvoir la formuler mais également de comprendre en quel sens certains résultats de la démarche jonassienne peuvent être sauvés, sous la condition d'une réinterprétation de leur sens. Ici encore c'est selon un axe double qu'il faut faire porter l'examen : celui de l'ontologie de la vie et de la fondation de l'éthique.

Vu depuis le prisme du *Volontaire et de l'involontaire*[1], il ne faut pas s'étonner que Ricœur puisse condamner l'entreprise d'établissement d'une ontologie directe de la vie, sous prétexte qu'elle reste prisonnière d'un dualisme de point de vue entre la réflexion du sujet et l'observation scientifique objectivante. Commençons par évoquer la teneur du livre de Ricoeur. Dans cet ouvrage en effet, il propose une phénoménologie de la volonté[2] qui prend en compte notre existence corporelle, ce qui l'apparente

1. P. Ricoeur, *Philosophie de la volonté*, *op. cit.*

2. Ce projet a donc d'emblée une dimension pratique et même « éthique. » Ricoeur estime en effet nécessaire de faire abstraction de la faute (de la volonté mauvaise) et de la Transcendance (qui en est solidaire) afin de décrire la volonté pour elle-même, d'une part parce que « la faute est l'absurde » (*Ibid.*, p. 27), ce qui interdit d'en faire l'objet d'une ontologie relevant d'une phénoménologie eidétique, d'autre part car en voulant trop rapidement articuler le vouloir avec la nature –ce qui serait le cas si on naturalisait la faute– nous serions conduits à ne pas tenir la promesse éthique que cette conciliation porte en elle. (*Ibid.*, p. 25.) Prendre le mal au sérieux consiste à résister à la tentation ontothéologique, à cause de laquelle celui-ci est abusivement intégré, et par-là même justifié, à l'être. Cf. *Le Mal. Un défi à la philosophie et à la théologie*, Genève, Labor & Fides, 1986.

Dans le premier tome de la *Philosophie de la volonté*, *op. cit.* Ricoeur considère donc qu'il faut exposer le phénomène de la volonté en faisant abstraction du mal et de la transcendance afin, une fois réintégrés, de montrer que c'est à un sujet libre que le mal échoit et que le don de l'être par la transcendance, qui vivifie le sujet et le sauve, ne compromet pas sa liberté. À la fin du premier volume de la *Philosophie de la volonté*, seule une « poétique de la volonté » paraît alors en mesure de justifier le consentement à notre condition et de sauver le phénomène de la volonté, menacée par l'involontaire absolu. Cette poétique suppose un discours sur la reconnaissance de la valeur du monde jugé compatible avec l'exercice de notre liberté, en tant qu'elle incarnée.

Cependant le second volume se heurte à la question de la radicalité du mal auquel on ne peut consentir : ce qui est ne devrait pas être. La promesse du premier volume affirmant que c'est à une liberté que le mal arrive et que la transcendance peut y remédier sans compromettre notre liberté semble donc suspendue au profit d'une approche herméneutique, qui est le pendant de cette poétique. Une autre méthode devra donc être convoquée pour en rendre compte : une empirique de la volonté qui opère par convergence d'indices concrets afin de

à la tâche merleau-pontyenne, même s'il s'agit, en tout cas selon Ricœur, d'insister sur le volant pratique de cette phénoménologie de l'incarnation.[1] Procédant à une description de l'acte volontaire qui met en relation le vouloir avec le voulu, il est amené à distinguer au sein du «je veux» la dimension de la décision – toujours en rapport avec l'irréalité du projet –, de l'effectuation – qui implique la motricité du corps – et du consentement[2], qui est l'acquiescement à une nécessité absolue. Cette dernière étant insurmontable au plan purement pratique (contrairement à l'involontaire relatif[3]), une sagesse est rendue nécessaire pour y consentir et montrer aussi en quel sens l'action volontaire continue d'être pensable. Il est d'autant plus crucial de montrer que l'involontaire absolu n'est pas une objection dirimante et définitive à la possibilité d'un agir libre que celui-ci se trouve à l'arrière-plan de l'involontaire relatif[4]. Or si la figure de l'involontaire absolu adopte une triple forme – le caractère, l'inconscient et la vie –, c'est pourtant la vie qui apparaît comme «la nécessité de base» puisqu'«elle alimente les virtualités de l'inconscient et leurs conflits, elle donne au caractère ses directions privilégiées; c'est en elle que tout se résout en dernière instance»[5]. La question de la vie occupe donc une place centrale au sein de la phénoménologie ricoeurienne. Celle-ci, de prime abord, se donne à voir sous un mode ambigu comme «tâche et comme problème résolu», écrit l'auteur. Elle s'impose à nous comme cela qui se développe par soi mais aussi comme ce qui sollicite notre volonté: il faut

décrire la possibilité du mal en l'homme, sa faillibilité, et une mythique concrète pour comprendre l'apparition de la volonté mauvaise. Le rapprochement entre le langage philosophique et le discours sur les mythes rendra nécessaire une herméneutique des symboles, à partir de laquelle on peut penser philosophiquement le mal, dans la mesure où le symbole donne à penser et où on peut construire une ontologie à partir de lui en renouvelant nos concepts existentiaux. (De cette manière est lancée la possibilité d'une herméneutique philosophique qui excédera par la suite la seule question du mal.) La question du volontaire et de l'involontaire est ainsi reconduite en direction d'une dialectique entre la finitude de l'homme, sa faillibilité, et l'infini auquel il peut s'ouvrir.

Cependant le thème de la transcendance ne sera pas abordé pour lui-même.

1. *Réflexion faite*, Paris, Esprit, 1995, p. 23.

2. *Cf.* F. Dastur, «Volonté et liberté selon Paul Ricoeur» dans *Ricoeur*, M. Revault D'Allonnes et F. Azouvi, Paris, L'Herne, 2004, p. 179.

3. On peut évoquer le premier cycle de l'involontaire (la motivation qui alimente la décision) et le deuxième (les savoirs préformés, les émotions et les habitudes.) Ainsi, par exemple, le besoin est une motivation qui incline mais sans nécessité. On ne peut s'empêcher de ressentir la faim mais on peut s'interdire, au nom d'une valeur supérieure, d'en faire un principe de conduite. Ainsi cet involontaire est relatif et ne remet pas fondamentalement en cause ma liberté.

4. P. Ricoeur, *Philosophie de la volonté*, *op. cit.*, p. 319-321.

5. *Ibid.*, p.384.

œuvrer pour continuer de vivre. La nécessité de la vie, vécue par la conscience, appelle donc une analyse objective de la vie, afin de s'assurer que cette nécessité n'épuise pas notre compréhension de la vie. Dans le cas contraire en effet, la volonté ne serait que l'effet de cette cause mécanique que serait la vie, qu'elle soit comprise comme mécanisme d'organisation, comme évolution ou comme patrimoine héréditaire. Nous y perdrions la liberté. C'est pourquoi Ricœur met tour à tour en question les trois concepts biologiques d'organisation, de croissance et de naissance[1]. À chaque fois, il s'agit de montrer que le sujet n'est pas auto-position idéaliste de soi. Il a donc affaire à une nécessité biologique souterraine qui s'impose à lui. Le sujet vient de plus loin que lui-même, notre liberté n'est pas souveraine, notre réflexion n'est pas sans ombre. Pour autant, nous ne sommes pas non plus le produit d'un pur mécanisme biologique : l'organisation, l'évolution, la naissance laissent ouvertes la possibilité d'un sujet qui ne se réduit pas à la réalité de l'objet. C'est pourquoi la sagesse consistera à reconnaître une certaine dépossession de soi qui n'est pas pour autant un renoncement au soi du sujet[2]. Le sens de la volonté s'en trouve précisé en même temps que vient au premier plan la question du rapport entre le point de vue en première personne et en troisième personne sur le sujet en tant qu'incarné.

Quel est alors le statut de cette relation entre le discours objectivant et la réflexion ? Ricœur définit en toute rigueur cette relation de la manière suivante : « la vie est la condition *sine qua non* de la volonté et en général de la conscience »[3]. L'explication biologique doit avoir le rôle d'index ou de *signum* afin de désigner le rôle subalterne de la vie pour la conscience. En d'autres termes, s'il s'agit pour Ricœur de reconnaître par là le rôle de la vie

1. La naissance occupe un rôle cardinal, au sein de l'approche ricoeurienne de la vie, puisque le consentement à ce phénomène-limite est consentement à la vie, qui elle-même commande, jusqu'à un certain point, mon caractère et mon inconscient. En outre, alors que pour Heidegger, c'est l'être-vers-la mort qui donne son sens authentique au fait d'être né, Ricoeur considère au contraire que la mortalité ne possède pas véritablement de portée existentielle, contrairement au sentiment de contingence dont elle n'est que la crispation. De ce point de vue, la naissance, dont je ne peux faire l'expérience et dont les conséquences me rappellent mon absence d'autonomie –il ne dépend pas de moi d'être né et d'hériter de telle ou telle situation – est peut-être cela qui met le plus en question ma liberté tout en la sollicitant : puisque je ne suis pas par moi, je dois consentir à ma condition pour me la réapproprier, dans une libre décision du sens à donner à mon existence. Le rapport à ma naissance a donc un rôle plus fondamental que le rapport à ma mort propre, à supposer même que cette dernière soit possible, ce que conteste Ricoeur.

2. P. Ricoeur, *Soi-même comme un autre*, *op. cit.*, p. 15.

3. P. Ricoeur, *Philosophie de la volonté*, *op. cit.*, p. 395.

dans l'édifice de la conscience, en insistant sur la naturalité de cette dernière, il s'agit tout autant, et peut-être encore davantage, d'insister sur l'autonomie de notre conscience au regard de cette vie conçue mécaniquement. Refusant tout autant l'idéalisme désincarnée que le matérialisme, qui va jusqu'à réduire la conscience au statut d'objet, Ricœur nous reconduit à un dualisme de méthode, qui reconnaît la légitimité des deux types de discours dans leur domaine propre, sans s'interdire de reconnaître la possibilité d'une unité en soi, bien qu'elle ne soit pas pensable. Nous pouvons tout au plus accéder à cette unité, mais du point de vue du vécu de la conscience, qui se contente de constater l'ambiguïté de la vie[1]. Contrairement donc à Bergson cherchant dans l'intuition et trouvant dans l'élan vital de quoi unifier l'être à partir d'une ontologie de la vie, qui prendra des proportions cosmologiques, Ricœur refuse la possibilité d'une telle ontologie et d'une telle cosmologie, dont l'unité se ferait aussi bien au détriment de la pureté de la description phénoménologique que de l'explication scientifique[2]. Au regard de cette analyse, on comprend alors mieux pourquoi Ricœur se montre très réservé à l'égard de la tentative jonassienne, qui joint de manière impure deux types de discours qui mériteraient de rester séparé, tout en reconnaissant la valeur de l'un et de l'autre. Certes on peut bien partir du phénomène de la vie pour en reconnaître l'ambiguïté[3]. On peut aussi s'autoriser d'une explication scientifique comme index pour justifier la nécessité vécue par le *cogito*. Mais on ne peut en aucun cas passer de cette phénoménologie à cette explication, du sujet à l'objet, au sein d'un discours commun qui aurait pour viser l'unité de l'être. Tout se passe donc comme si Ricœur procédait à une phénoménologie de la vie, qui prenne en compte le discours scientifique, mais sans aller jusqu'à proposer une ontologie jugée impossible.

Pour autant, lorsque Ricœur se livre à l'analyse de la pensée de Jonas, le tournant herméneutique de sa phénoménologie, initiée dans la second tome de la *Philosophie de la volonté*, a déjà été effectué et l'on peut se demander si cette évolution n'infléchit pas le constat que nous venons de faire quant à

1. « Seule l'aperception du Cogito révèle cet entrelacement de deux expériences de la vie comme tâche et comme problème résolu », *Ibid.*, p. 394.

2. *Ibid.*, p. 397-399.

3. *PhV*, p. 9, 29 et 33. Jonas part du témoignage humain de l'ambiguïté de la vie pour penser la vie pour elle-même, afin de décrire ensuite à nouveaux frais la différence anthropologique. Ricoeur part du phénomène de l'acte volontaire incarné, en confrontant le volontaire à l'involontaire, et remonte jusqu'au phénomène de l'ambiguïté de la vie.

l'évaluation du projet jonassien d'une ontologie de la vie[1]. La phénoménologie herméneutique conduit-elle à accentuer ou bien à atténuer les réserves de Ricœur concernant un tel projet ? La rapproche-t-il d'une ontologie de la vie ou bien au contraire l'en en éloigne-t-il ? Pour répondre à cette question, il convient d'examiner au préalable les raisons d'un tel tournant. Dans un texte important, et bien connu, intitulé « Phénoménologie et herméneutique : en venant de Husserl[2]... »[3], Ricoeur justifie ce passage d'une phénoménologie eidétique à une phénoménologie herméneutique, en dénonçant l'idéalisme de la phénoménologie husserlienne au regard de l'approche herméneutique, ce qui lui permet de dessiner la voie d'une phénoménologie qui, pour être authentique, doit s'accomplir en herméneutique, herméneutique qui ne peut elle-même se réaliser sans faire fond sur des présupposés phénoménologiques.

Sans entrer dans le détail de l'analyse de ce texte, on pourrait penser de prime abord que l'effort de désidéalisation de la phénoménologie husserlienne entrepris par Ricoeur le rapproche de la visée d'une phénoménologie de la vie qui se propose de reconduire l'apparaître des phénomènes non pas jusqu'à la région de la conscience mais jusqu'à celle de la vie de laquelle une ouverture au monde, neutre au regard de la dualité du sujet et de l'objet, peut être explicitée. Suivant Husserl qui critique l'objectivisme, Ricoeur s'en éloigne cependant en ce qu'il faut également critiquer le subjectivisme qui en est le pendant. En référant le sens à la conscience, Husserl s'interdit de comprendre comment le sujet n'est pas déjà constitué, sous forme de vécus immanents, mais à constituer. Loin que le sens provienne de la conscience, il faut féconder l'idée selon laquelle la conscience a son sens hors d'elle-même. La question du sens d'être du « sujet » doit donc être posée en dehors de toute réduction *a priori* à la sphère de la conscience.

Toutefois, si Ricoeur reconnaît bien la nécessité d'en rester au plan d'une description de type phénoménologique, puisque c'est en termes de sens que la question doit être posée, à condition de ne pas se référer à la région pure de la conscience, ce n'est pourtant pas en direction d'une phénoménologie de la vie, qui s'interroge sur le sens d'être de la vie, qu'il se tourne pour désidéaliser la phénoménologie, mais en direction d'une

1. Nous avons estimé nécessaire d'en passer au préalable par l'examen de *Philosophie de la volonté*, *op. cit.*, afin de savoir depuis quelle perspective Ricoeur effectue ce tournant herméneutique.

2. Dans cet article, Ricoeur prend pour fil directeur essentiellement le *Nachwort* des *Ideen* et les *Méditations cartésiennes*.

3. *Du texte à l'action*, *op. cit.*, p. 39.

herméneutique. Cette herméneutique ne se présente pas pour autant comme un refus de penser la vie, puisque c'est au contraire le seul moyen d'y avoir accès. La raison de ce choix semble très claire. Le langage, à condition de le comprendre comme origine de textes grâce auxquels nous pouvons expliciter notre être-au-monde, est la voie d'accès privilégiée au monde de la vie[1]. Comme l'écrit de manière remarquable Paul Ricoeur: « le discours poétique laisse être notre appartenance profonde au monde de la vie, laisse se dire le lien ontologique de notre être aux autres êtres et à l'être »[2]. Le texte ne vaut pas seulement par son sens mais également par sa référence au monde. Un texte n'est pas d'abord le résultat de l'intention du sujet qui le porte, mais lieu de déploiement d'un monde. Loin qu'il soit auto-célébration du langage par une immersion dans la fiction et l'irréel, il est au contraire la condition pour mettre à distance le monde commun des objets manipulables et occasion de variations imaginatives grâce auxquelles un monde dans lequel on peut investir des possibilités se dégage. Le moyen de désidéaliser la phénoménologie est donc de référer le sens non pas directement à une conscience transcendantale mais aux textes, qui permettent de relier le sujet au monde, en désappropriant le moi, lui donnant alors le loisir de se distancier de lui-même, de rompre avec la croyance en une transparence immédiate de soi à soi. Ainsi donc le langage ne trahit pas l'expérience mais la reconduit à elle-même. Il est l'accès par

1. On trouve chez Heidegger l'idée que la phénoménologie doit être herméneutique dans la mesure où le sens d'être est dissimulé et appelle par conséquent une interprétation. Cf. *Ibid.*, p. 55. Mais le « comprendre » est avant toutes choses une possibilité d'être qui accompagne le sentiment de la situation et c'est seulement ensuite qu'est mise en œuvre une interprétation. Celle-ci, qui explicite la compréhension, porte sur les choses et n'est pas d'abord une exégèse des textes. L'herméneutique ne met donc pas primordialement en jeu le discours. Le langage, qui n'est introduit qu'après la triade situation, compréhension, explicitation n'est lui-même qu'une manière d'articuler l'explicitation dans des énoncés (*Aussage*) Il manifeste notre compréhension du monde, notre ouverture. De ce point de vue, le dire (*reden*) ontologique est supérieur au parler ontique (*sprechen*.) En outre, le comprendre prend la figure de l'écoute. Si donc il y a une herméneutique heideggérienne, celle-ci ne saurait être une philosophie du langage en tant que producteur de textes, moyens d'exprimer une relation au monde. En outre, si Ricoeur peut féliciter Heidegger de situer l'herméneutique dans un rapport de filiation avec une expérience fondamentale qu'il s'agit d'expliciter, en revanche il lui reproche de ne pas faire retour aux sciences humaines, qui donnent un éclairage essentiel sur l'homme, dans la mesure où leur objet et leur méthode sont analogues à ceux de la tâche herméneutique. Cf. *Ibid.*, p. 93-95. L'herméneutique doit se tourner vers les textes pour comprendre notre rapport au monde. C'est seulement à cette condition que la phénoménologie pourra ôter son habit idéaliste et faire apparaître le sens, indépendamment de son rapport à un sujet pur. Ricoeur conserve donc l'idée que ce qui se dit est en rapport avec une expérience mais il rompt avec l'idée que cette expérience puisse être non langagière.

2. *Ibid.*, p. 221.

excellence à notre expérience vive du monde. Par lui, nous pouvons signifier nos vécus, signification qui n'est pas une déformation de ces vécus mais leur révélation. Car la vie est plus qu'elle-même, et cet excès se dit dans la signification que le langage porte à l'existence pour nous.

C'est d'ailleurs ce qu'on peut lire dans les Quatrième et surtout Cinquième *Méditations cartésiennes*. Ricoeur montre que l'avenir herméneutique non idéaliste de la phénoménologie est en quelque sorte préinscrit dans cette œuvre de Husserl. Nous savons bien que pour accéder à l'altérité, ce dernier doit donner à comprendre comment une autre expérience du monde, une transcendance, peut surgir au sein de la région immanente de la conscience. Il faut en effet constituer l'autre à partir de moi mais aussi comme autre. Or pour répondre à la question il ne suffit pas de dire que l'autre se donne sur le mode analogique, car le raisonnement analogique ne permet pas de répondre à la question [1]. Il faut dire comment cette analogie est possible. Or seul le concept *d'Auslegung*, d'explicitation le permet. Les significations potentielles débordent mon vécu en moi et indiquent en creux l'autre, comme cela vers qui je peux me transférer sur le mode de la possibilité. Il appartiendra alors à une herméneutique d'expliciter et de prolonger cet acquis husserlien, en montrant que les textes d'une œuvre, d'une institution, d'une tradition historique, permettent l'appréhension d'une expérience du monde qui est tout autant une désappropriation de moi-même. L'ouverture au monde n'est donc jamais absolue mais relative. Pour autant, j'ai accès à quelque chose du monde. Le sens du texte irréalise le monde pragmatique mais rend par là-même possible l'accès au monde lui-même. C'est seulement à ce prix que le monde de la vie est accessible, ce qui signifie tout aussi bien que la vie n'est jamais un donné, un en soi, une nature sauvage cachée sous des acquis culturels, mais « un antérieur jamais donné », qui appelle une explicitation. Le monde de la vie est un potentiel de sens à explorer infiniment. On pourrait dire que c'est à travers le texte que la vie se donne et qu'elle n'est rien d'autre que l'interprétation reprise sans cesse à nouveau frais de ce texte. En soi elle n'est rien. Il serait dès lors naïf de croire qu'on peut construire une phénoménologie de la vie qui soit directement ontologique, et seul l'accomplissement herméneutique de la phénoménologie ménage un accès à ce monde primordial, qui reste par ailleurs monde de la vie de l'homme. C'est pour cette raison que l'ontologie de la vie suppose une phénoménologie

1. Notamment car l'immédiateté de la reconnaissance de l'autre comme autre contraste avec le caractère médiat du raisonnement. Pour autant, cette reconnaissance n'est pas une « intuition » d'autrui.

herméneutique et que, tout en en décrivant la méthode, Ricoeur peut rester fidèle à son refus de départ d'un discours unifiant le sujet et l'objet dans le seul registre du discours biocosmologique. Nous avons certes accès à l'être du monde de la vie (humaine) mais c'est seulement par le biais d'une phénoménologie herméneutique[1]. C'est à cette lumière qu'il faut donc éclairer le doute persistant à l'égard du projet jonassien de décrire le phénomène de la vie pour lui-même. Et c'est pourquoi Ricoeur appréhende ce projet comme étant une métaphysique de la biologie, soit comme une tentative incertaine de compléter l'approche objective scientifique du métabolisme par l'approche réflexive du sujet.

Le dédoublement de l'éthique jonassienne

La définition du programme de la phénoménologie herméneutique permet également de mieux comprendre l'aspect pratique de la philosophie ricoeurienne et, par voie de conséquence, la manière dont il va se réapproprier l'éthique jonassienne de la vie. En effet, alors que les dernières pages du *Volontaire et de l'involontaire* ouvraient la perspective d'une morale du consentement s'appuyant sur une «poétique de la volonté», à savoir une métaphysique permettant d'articuler la liberté finie de l'homme avec la nécessité du monde[2], voici que le tournant herméneutique permet d'envisager une autre approche de la philosophie pratique, ou plus exactement de faire un pas en direction de cette poétique de la volonté[3]. Actant du conflit entre l'idée d'humanité et l'humanité empirique, Ricoeur refuse tout autant de le résoudre en suivant la voie heideggérienne d'une affirmation définitive de la finitude humaine, à laquelle l'imagination renverrait en dernier ressort, qu'en suivant la voie de Cassirer qui maintient l'exigence d'un idéal infini à travers des formes symboliques fournies par l'imagination[4].

1. C'est également le point de vue de Marc-Antoine Vallée en réponse à l'objection adressée par Jean-Luc Petit, pour lequel Ricoeur s'éloigne d'une «phénoménologie physiologique» après le tournant herméneutique. *Cf.* J.-L. Petit, «Sur la parole de Ricoeur: "Le cerveau ne pense pas. Je pense."», *Revue d'histoire et de philosophie religieuses*, Tome 86, n°1, 2006, p. 99 et M.-A. Vallée, «Paul Ricoeur et la question du vivant», *Bulletin d'analyse phénoménologique VI 2*, 2010 (Actes 2).

2. Cette tâche n'aboutit pas notamment à cause de l'extra-mondanéité du mal, figure de l'absurde à laquelle on ne peut consentir.

3. *Du texte à l'action*, *op. cit.*, p. 213: «Cette question [=le rôle de l'imagination au plan pratique] relève elle-même d'une investigation de plus vaste portée, à laquelle j'ai donné jadis le nom ambitieux de *poétique de la volonté*.» *Cf.* J.-P. Pierron, *Les puissances de l'imagination*, Paris, Éditions du Cerf, p. 133.

4. *Ibid.*, p. 139-140.

Il faut au contraire trouver un moyen de trouver passage entre ces deux dimensions de l'homme par le moyen de l'imagination. Cette dernière, que le langage relaie n'est en effet pas essentiellement une puissance de fausseté ou un instrument d'élucubration. L'irréalisation que l'image rend possible permet de prendre ses distances avec la réalité donnée afin de l'envisager autrement et d'y investir sans coût, c'est-à-dire sans s'y engager concrètement, d'autres possibilités. L'imagination définit des « manières nouvelles d'être au monde »[1]. En prenant des libertés avec un monde défini par les intérêts matériels et la manipulation, elle nous permet de prendre contact avec « le monde de la vie » et « laisse se dire le lien ontologique de notre être aux autres êtres et à l'être »[2]. Cette référence de second degré à l'égard du monde est primordiale et il serait faux de croire que l'imagination nous permet seulement de viser une signification nouvelle, car c'est bien également à une autre « réalité » qu'elle se réfère. Parce qu'elle suspend notre croyance au monde pragmatique, elle libère son potentiel *heuristique* nous permettant de définir d'une autre manière le monde afin d'y agir. C'est dire que l'image ne saurait être conçue comme une simple représentation du réel, mais qu'elle permet, en particulier lorsqu'il s'agit d'imaginer l'action humaine, de le reconstruire pour en dégager le sens. C'est pourtant dans la prospective qu'elle fait le plus valoir sa force pratique. Au plan du projet, elle permet de lier les moyens et les fins de manière particulièrement innovante. Au plan de la motivation, elle permet d'équilibrer les causes et les motifs, les motifs et les mobiles. Au plan du pouvoir-faire, elle permet d'anticiper le déroulement effectif de l'action. De ce triple point de vue, l'imagination apparaît comme la faculté du possible pratique. Elle semble pouvoir s'offrir comme une médiation heureuse entre l'humanité telle qu'elle est et l'humanité telle qu'elle devrait être, en offrant les scénarios d'un rapprochement possible entre le réel et l'idéal. Elle semble également pouvoir s'appliquer au plan plus général de la société, en répondant à son double besoin d'intégrer ses membres grâce à des valeurs et des pratiques communes et de la faire évoluer vers des perspectives d'organisation plus juste. On peut alors dire avec Ricoeur qu'elle a une fonction à la fois idéologique et utopique, à condition de prendre ces termes dans le sens le plus neutre qui soit, tout en ayant conscience que chacune d'entre elle peut se développer sous une forme pathologique.

1. *Du texte à l'action*, *op. cit.*, p. 220.
2. *Ibid.*, p. 221.

Insister sur ce pouvoir de l'imagination, qui envisage le sens de la réalité selon la catégorie du possible restructurant, permet de comprendre comment Ricoeur articule dans *Soi-même comme un autre* l'éthique et la morale. L'herméneutique du soi déployé dans cet ouvrage rend possible, dans son quatrième moment[1], une description du sujet en tant que peuvent lui être imputées des actions relevant de la catégorie du bon et de l'obligatoire. Cependant ni l'éthique, qu'il faut comprendre selon Ricoeur comme la visée de la « vie bonne » avec et pour autrui dans des institutions justes »[2], ni la morale, que caractérise le respect d'un devoir marqué au coin de l'universalité, ne suffisent à elles seules à rendre compte du sens « prescriptif » de notre condition humaine. À l'éthique en effet, il manque la reconnaissance de l'existence du mal et de la violence, qui sont des aspects de la vie, puisque l'homme est faillible, et que seule une morale universelle permet de condamner et de juguler. À la morale, il manque le compte-rendu concret de la manière d'articuler une exigence universelle avec une situation concrète. L'éthique sans la morale est naïve ; la morale sans l'éthique est impuissante et mène à des conflits tragiques. Or loin d'insister sur le caractère contradictoire de ces deux approches – du point de vue de la morale, comment se satisfaire d'une éthique qui conserve une visée égoïque et un rapport à la nature ? Du point de vue de l'éthique, comment accepter une morale de l'obligation qui ne rende pas compte des médiations concrètes permettant son incarnation ? – Ricoeur s'efforce d'en réaliser comme une synthèse, à travers la notion de sagesse pratique. On peut alors supposer que l'imagination est précisément cette faculté qui permettra d'accorder la norme au contexte singulier où elle doit s'appliquer mais qu'elle doit prendre aussi en compte pour ne pas s'appliquer avec violence[3]. Ricoeur prend au moins deux exemples, pour

1. Insistons sur deux points. En premier lieu, cette herméneutique suit trois lignes directrices d'importance graduée, selon le moment où la réflexion d'ensemble se déploie. Ricoeur s'attache en effet à distinguer (1) le « je » du soi, ce qui est une invitation à aborder la sujet de la réflexion par le détour de l'analyse, (2) l'identité *idem* de *l'ipséité* et (3) le soi dans son rapport à autrui. Cette grille de lecture lui permet de répondre aux quatre aspects que prend la forme qui ? Qui parle ? Qui agit ? Qui raconte ? Qui est sujet d'imputabilité ? La question se posera alors de l'unité analogique entre ces quatre dimensions de l'ipséité, notamment à travers une réflexion de nature ontologique autour de la catégorie cardinale de l'action et du couple acte/puissance qu'elle met en jeu. En second lieu, Ricoeur établit un pont entre le descriptif et le prescriptif, d'une part, parce que les parlants et agissants, qu'il a analysé dans les premières études, suivent des préceptes, d'autre part, parce que l'identité narrative qu'il a thématisé au préalable est le lieu d'une refiguration du sujet.

2. P. Ricoeur, *Soi-même comme un autre*, *op. cit.*, p. 202.

3. Sur le rôle des fictions narratives : *Ibid.*, p. 200.

illustrer ce point de vue, empruntés au champ bioéthique, celui de la vie finissante et de la vie commençante[1].

Il fallait faire ce rappel car c'est seulement à partir de ce cadre que l'on peut comprendre à quelle condition Ricoeur peut assumer les acquis du *Principe Responsabilité* de Jonas. On se souvient en effet que cette approche suffisait selon lui à justifier la perpétuation de l'humanité en tant qu'espèce mais non en tant qu'humanité authentique. Jonas était donc obligé de faire passer, en contrebande, une idée d'humanité, d'obédience kantienne. Une telle lecture se comprend désormais parfaitement depuis une philosophie qui entérine la rupture entre la morale et l'éthique, entre le devoir-être et la vie bonne. Il ne faudra donc pas s'étonner de voir que Ricoeur tire argument de cette critique du système jonassien pour en réinterpréter les contenus selon ses propres coordonnées philosophiques. On constatera alors que cette reprise se fait chez Ricoeur dans deux directions différentes, du côté de l'éthique de premier degré, de l'éthique « antérieure », (qui n'est pas encore passée par le crible de la norme) et du côté de la sagesse pratique, de l'éthique « postérieure ». Si l'on se tourne d'abord du côté de *Soi-même comme un autre*, on remarque en effet que l'éthique jonassienne de la responsabilité est réinvestie dans le cadre de la sagesse pratique[2]. La responsabilité permet en effet de faire contrepoids à la rigidité d'une morale de l'imputabilité qui se réfère surtout à l'impersonnelle loi et rend compte des actes passés. Au contraire la responsabilité prend en charge l'autre dans sa vulnérabilité et s'ouvre à l'avenir en acceptant de répondre des conséquences futures d'un agir, en grande partie imprévisible. La lecture ricoeurienne de Jonas laisse ici de côté la lecture strictement formelle qu'il en faisait dans l'article de 1991[3]. Ce n'est pas le kantisme implicite de Jonas qui est dénoncé; c'est au contraire ce en quoi sa morale de la responsabilité peut vivifier une morale universelle trop formelle et trop rigide[4]. Le premier visage de la réappropriation

1. Il écrira ensuite un article montrant en quel sens l'éthique médicale relève d'une telle approche de l'éthique et de la morale.

2. P. Ricoeur, *Soi-même comme un autre*, *op. cit.*, p. 317 et 342. Plus précisément la première référence à Jonas est réalisée dans le cadre strict de la section 2 de l'étude 9 consacrée à la résolution du conflit entre respect de la loi et respect des personnes. La seconde référence tire les conclusions, au plan du sujet, des acquis des trois études éthico-morales et de la synthèse effectuée au plan de la sagesse pratique.

3. « La responsabilité et la fragilité de la vie », art. cit.

4. Cependant si la responsabilité permet de donner un visage humain à l'imputabilité, inversement c'est l'imputabilité qui permet à la responsabilité de ne pas sombrer dans l'hyperbole qui la menace, puisqu'à vouloir se rendre responsable de cela qui n'est absolument pas en

ricoeurienne de la morale jonassienne, tout en ayant tendance à laisser de côté son inscription biologique, sa référence à l'ontologie de la vie[1], convoque le Principe Responsabilité pour élargir le cadre étroit de la doctrine de l'imputabilité. Ainsi alors que Ricoeur dénonce dans l'article de 1991 l'ambiguïté de l'éthique de la responsabilité qui joue sur deux tableaux, éthique de l'espèce humaine et morale de l'humanité, sans qu'on puisse penser le lien effectif entre les deux, voici désormais que la responsabilité jonassienne se présente comme lien effectif entre ces deux aspects mais au prix d'une réinterprétation de sa justification dernière et de ses coordonnées. Ni éthique, ni morale, c'est comme sagesse pratique que « l'éthique » de la responsabilité doit jouer un rôle[2]. C'est depuis le concept d'éthique (de second degré, c'est-à-dire passée par le crible de la norme) élaboré par Ricoeur qu'il réinvestit les outils jonassiens. Si l'éthique ricoeurienne peut donc être dite telle, c'est moins parce qu'elle se réfère à la vie que parce que la sagesse pratique qui conserve un moment déontologique le dépasse par la prise en compte des situations concrètes.

Cependant, Ricoeur reprend également à son compte l'héritage pratique de Jonas d'une seconde manière. Dans *Ce qui nous fait penser. La nature et la règle*, c'est en tant qu'*éthique* que la philosophie de Jonas est convoquée. Parce que Jonas propose une biologie qui articule la liberté et l'organisme, parce qu'il ne réduit pas la vie à une lutte pour la vie spécifique, mais qu'au contraire il pense la vie individuelle comme lutte pour son existence propre, grâce à quoi elle gagne son autonomie, il voit là les prodromes de ce qui deviendra, grâce aux médiations culturelles, une morale. À condition de ne pas confondre la morale et éthique, à condition de ne pas oublier qu'il y a aussi dans la vie une tendance à la violence, on peut trouver dans l'éthique de Jonas de quoi justifier des préparatifs à la moralité. C'est alors rétrospectivement, à partir du point de vue de l'idée d'humanité, qu'on pourra trouver des dispositions vitales qui rendent possibles son incarnation. Encore une fois l'éthique ne permet pas de

notre pouvoir, à cause de son imprévisibilité ou du fatalisme de l'agir, on court le risque de n'être, dans les faits, responsable de rien.

1. L'herméneutique du soi conserve une référence à l'ontologie. Mais celle-ci est problématique dans la mesure où Ricoeur la considère comme étant au stade exploratoire. En outre, s'il donne une place à l'idée d'ontologie de la chair, rien n'est dit en revanche sur la vie animale.

2. Pour autant, la responsabilité jonassienne doit être amendée pour s'inscrire dans le cadre de la sagesse pratique de Ricoeur. Elle court en effet le risque de se diluer dans une responsabilité infinie qui interdit d'identifier les sujets qui doivent rendre des comptes. Il faut donc faire intervenir le jugement et par-là la notion d'imputabilité redevient centrale. Voir tout particulièrement : *Le Juste*, *op. cit.*, p. 64-70.

justifier le devoir de perpétuer une humanité authentique, non seulement car cette morale trouve à se fonder autrement, mais également car la question est plutôt de savoir comment lui donner une traduction pratique dans des cas concrets. Néanmoins, l'éthique permet de concevoir comment la vie peut, d'une certaine façon, préfacer l'humanité de l'homme. On pourra s'étonner de voir que l'ontologie de la vie, qui suscite les réserves de Ricoeur dans son article de 1991, se trouve ici réévaluée au point de comprendre comment la morale est biologiquement possible. Il faut cependant faire remarquer qu'un tel réinvestissement n'est en aucun cas une remise en cause de l'approche ricoeurienne classique, puisque, ultimement, Ricoeur reconnaît la transcendance de l'homme sur la vie, le discours biologisant ne faisant que décrire ce sans quoi la norme morale ne peut être réalisée et sans que Ricoeur ne se prononce véritablement sur le sens qu'il faut accorder à la vie en tant qu'elle prépare la morale (tantôt il emprunte un langage jonassien pour la décrire, tantôt un langage objectivant[1].) Quoi qu'il en soit, il faut alors conclure que la présence de Jonas au sein de la philosophie pratique de Ricoeur se fait à la fois en aval et en amont. En aval, en ce qu'elle met en jeu une éthique de la vie qui ne suffit pas à justifier la morale humaniste, mais qui permet d'en expliquer partiellement l'application. En amont, car la responsabilité s'offre comme un opérateur pratique permettant de rendre effectif la morale au titre de sagesse pratique.

CRITIQUE DE LA CRITIQUE

L'aporie ontologique de Ricoeur ?

On peut cependant se demander en dépit de l'intérêt d'une telle réappropriation si, d'une part, les critiques du système jonassien qui la rendent possibles sont pleinement pertinentes et si, d'autre part, ce n'est pas l'approche jonassienne qui pourrait jouer le rôle d'opérateur critique pour mettre en valeur certaines insuffisances du dispositif ricoeurien, et cela, ici encore, selon un double point de vue, ontologique et éthique.

Au plan ontologique d'abord, est-il juste de désigner la démarche jonassienne comme étant une métaphysique de la biologie et de s'inquiéter

1. Il reviendra à la conclusion de *Soi-même comme un autre* d'esquisser une ontologie du soi compris à partir du conatus spinoziste.

de la rectitude de l'articulation entre le point de vue de la réflexion du sujet et celui de l'observation biologique objective ? Il faut au préalable remarquer que Jonas partagerait volontiers avec Ricoeur l'idée que la phénoménologie husserlienne conserve une dimension trop idéaliste, en ce qu'elle reste tributaire d'un primat du sujet. Sa critique de l'objectivisme ne la conduit pas jusqu'au point de critiquer également le point de vue d'un sujet trop pur pour s'inscrire dans le monde qu'il est pourtant censé viser[1]. C'est précisément pour dénoncer cet idéalisme de la phénoménologie (et par-delà elle celui de toute une tradition philosophique) que Jonas est conduit à prendre pour point de départ les données de la biologie, telles qu'elles lui sont connues à l'époque, et en particulier à prendre en considération la dimension métabolique de l'organisme, qui pour demeurer lui-même doit échanger avec le monde environnant. Il ne faut pourtant pas s'empresser d'interpréter ce recours aux données de la biologie comme étant une inféodation à l'objectivisme dont le contre-point serait le recours à une réflexion du sujet sur lui-même. En d'autres termes la volonté de désidéaliser la phénoménologie ne conduit pas nécessairement Jonas à rester tributaire du point de vue objectivant de la science et à développer corrélativement le concept d'un sujet qui doit être pur, replié sur lui-même dans la réflexion, précisément afin d'avoir ce point de vue purement objectif sur le monde et en particulier sur la vie. Si réflexion et observation objectivante sont solidaires, cela n'implique pas que tout recours méthodologique à la science doive se traduire par une dépendance voire une inféodation au mode d'être de l'objet.

Le projet jonassien consiste en effet au contraire à neutraliser ce dualisme de l'objet et du sujet afin de prendre pour point de départ la vie, pour elle-même, afin d'en constater l'ouverture au monde, selon des paliers croissant avec l'évolution. C'est pour mener à bien cette description du mode d'être de la vie qu'il se livre, comme nous l'avons vu[2], à une critique de la tradition philosophique commandée par « une ontologie de la mort ». Parce que cette dernière comprend la mort comme étant l'autre de la vie, elle est conduite à envisager l'âme comme survie pure et le corps comme soumis, en dernier ressort, à la loi d'inertie. Ce dualisme prépare la voie des monismes contemporains, qui voient s'opposer l'idéalisme et le matérialisme. Au contraire, il faut intégrer la mort à la vie et comprendre que la première dynamise la seconde, en est le moteur interne. Il est à cet

1. Sur la critique de l'objectivisme : « Edmund Husserl and the Ontological Question », art. cit. Sur l'oubli d'interroger le sens d'être du sujet, voir *PEF*, p. 29-30 et 39.

2. *Cf.* chap. I.

égard remarquable que Ricoeur n'évoque quasiment pas dans sa lecture de Jonas cette conclusion à tirer de la relecture par Jonas de l'histoire de la philosophie. C'est en effet à cette condition que la vie pourra être interprétée de manière « existentiale », et donc indépendamment de la dualité du point de vue de l'objet et du sujet[1]. Mais, plus significatif encore est le silence de Ricoeur sur le second pas accompli par Jonas, lui permettant de penser une phénoménologie de la vie qui soit également une ontologie. En neutralisant ainsi le dualisme brutal inhérent à la tradition philosophique, Jonas peut réhabiliter l'anthropomorphisme. Ce dernier ne peut plus être condamné au motif d'être une projection du mode d'être du sujet sur le mode d'être de l'objet, puisque cette opposition ne fait plus sens. Il faut au contraire comprendre l'anthropomorphisme comme le seul point de départ philosophique légitime pour entreprendre une phénoménologie de la vie. C'est à partir du point de vue de l'homme sur la vie, en tant précisément qu'il *est* vivant, c'est en neutralisant la dualité abstraite du sujet pur et de l'objet pleinement déterminé que l'on pourra se ménager un accès au phénomène de la vie. Or, c'est cette prise en compte du primat de la vie qui permet également de comprendre la perception, en en délivrant le sens à partir de son inscription biologique. La phénoménologie jonassienne de la perception réhabilite alors le corps en tant qu'il rend possible une ouverture au monde, grâce à une perception dont le sens vital met au premier plan le toucher et la motricité. Nous ne pouvons pas restituer ici de telles analyses. Mais la conséquence de cette approche est double. D'une part, elle conduit à dénoncer l'idéalisme inhérent à la perception. Parce que la vue est considérée comme étant le sens par excellence – en particulier à cause de sa fonction panoramique et de distanciation – elle constitue un monde dévitalisé, décorporéifié. Le monde devient nature objective pour un sujet qui devient perception purement visuelle. C'est donc à condition de critiquer l'idéalisme de la perception, qu'on pourra rompre véritablement avec l'ontologie dualiste qui oppose, mais solidarise tout autant, le point de vue du sujet et de l'objet. D'autre part, la phénoménologie de la perception porte au premier plan une expérience antérieure à sa réduction purement visuelle. Le contact d'un corps avec le monde se fait alors selon la modalité d'une force – irréductible à la cause efficiente et à la cause finale – qui donne à penser ce qu'est la vie dans sa relation au monde. Sans aller plus loin en direction d'une telle analyse déjà évoquée dans le premier chapitre, notons simplement que Ricoeur ne prend pas véritablement en compte

1. L'inscription de la possibilité de la mort au sein de la vie lui permet en effet de déployer des horizons. Cf. *PhV*, essai III.

cette dimension de la philosophie jonassienne, dimension qui permet d'envisager à nouveaux frais la possibilité de la considérer comme une phénoménologie délivrant un message ontologique[1].

Ne faut-il pas alors attribuer ce silence de Ricoeur à une dépendance ininterrogée à l'ontologie de la mort, mise en avant par Jonas, qui semblerait commander l'histoire de la philosophie ? Dans *la Philosophie de la volonté*, Ricoeur entreprend une phénoménologie de la volonté qui prend en compte la corporéité du *cogito*, mais il conserve cependant une conception dualiste du sujet réfléchissant et de l'objet. Sans doute en raison d'une dépendance maintenue à la méthode phénoménologique husserlienne, il resterait alors tributaire de l'idéalisme qui lui est inhérent et qu'il dénoncera plus tard. Mais cette dénonciation se fera précisément en direction d'un déploiement herméneutique de la phénoménologique, sous prétexte que l'accès à la vie originaire est impossible selon la modalité de la donation mais seulement sous celle de l'interprétation. On pourrait dire que c'est parce que la vie est échappement qu'elle ne peut se donner que selon la modalité du retrait, puisqu'elle est toujours par-delà ce qu'on peut signifier d'elle. Mais il nous semble alors que cette approche ne permet pas de comprendre en quoi nous avons là une herméneutique *de* la vie. En d'autres termes, comment justifier que ce soit bien de la vie qu'on puisse dire que le sens émerge ? Comment affirmer qu'il s'agit là d'un phénomène de la vie si l'on n'a pas, au préalable, dessiné un mode d'accès à la vie en tant qu'elle rend possible le langage et l'imagination ? Faute d'une telle genèse, le risque est grand d'affirmer que le dualisme du sujet humain et de la vie objective est maintenue. Que l'homme s'ouvre au monde grâce à l'interprétation de ses vécus en tant que ceux-ci sont toujours vécus immanents à un monde auquel on a accès par l'interprétation des textes ne permet pas encore de dire en quoi cette ouverture procède de la vie. Ce serait ainsi seulement à condition de déployer une ontologie de la vie depuis la description du corps propre en tant qu'il ménage un premier accès à la vie qu'on pourrait comprendre ce pouvoir de l'imagination et du langage quant à la compréhension de la vie. Ce primat de la phénoménologie directement ontologique sur l'herméneutique ne conduit pas nécessairement à affirmer l'existence d'une vie qui pourrait être donnée, circonscrite, essentialisée. Il permet simplement de comprendre à quelle condition l'herméneutique peut véritablement avoir accès à la vie.

1. Sur ces derniers points, *cf.* chap. I.

Le dualisme éthique de Ricoeur ?

On peut exprimer le même type de réserve à propos de l'approche ricoeurienne de la philosophie pratique de Jonas. Ne faut-il pas en effet mettre en question la dualité pratique de l'humanité idéale et de l'homme empirique à partir de laquelle d'une part Ricoeur réalise la synthèse de la sagesse pratique et d'autre part critique l'éthique jonassienne ? C'est en effet à condition de reconnaître par avance une telle dualité que Ricoeur peut reprocher à Jonas de ne pas l'articuler avec suffisamment de rigueur. Or ici encore le but de Jonas est précisément de contester la légitimité d'un tel dualisme à la source. Ainsi, et pour aller à l'essentiel, c'est-à-dire au point qui concentre la critique adressée par Ricoeur à l'encontre de Jonas, il ne faut pas voir dans l'idée ontologique d'humanité qu'il met en avant le résidu abstrait de kantisme qu'il importerait frauduleusement au sein de son éthique afin de passer de manière illégitime de la vie empirique à l'humanité authentique. Bien au contraire cette idée n'est que la traduction du caractère fini de la vie humaine. C'est parce que la *vie* humaine comme toute vie a une valeur en soi et c'est parce que la vie humaine, prise en tant qu'espèce et non pas seulement au plan individuel, est mortelle, qu'elle a un devoir de se préserver elle-même, et à travers l'effort pour se maintenir, c'est la vie, dans sa dimension éminente, c'est-à-dire humaine, qui est préservée. La venue au premier plan de la fragilité de la vie humaine est immédiatement reconnaissance d'un devoir envers elle, dans la mesure où, d'une part en tant qu' « objet » la vie humaine a une valeur et qu'en tant que sujet elle est réceptive à ce devoir et apte à le mettre en œuvre. Autant dire que l'espèce humaine qui doit se préserver en tant qu'espèce le doit en tant qu'elle est une espèce *éthique*, c'est-à-dire qu'elle est une vie dont la structure d'être inclut la responsabilité. Il appartient à l'être homme de devoir se préserver en tant que capable de responsabilité. Et tel est le sens que Jonas donne à l'expression d' « idée ontologique » d'humanité. De manière traditionnelle, l'existence s'oppose à l'essence, comme le réel à l'idéel, l'effectif au notionnel : l'être est le lieu d'un dédoublement entre ce qui ne peut s'attester que dans une expérience – l'existence – et ce qui ne peut se comprendre que par le moyen d'une définition qui nous en livre l'essence. De l'essence ne peut découler de manière nécessaire l'existence, puisqu'il ne suffit pas qu'une chose soit possible pour qu'elle existe effectivement. Y compris dans le cas de cet étant particulier qu'est Dieu, il faut remarquer un écart entre l'essence et l'existence. Comme Kant l'a en effet définitivement établi, il ne faut pas confondre un prédicat logique avec un prédicat réel, et l'on ne peut passer de l'un à l'autre que par le biais d'une expérience[1]. Inversement, le constat d'une existence ne suffit pas à nous en faire comprendre la signification et la nécessité. Ici, pourtant, Hans Jonas prétend que l'objet propre de l'éthique doit être la préservation de cette idée ontologique qu'est l'homme ou l'humanité. Certes, il ne s'agit pas de dériver l'existence de l'humanité de l'essence, mais il s'agit cependant de tirer le devoir-exister de l'essence, et d'une essence qui dérive elle-même d'une « donnée originaire de l'expérience » comme le dit Hans Jonas, ou d'une certaine manière d'être au monde propre à l'humanité. Ce n'est donc nullement en usant d'un grand détour que Jonas parvient à un tel résultat. L'unité de l'être et du devoir-être, dans le cas de l'homme, ne résulte pas d'un détour par l'abstraction, qui consisterait à poser par avance l'idée d'humanité dans l'être et à justifier ce passage en modifiant l'interrogation leibnizienne grâce à la question : « pourquoi doit-il y avoir quelque chose plutôt que rien ? » Il faut plutôt dire que cette question procède d'une enquête ontologique qui permet à cette dernière de dévoiler un sens inédit de l'être. C'est sous la pression du phénomène de l'être responsable de l'homme, en tant qu'il est inscrit dans sa vie, que Jonas estime que la question fondamentale de l'ontologie doit être modifiée. Un peu à la manière de Bergson considérant que la question de la raison d'être était vaine vue depuis une métaphysique intuitive de la vie, il faut affirmer que cette même question est vaine au regard de la structure véritable de l'être appréhendée à partir d'une phénoménologie de la vie qu'enrichit l'étude du phénomène moral. Mais alors que pour Bergson l'intuition a pour vocation de dissoudre le questionnement fondamental, il s'agit pour Jonas de hisser ce questionnement à son vrai niveau de radicalité : celui du devoir-être de l'être. De ce point de vue Ricoeur sous-estime les analyses jonassiennes de la technique[2]. Celles-ci ne sont pas simplement des analyses qui valent en soi ou qui sont corrélatives de l'éthique jonassienne. Bien au contraire la technique acquiert une dimension ontologique en ce que l'extrapolation de notre pouvoir technicien, fécondée par une heuristique de la peur dont Ricoeur n'évoque pas la signification, permet de révéler ce qui traditionnellement est recouvert dans les usages quotidiens de la technique, à savoir la vulnérabilité de notre être : l'humanité est un horizon de possibilités que la technoscience peut réduire à néant par un usage irresponsable des

1. À propos de la démonstration de la réfutation de la preuve ontologique : *cf.* Kant, *Critique de la raison pure*, trad. fr. A. Tremesaygues et B. Pacaud, Paris, P.U.F., 1993, p. 425 *sq.*

2. « La responsabilité et fragilité de la vie », art. cit., p. 214.

biotechnologies ou par la dégradation des écosystèmes. De la prise de conscience que la préservation de la valeur de cet horizon que nous sommes dépend de notre seul agir découle le devoir de responsabilité. En ce sens, l'homme a ontologiquement un devoir de responsabilité, est en tant qu'il doit se préserver comme garant des possibilités qu'il ouvre.

C'est alors depuis le point de vue unifiant de cette idée ontologique d'humanité, qui commande d'être responsable de l'être de l'homme en tant que vivant, ce qui nous oblige à respecter les générations futures, qu'on peut à rebours mettre en question la dualité de l'éthique et de la morale sur laquelle Paul Ricoeur fait fond dans le cadre de sa propre doctrine. En entérinant purement et simplement à titre de prémisse la dualité de l'empirique et du transcendantal ne reste-t-il pas prisonnier d'une vision subjectiviste de la morale ? Sous un premier aspect, Ricoeur continue de concevoir la vie comme ce qui se soucie de sa propre conservation tandis que le sujet n'est essentiellement humain qu'à condition de rompre avec une telle vie qui abrite la violence. Or, d'une part, on ne voit pas ce qui peut légitimer cette rupture et cette autoposition de la norme morale. D'autre part, on ne comprend pas bien comment Ricoeur unifie deux aspects de l'humanité. Comment comprendre la synthèse entre une conception de type kantien de l'humanité où la vie est égoïsme et conservation de soi et une approche plus aristotélicienne où la vie est finalisée et prépare, dans sa forme humaine, le règne de la morale, notamment en tentant de mettre le désir au diapason de la loi ? Les éléments d'ontologie donnés à la fin de *Soi-même comme un autre* permettent-ils vraiment de répondre à cette question ?

Conclusion

Il serait néanmoins erroné de croire que cette confrontation débouche sur une neutralisation des objections mises en avant par Ricoeur ainsi que sur une fragilisation des principes de sa philosophie. Il faut en effet conclure notre propos, cette fois encore en distinguant le plan théorique et le plan pratique, en montrant en quel sens notre investigation pourrait ouvrir une réflexion sur la manière de renouveler l'approche de la vie, selon un souci de fécondation réciproque d'une pensée par l'autre.

En effet, certes l'herméneutique semble requérir de manière plus fondamentale une phénoménologie de la vie apte à délivrer les conditions de sa possibilité. Et il faut montrer en quel sens le langage et l'imagination proviennent de la vie. Il faut porter le phénomène de la vie au concept afin de montrer la genèse des pouvoirs qui lui permettent ensuite de s'appréhender comme telle. C'est d'ailleurs bien ce que Hans Jonas entreprend lorsqu'il donne le sens de l'émergence de l'imagination au sein de la vie, ce qui est d'ailleurs la véritable différence anthropologique à ses yeux, sur la base de laquelle le langage sera ensuite, et seulement ensuite, possible. Pour autant, on peut se demander si Jonas ne reste pas aveugle à l'être de l'image et à l'être du langage. Tout se passe en effet comme s'il conservait une conception iconique de l'image et très restreinte du langage, que finalement il évoque peu[1], au détriment de la réalisation de son projet de rendre compte de l'ouverture au monde de la vie. C'est ici que l'herméneutique pourrait enrichir la phénoménologie de la vie en insistant sur la dimension ontologique de l'un et de l'autre. L'image ne fait pas que copier une réalité qui serait prédonnée avant l'émergence de cette image ; le discours ne fait pas que reproduire abstraitement cette même réalité que l'image reproduirait à sa façon. Bien plutôt image et discours seraient des dimensions de la vie qui prolongent les possibilités qu'elles portent en elle. C'est d'ailleurs à partir de ces pouvoirs ainsi conçues qu'il serait véritablement possible de penser une inter« subjectivité » propre à la vie, intersubjectivité que Jonas ne pense pas véritablement faute de thématiser les figures animales de la communication, qui se prolongent chez l'homme en communication verbale et en participation imaginaire à la vie de l'autre. Le vivant du *Phénomène de la vie* reste un organisme assez autocentré, préoccupé par sa propre survie et fermé à l'autre en tant qu'autre.

Au plan pratique, on peut reprocher à Ricoeur de n'avoir pas identifié les médiations permettant de relier la vie à l'idée de responsabilité, et de n'avoir pas vu que la morale ne s'opposait à l'éthique qu'à condition de tenir pour vrai par avance la dualité insuffisamment justifiée de l'homme et de la vie. Cependant l'on ne saurait rester sourd à la difficulté, présente chez Jonas, de passer, sans heurt, du plan de la vie au plan de l'humanité. Il faudrait en effet davantage mettre en lumière en quel sens le monde humain dépend intimement du monde de la vie, c'est-à-dire en quel sens la responsabilité de l'homme pour l'homme est aussi et en même temps une responsabilité pour le monde de la vie. L'imagination éthique, mise en avant par Ricoeur, permettrait alors de porter à notre compréhension ces relais. Ricoeur s'inquiétait également d'une responsabilité qui court le risque de l'hyperbole. À vouloir être responsable de tout, on est responsable de rien ; en prétendant assumer les conséquences collectives des actions individuelles, on dépossède le sujet individuel de l'imputabilité des actions qui lui reviennent. Or, ici encore l'imagination pratique, portée par

1. *Cf.* É. Pommier, *Hans Jonas*, Paris, Belles Lettres, 2013, chap. II.3.1.

le langage des hommes, peut offrir d'heureuses médiations afin que la responsabilité s'incarne dans la vie quotidienne. C'est probablement dans une éthique de la discussion [1], rendue possible par l'échange intersubjectif, fécondée par une empathie qui alimente l'imagination selon un mouvement réciproque, que la responsabilité échapperait à l'utopie de la maîtrise immédiate. La discussion permettrait à la responsabilité de s'incarner dans des formes institutionnelles concrètes et de nourrir le dialogue citoyen. Elle conserverait ce rôle normatif et fondateur mais tout en se vivifiant dans la communication. Le devoir n'est pas pré-inscrit dans l'exercice de la communication, puisqu'il lui est extérieur. Il n'y a pas un devoir de discuter et le devoir n'est pas immanent à la sphère de la discussion. La responsabilité ne découle pas de notre prise de parole. En revanche c'est parce que nous sommes responsables de l'être fragile de l'homme et de la vie que nous devons communiquer à ce propos afin de nous concerter non seulement sur les meilleurs moyens d'exercer cette responsabilité mais aussi afin de clarifier les fins, existant en soi, mais que le langage seul permet de porter à la connaissance d'une communauté qui devient alors communauté éthique. Ce n'est pas parce que nous communiquons que nous sommes responsables. Mais c'est parce que nous sommes responsables que nous avons le devoir de communiquer à ce propos. De ce point de vue la responsabilité est à la fois l'incipit d'une communication éthique mais elle en est aussi le terme. C'est parce que nous avons des devoirs qu'il faut nous entendre à leur propos. C'est pour cette même raison que nous ne devons pas délibérer à l'infini.

On le voit, la vocation de cette confrontation était en réalité d'exaucer un vœu de rapprochement. Entre l'herméneutique de Ricoeur et la phénoménologie de la vie de Jonas, il n'y a pas à choisir. L'une complète l'autre. Entre la sagesse pratique de Ricoeur et l'éthique de responsabilité de Jonas, là encore il faut davantage insister sur les médiations que sur les oppositions. La première rejoint la seconde en la dotant d'une doctrine de l'imagination éthique, irréductible au seul affect de la peur. La seconde enrichit la première en rappelant que notre responsabilité a une dimension ontologique qui tient à la nature même de la vie. De cette éthique de la vie ainsi reconfigurée, il serait alors possible de tirer une biopolitique qui n'inspire pas la crainte. Au lieu d'y voir le risque d'une réduction de l'homme à ses seuls besoins animaux, au lieu d'y suspecter une stratégie de contrôle de l'animal humain, à qui on offre la satisfaction de ses appétits sensibles et la

1. Nous pensons ici à celle d'Apel.

sécurité à tout prix au détriment de sa liberté, on peut la définir comme cette structure coercitive, propre aux lois, qui résulte de la libre délibération des citoyens animés par le souci d'une responsabilité pour la vie et pour leur vie, polarisée par la responsabilité dans la justice. Cette politique de la vie est la reconnaissance que l'éthique à elle seule ne suffit pas pour normer l'action humaine sauf à se traduire sous forme d'un gouvernement autoritaire qui fait l'économie des médiations institutionnelles. Mais l'éthique sans politique est alors contraire à l'éthique qui fait de la responsabilité et de la liberté humaine des valeurs cardinales, non pas seulement de l'humanité, mais aussi de la vie.

CHAPITRE VII

LA RESPONSABILITÉ : L'AUTRE ET LA VIE LEVINAS-JONAS[1]

Alors que pour Ricoeur la responsabilité occupe un rôle privilégié au sein de l'éthique « quotidienne », elle se révèle en revanche *fondamentale* au sein du dispositif levinassien. Elle n'est plus ce qui anime la sagesse pratique ; elle est la condition même et la racine de toute éthique possible. Par l'envergure même que la notion de responsabilité acquiert au sein de cette philosophie, cette dernière doit donc être rapprochée de la pensée de Jonas. Pour lui aussi l'éthique est nécessairement une éthique *de la responsabilité*. C'est ce qui justifie le rapprochement entre ces deux figures de la pensée contemporaine. Mais alors que pour le philosophe allemand, cette responsabilité a une dimension ontologique, pour le philosophe français cependant, c'est seulement à condition de rompre avec l'ontologie que la responsabilité peut recevoir sa pleine signification. Justifions davantage ces propos préliminaires.

Pour Hans Jonas comme pour Emmanuel Levinas, l'éthique doit occuper une place cardinale au sein de la philosophie et constitue un enjeu pratique majeur en tant que remède à la menace nihiliste inhérente à l'époque contemporaine. Non seulement l'éthique permet de redéfinir le sens même de l'initiative philosophique mais en outre elle se présente comme cela seul qui peut donner sens à l'histoire humaine des temps à venir. Tous deux en appellent à un renouveau de l'humanisme qui puisse redonner à l'homme la place et la valeur qu'il mérite au sein d'un monde que le sens semble déserter du fait des catastrophes du passé, des craintes légitimes qui affectent son avenir et de l'incapacité à trouver un fondement

1. Ce chapitre a été rédigé dans le cadre du contrat de recherche de post-doctorat avec le CONICYT-FONDECYT n° 3130574.

aux valeurs[1]. La source de cette commune inquiétude que semblent partager ces deux auteurs provient très probablement du constat préoccupant d'un certain repli de la conscience individuelle sur elle-même. Cet abandon à la tentation solipsiste accuse le mal qui l'explique tout autant. Impuissant à trouver une raison valable de se projeter vers un avenir considéré comme ayant une valeur en soi, le sujet se crispe sur lui-même et cherche en soi une signification qu'il a renoncé à trouver dans un destin collectif ou dans la construction d'un monde commun, qu'il éprouve comme doté de valeur. Or cette quête de soi à l'écart des autres et du monde ne fait qu'accentuer la désertification du sens qui menace notre contemporanéité. Car, et telle est bien la question commune qui réunit Levinas et Jonas dans un même mouvement de pensée, la question fondamentale n'est pas tant celle de l'origine radicale de toutes choses mais bien plutôt celle de savoir pourquoi l'humanité doit être et en quoi l'être a de la valeur. Comme l'écrit Levinas au terme d'*Éthiquecomme philosophie première*[2] :

> Question du sens de l'être – non pas l'ontologie de la compréhension de ce verbe extraordinaire, mais l'éthique de sa justice. Question par excellence ou question de la philosophie. Non pas : pourquoi l'être plutôt que rien, mais comment l'être se justifie[3].

Ou bien comme l'écrit Jonas dans *le Principe Responsabilité :*

> Le sens de la question pourquoi il y a quelque chose et non rien doit donc être celui-ci : pourquoi quelque chose doit être de préférence au rien, quelle que soit la cause qui fait qu'elle advient. La seule chose qui importe, c'est le sens de ce « doit »[4].

Or il est remarquable que, dans l'un et l'autre cas, la réponse donnée à notre *démoralisation* le soit en termes de responsabilité, et d'une responsabilité qui met en question la relation de réciprocité qui réunit des

1. *Cf.* E. Levinas, *Humanisme de l'autre homme*, Paris, Le Livre de Poche, 1995, p. 73-74 : « Les morts sans sépulture dans les guerres et les camps d'extermination accréditent l'idée d'une mort sans lendemains et rendent tragi-comique le souci de soi et illusoires la prétention de *l'animal rationale* à une place privilégiée dans le *cosmos* et la capacité de dominer et d'intégrer la totalité de l'être dans une conscience de soi. » Jonas fait valoir « l'acosmisme anthropologique », « le nihilisme cosmique » (*PhV*, p. 222) de la situation contemporaine. L'existentialisme jette l'individu dans une course en avant à perdre haleine qui résulte de la rupture dualiste entre une nature indifférente et des valeurs subjectives arbitraires posées par l'individu dans un délaissement total.

2. E. Levinas, *Éthique comme philosophie première*, Paris, Payot, 1998.

3. *Ibid.*, p. 108-109.

4. *PR*, p. 103-104.

sujets autonomes. Tout se passerait alors comme s'il fallait faire venir au premier plan une signification de la responsabilité qui n'avait encore jamais été dévoilée et que les temps présents rendaient d'une cruelle urgence.

Notre propos consistera donc à porter au concept ce qui justifie une telle innovation au plan éthique chez l'un et chez l'autre auteur mais également à prendre la mesure de ce qui les éloigne. Notre principal souci aura pour visée de voir jusqu'à quel point le projet d'une fondation ontologique de l'éthique envisagée par Jonas peut être défendu et sous quelle condition – que la démarche de Levinas nous aidera à déterminer – celui-ci pourra tenir ses promesses.

La compréhension du projet éthique de Hans Jonas et d'Emmanuel Levinas ne peut se faire qu'à partir d'une contestation de la démarche de Heidegger. Celui-ci assigne à l'ontologie la tâche de dévoiler le sens de l'être. C'est au *Dasein* qu'il revient d'assumer une telle responsabilité puisqu'il est celui pour lequel « il y va en son être de cet être. »[1] C'est dans la relation au mourir qu'il peut accéder au sens authentique de son être, puisque par elle il peut se dévoiler comme *possibilité* d'être, comme ouvert à un monde. Le *Dasein* n'est pas un étant au sein d'un monde qui serait conçu comme somme d'étants ou étant englobant, puisqu'au contraire la structure du monde est l'ensemble des structures de renvoi dont le *Dasein* constitue la finalité. C'est en rompant avec la logique de la *Vorhandenheit* que l'on peut se défaire du prisme déformant de la relation conscience-objet afin de saisir l'être-là dans sa relation essentielle et constitutive au monde. Il n'y a de *Dasein* qu'ouvert au monde et ce monde existe relativement au *Dasein*. Si c'est seulement dans son être-pour-la-mort que ce dernier s'ouvre authentiquement à lui-même, dans sa teneur d'être, c'est parce que celle-ci nous met, pour ainsi dire, en retrait d'une conception objective du monde, la relation à la mort n'étant relation à rien (d'objectif ou de déterminé.) En vidant le monde de sa substance, nous le découvrons comme *possibilité* pour le *Dasein*. Cet isolement, ce détachement à l'égard du monde est donc affirmation de soi comme possibilité, plutôt que comme identité déterminée, comme *ipse* plutôt que comme *idem*. Et loin de signifier un enfermement en soi, il permet de se comprendre comme ouvert aux possibilités présentes là-bas dans le monde. Le *Dasein* est donc engagé par la promesse qu'il constitue à l'égard de lui-même, et c'est seulement en se ressaisissant selon son mode d'être le plus propre qu'il pourra être

1. M. Heidegger, *Être et temps*, *op. cit.*, p. 32.

véritablement lui-même. Sa responsabilité se résume donc dans sa capacité à s'authentifier, dans sa résolution à être soi-même, et cela contre tous les risques de réification que peut offrir le monde quotidien, qu'animent le bavardage, l'équivocité et la curiosité[1]. La question « qui suis-je ? » reçoit une réponse très élaborée dans *Sein und Zeit* et est solidaire de la question plus générale de l'être. La question de mon existence renvoie à celle de l'existence en général et la surprise que je suis pour moi-même est également surprise devant le fait que les choses soient. La contingence de mon existence que me révèle le rapport à ma mort possible fait écho à celle de la finitude de l'être, qui ne fait pas alternative avec le néant. Dans *Qu'est-ce que la métaphysique ?*[2], Heidegger mobilisera à nouveau la différence déjà exposée dans *Sein und Zeit* entre l'angoisse et la peur afin de montrer que la tonalité fondamentale qu'est l'angoisse me met en rapport, contrairement à la peur, avec une indétermination, avec le rien qui est le propre de l'être par différence à l'étant. Alors que l'étant et le rien font alternative, l'être s'appréhende par son absence de détermination, par le néant qui l'habite. C'est bien pourquoi le rapport du *Dasein* à lui-même est tout aussi bien rapport du *Dasein* à l'existence des choses. En se mettant en question, il met en jeu la question de l'être. L'interrogation sur ma raison d'être est mise au jour de la question métaphysique : pourquoi y a-t-il quelque chose plutôt que rien ?

Il fallait faire ce rappel sommaire pour prendre la mesure de la distance que Jonas comme Levinas entendent prendre à l'égard de ce point de départ, distance qui ne permet pas seulement de circonscrire négativement un terrain d'entente possible, mais qui permet également d'identifier positivement un souci commun. Et ce souci est souci de l'autre[3]. Il est incontestable que chez Levinas comme chez Jonas, ce souci est constitutif de la sphère de la responsabilité. Il n'y a de responsabilité que pour autrui et non envers soi-même. Ce devoir que j'ai envers lui est d'une importance telle qu'il est non-réciproque. *Je suis* tel que mon rapport à l'autre m'impose un devoir qui n'est pas cela qu'il pourrait me rendre s'il était à ma place. Cette asymétrie de la responsabilité tient en effet à la nature même de la *relation* qui est en jeu et non à une circonstance accidentelle et changeante, tel le premier de cordée qui actualise une responsabilité existant potentiellement

1. M. Heidegger, *Être et temps*, *op. cit.*, § 35 à 37.

2. M. Heidegger, *Qu'est-ce que la métaphysique ?*, trad. fr. H. Corbin, Paris, Gallimard, 1968.

3. Levinas substitue au fardeau de l'être le fardeau d'autrui. Jonas, évoquant le Heidegger d'après le tournant, déplore que l'homme soit berger de l'être lors qu'il a échoué à être le gardien de son frère. Cf. *PhV*, p. 259.

chez chacun des membres de l'équipe et qui sera prise par eux le moment venu. Je ne dois pas cela à quoi autrui a droit du fait qu'il me doit ce à quoi j'ai également droit. Traditionnellement, la limitation de ma liberté qui rend possible le droit d'autrui est aussi la condition sous laquelle je peux bénéficier, en retour, de droits qu'autrui me concède du fait de la limitation de sa liberté propre. Jonas et Levinas ne se placent pas au plan juridique du droit du droit qui verrait dans la loi la garantie des libertés. Ils ne considèrent pas le sujet comme responsable de ce qu'il a fait au regard de ce qu'il aurait dû faire compte-tenu de la loi. C'est bien plutôt parce qu'autrui a originairement une priorité sur le soi-même que le sujet est responsable de lui. Nous nous situons là à un plan éthique qui ne confronte pas le sujet à lui-même dans le respect d'une instance rationnelle anonyme, qu'elle soit loi exprimant la volonté générale ou loi formelle permettant d'évaluer la pureté de mon intention. Le champ éthique commence en effet lorsque l'autre fait entendre un appel qui l'emporte en valeur sur une exigence personnelle ou une cohérence rationnelle interne. L'éthique est donc nécessairement hétéronome. Autrui m'impose sa loi. Ce ne peut donc être ma mort qui me préoccupe et qui me porte à la quête d'une existence authentique. C'est celle d'autrui qui m'angoisse et qui commande mon rapport à l'avenir.

C'est ce qui s'affirme en toute clarté chez Levinas lorsqu'il fustige « la bonne conscience d'être »[1] d'une liberté peut-être limitée par la mort mais toujours focalisée par soi-même. C'est cette bonne conscience que défait le visage de l'autre, qu'il ne faut pas entendre au sens physique, puisqu'au contraire il excède toute forme donnée, toute objectivation possible. Le visage de l'autre me met en relation avec une altérité qui échappe à tout processus d'identification intuitif ou rationnel. Il n'est pas autre au sein du même, comme le rouge à l'égard du violet, mais bien autre au même comme tel. Autrui est certes incompréhensible puisque la raison arraisonnante est toujours appropriation et retour de l'autre au même. Mais si l'autre ne s'exprime pas, une relation à lui est cependant possible et c'est cela que décrit la notion de visage, « lieu originel du sensé »[2]. Ce lien dessaisit le moi de son désir d'identité, lui fait reconsidérer l'ordre de ses priorités et, au lieu de s'attester dans le projet de s'historialiser, le ramène à soi uniquement par décentration vers autrui. Il ne s'agit pas de se mettre à la place de l'autre, comme s'il était un autre moi-même, puisque la sympathie peut être suspectée d'identification à l'autre et donc d'asservissement

1. E. Levinas, *Éthique comme philosophie première*, *op. cit.*, p. 75.
2. *Ibid.*, p. 94.

d'autrui[1]. Cette décentration est radicale. Autrui est le centre ; je suis la périphérie. Je ne m'appréhende que depuis ce centre et corrélativement. Autant dire que la question de mon droit à être n'a pas une signification relative au projet vers lequel je m'élance dans le rapport authentique à ma mort. Ce droit m'est attribué parce que je suis rendu, comme malgré moi, à la cause d'autrui. Je ne crains pas pour autrui parce que je craindrai ma mort, que j'imagine être toute aussi cruelle pour moi que pour mon prochain. La crainte pour sa mort n'est pas l'écho de ma mort propre. La crainte pour l'autre n'est pas secrète angoisse pour soi. Elle est originaire et donne sens à mon existence, en même temps qu'elle en interroge le bien fondé[2]. En effet ma place dans l'existence n'usurpe-t-elle pas, après tout, la place qu'y occupe autrui ? N'est-elle pas violence à son égard. La place que je possède ne masque-t-elle pas le soleil auquel autrui a prioritairement droit ? Cette effraction de l'autre m'interdit d'être indifférent à sa souffrance et à sa mort. Elle met en question mon droit à être. En brisant la solitude du soi, elle rend possible une évasion dont autrui est la destination.

C'est bien ce même mouvement qu'on semble retrouver au sein de l'éthique jonassienne. La responsabilité politique et la responsabilité parentale servent de modèle à Jonas pour penser une responsabilité plus fondamentale à l'égard de l'être même de l'humanité, mais aussi de la vie. L'homme politique tout comme le parent se caractérisent par la mise en œuvre d'un pouvoir qui s'exerce sur la totalité d'une existence envisagée dans son avenir et sa continuité. Qu'il s'agisse en effet de la vie d'une nation ou de celle d'un enfant, le responsable politique comme l'autorité parentale peuvent nuire à l'objet de leur soin, parce qu'ils sont défaillants, imprévoyants ou malfaisants. La vie de l'autre ne tient qu'à un fil : celui de leur capacité à bien user de leur pouvoir. Cette analogie des deux responsabilités fait signe vers la vulnérabilité d'un objet qui ne doit son existence qu'à la vigilance d'une instance de pouvoir placée au-dessus d'elle. Cependant, la figure parentale nous apprend davantage encore. De fait, dans le rapport au nourrisson, se fait jour une revendication d'être qui a la valeur d'un appel qui engage le parent. Son devoir-être est un droit à l'existence qui convoque le sujet à sa responsabilité et la lui impose, sans qu'il l'ait choisi. Tout comme le visage d'autrui chez Levinas, la figure du nourrisson m'impose une responsabilité que je n'ai pas eu à prendre pour l'avoir. Tout comme chez Levinas, une telle injonction éthique n'a de sens que depuis une phénoménologie de la responsabilité, qui suspend la

1. E. Levinas, *Le temps et l'autre*, Paris, P.U.F., 1983 puis 1994, p. 74-75
2. E. Levinas, *Éthique comme philosophie première*, *op. cit.*, p. 103 et 108.

croyance en un monde objectif, qui ferait d'autrui une simple réalité identifiable ou du nourrisson un complexe de cellules. De telles considérations ne sont cependant, chez Jonas, que de simples préalables pour penser la responsabilité plus fondamentale envers l'humanité que réclame notre civilisation contemporaine. L'angoisse pour la quoddité humaine, pour le fait de son existence, mise à mal par la technique, nous en révèle la teneur et la valeur. Nous saisissons, dans cette angoisse pour son être, non pas simplement la valeur de cet être, mais surtout la nature obligatoire du lien qui nous unit à la cause de l'humanité, et qui nous fait donner la priorité à l'humain sur le soi, jouissant égoïstement de lui-même. L'heuristique de la crainte joue le rôle d'une réduction « ontologico-éthique » qui révèle au sujet le sens même de sa destination : celle d'un être dont la responsabilité vise à la perpétuation de l'humanité, humanité qui a la priorité sur toute considération égologique.

Qu'il s'agisse du visage d'autrui ou bien des générations futures, il apparaît que la considération de la mort de l'autre est prioritaire sur la mienne propre. L'angoisse pour autrui l'emporte sur l'angoisse pour soi-même. Par ailleurs le droit à être soi-même est conditionné par notre responsabilité envers l'humain, humanité de l'autre homme ou humanité des générations futures qui réclament l'existence. Notre responsabilité est convoquée par l'autre et se tourne vers son avenir dont nous avons la charge, à ce point que c'est notre ipséité dont le sens se trouve profondément redéfini. Aussi bien pour Levinas que pour Jonas, la ligne de partage ne se situe pas simplement entre un souci pour l'autre dont ils auraient le privilège et un souci de soi dont Heidegger serait le penseur par excellence, d'une part parce qu'Heidegger également pense une sollicitude[1], mais aussi parce que c'est le soi-même qui se trouve reconfiguré à la lumière de sa responsabilité. Je ne suis moi-même qu'à la lumière de ce pour qui ou ce pour quoi je suis responsable. Selon Heidegger l'ipséité peut nouer un rapport authentique à autrui, seulement dans la mesure où le *Dasein* refuse de se mettre à sa place ou de se laisser prendre la sienne pourrait-on dire. Ce serait se délester du fardeau d'être ou en délester autrui. Ce serait s'abîmer dans le registre indifférencié du On, où le soi-même s'abolit dans l'identité conformiste du quotidien. C'est seulement en assumant la possibilité de sa mort propre et en n'en déchargeant pas autrui, que chacun pourra advenir à soi-même et se rapporter à l'autre dans sa singularité. Une relation sans fards avec autrui exige donc de confiner la responsabilité au soi-même. Or pour Jonas comme pour Levinas la

1. M. Heidegger, *Être et temps*, *op. cit.*, § 26.

responsabilité de soi tire sa signification de la responsabilité que j'ai pour autrui. Le philosophe français voit dans la substitution le maitre mot de l'éthique. C'est dans la mesure où je me trouve livré au devoir de prendre en charge les fautes et les souffrances de l'autre que je me révèle dans mon ipséité, échappant à la loi fatale de l'identification. Pris en otage par le visage de l'autre, par son altérité, voici un soi dépris ou destitué de la souveraineté de son vouloir et de son pouvoir, recevant une charge qu'il n'a pas choisi mais qui lui incombe. C'est parce que je peux aller jusqu'à me substituer à lui, et être responsable de sa responsabilité même, que je suis pleinement responsable de lui et ne peux l'abandonner à son sort [1]. Il s'agit d'un sens profondément nouveau de la responsabilité – « responsabilité au carré » comme dira Jean-Luc Marion – qui modifie en profondeur notre conception de l'ipséité. C'est ce remplacement du fardeau de l'être par le fardeau d'autrui qui explique ce droit de regard de l'autre sur moi au point qu'il m'accuse, comme les traits d'un être s'accusent sous l'effet de la lumière à laquelle il est exposé. Or il y va d'un mouvement similaire chez Hans Jonas, puisque la révélation de mon sens des responsabilités me fait accéder à un moi supérieur, qui est, sans aucun doute, le véritable moi du sujet. C'est en étant saisi par la requête de l'autre, c'est en se heurtant au paradoxe de la morale, qui met en contradiction l'exigence biologique de conservation de soi avec l'exigence tout aussi vitale de répondre à l'appel d'autrui (le nourrisson, les générations futures) que j'accède au soi-même [2]. La cause supérieure qui m'oblige n'est pas autre que celle de l'objet vulnérable qui en raison de sa vulnérabilité nous adresse une requête, qui défait tout projet d'appropriation :

> L'objet de la responsabilité est le périssable en tant que périssable (...) un autre (...) comme rien que lui-même dans son droit le plus propre et sans que cette altérité-là doive être enjambée par l'assimilation de moi à lui ou de lui à moi [3].

Cette impossibilité à assimiler l'altérité en fait mon vis-à-vis irréductible qui dépend de moi pour continuer d'être, qui fait effraction en moi, au point de dessaisir la tendance que j'ai à persévérer dans mon être solitaire. Responsable de lui, je ne suis moi-même qu'à condition de m'oublier pour prendre sur moi l'advenue à la responsabilité d'autrui. La

1. *Cf.* les analyses de J.-L. Marion, « La substitution et la sollicitude. Comment Levinas reprit Heidegger », dans Clément B. et Cohen-Levinas D. (éd.), *Emmanuel Levinas et les territoires de la pensée*, Paris, P.U.F., 2007, p. 51-72.

2. *PR*, p. 168.

3. *Ibid.*, p. 173.

charge qui pèse sur moi paraît à certains égards aussi hyperbolique que celle de Levinas non pas simplement ici, et dans le cas de Jonas, parce qu'elle doit pouvoir s'étendre au domaine de la vie, mais parce que je prends sur moi la responsabilité d'autrui, dans la mesure où c'est de moi que dépend son entrée pleine et entière dans l'humanité en tant qu'humanité, c'est-à-dire d'un type d'être ouvert au sens du devoir.

En dépit de cette communauté d'approche levinasso-jonassienne quant à la nature de la responsabilité pour autrui et quant à son impact sur l'appréhension de l'ipséité, il ne faut cependant pas minorer une différence d'approche fondamentale entre ces manières d'envisager la responsabilité. Alors que pour Levinas l'éthique de la responsabilité conduit à une condamnation de l'ontologie, force est de reconnaître que, pour Jonas, la première est intimement liée à la seconde. Puisque l'ontologie est marquée par l'obsession du même, l'éthique doit apparaître pour Levinas comme en rupture avec elle. Parce qu'elle est polarisée par le souci d'autrui tandis que l'ontologie est une égologie, il faut conclure que l'éthique seule est une philosophie véritablement première, ce qui suppose comme une *épochè* sur l'être. C'est bien ce qu'affirme le philosophe français lorsqu'il écrit :

> Derrière l'affirmation de l'être persistant analytiquement – ou animalement – dans son être et où la vigueur idéale de l'identité qui s'identifie et s'affirme dans la vie des individus humains et dans leur lutte pour l'existence vitale, consciente ou inconsciente ou rationnelle – la merveille du moi revendiqué dans le visage du prochain – ou la merveille du moi débarrassé de soi et craignant pour autrui – est ainsi comme la suspension – comme l'épochè – de l'éternel et irréversible retour de l'identique à lui-même et de l'intangibilité de son privilège logique et ontologique[1].

On sait comment dans *Totalité et Infini*, Levinas semble, de prime abord, rejoindre, comme nous le verrons, certains arguments de l'analyse jonassienne, au point de donner à penser que l'éthique s'origine dans une ontologie de la vie. « Même si le contenu de la vie assure ma vie, le moyen est aussitôt recherché comme fin et la poursuite de cette fin devient fin à son tour »[2], écrit-il. La vie se perpétue en s'approuvant elle-même. En

1. E. Levinas, *Éthique comme philosophie première*, *op. cit.*, p. 103-104.

2. E. Levinas, *Totalité et infini, Essai sur l'extériorité*, Paris, Le livre de poche, 2001 (1971), p. 118. Cette formule fait écho à la formule de Jonas : « C'est l'un des paradoxes de la vie qu'elle emploie des moyens qui modifient la fin et qui deviennent eux-mêmes une partie de cette fin. » (*PhV*, p. 117) L'animal qui chasse ne se meut pas simplement pour atteindre la

voulant les choses qui constituent son existence, elle se veut voulant ces choses. Le besoin n'est pas qu'un manque, il est aussi satisfaction de ce manque. Levinas fait de la figure du besoin non pas seulement le signe de notre dépendance au monde et de la nécessité, mais également le signe de la maîtrise, qui s'atteste par la jouissance, en vertu de laquelle nous entérinons la bonté de l'existence vitale[1]. En outre, cet attrait pour les nourritures du monde est oubli de soi au profit des choses, premier pas significatif en direction de l'éthique. Nous sommes hors de nous-mêmes dans ce souci pour les choses du monde. Le monde n'est pas, pour Levinas et contrairement à ce qu'estime Heidegger, un complexe d'outils qui se renvoient les uns aux autres pour renvoyer *in fine* à soi-même. C'est un ensemble de nourritures. Nous ne mangeons pas pour vivre mais pour nous rapporter à l'aliment. Nous nous promenons non pour notre santé mais pour prendre l'air[2]. À ce titre, « la morale des « nourritures terrestres » est la première morale. La première abnégation »[3]. Pour autant, même si la satisfaction des besoins marque un triomphe de la liberté humaine, elle est également enfermement dans le même. En outre, il reviendra à la vie sociale de rendre possible une véritable relation à autrui et une authentique sortie de soi[4]. La vie érotique[5] offre le mode de relation privilégiée pour entrer en contact avec une altérité qui soit essentielle, et non l'envers d'une identité.

C'est peut-être dans *Autrement qu'être ou au-delà de l'essence*[6] que Levinas se montre le plus net sur cette rupture entre l'ordre de l'éthique et l'ordre de l'ontologie en thématisant « une ipséité sans l'être. »[7] La substitution aux autres, la possibilité de se mettre à leur place ne doivent pas être comprises sur le mode de la relation, fût-elle de sympathie ou de respect, puisqu'il n'y a rien de commun entre l'autre et moi. C'est la condition

proie, mais c'est en tant que vie capable de se mouvoir qu'il veut atteindre la proie. La motricité n'est pas qu'un moyen de la vie, elle en est aussi une fin.

1. Ceci fait donc écho à l'auto-approbation de la vie par elle-même dont Jonas tire la valeur absolue de la vie.

2. E. Levinas, *Le temps et l'autre*, *op. cit.*, p. 45-46.

3. *Ibid.* p. 46.

4. L'oubli de soi dans le monde n'est que l'aube de l'éthique ; celle-ci s'atteste seulement dans la sortie de soi, dans l'ouverture à l'altérité.

5. E. Levinas, *Totalité et infini*, *op. cit.*, p. 126. Cependant lorsque dans « Phénoménologie de l'Éros », contenue dans la dernière partie de *Totalité et infini*, Levinas fait du féminin l'objet même de l'érotique, comme désir de l'inviolé, nous rejoignons Alain Renaut pour dire qu'il ne s'agit pas là de phallogocentrisme. Le féminin est une schématisation de l'idée d'inviolabilité. Cf. A. Renaut, *L'ère de l'individu*, *op. cit.*, p. 241-242.

6. E. Levinas, *Autrement qu'être ou au-delà de l'essence*, Paris, Le livre de poche, 2011 (1974).

7. « La substitution et la sollicitude. Comment Levinas reprit Heidegger », art. cit., p. 54.

même de toute relation qui est ainsi thématisée. Je ne me lie pas à autrui comme je m'unis donc à un autre étant et nous sommes ici aux limites d'une phénoménologie de l'intentionnalité, dès lors que se découvre en moi cette révélation d'un infini qui me déborde et auquel l'autre semble me renvoyer. Cette brisure de la clôture sur soi du sujet l'excentre du royaume de l'être. Exposé à autrui sans l'avoir choisi, me voici responsable sans cause ni raison, et ce jusqu'à la possibilité même d'être responsable des fautes de l'autre, et même de ses fautes envers moi, s'il est vrai que cela que je ne peux avoir voulu est précisément ce qu'autrui a fait contre moi [1]. Le climat de la philosophie levinassienne semble bien se dire par ce primat de l'humanité sur la liberté, si bien que je ne suis moi-même qu'en m'humanisant par le service d'autrui, quoi qu'il en soit de la liberté de mon choix [2].

Mais si Levinas nous permet de mesurer la difficulté qu'il y a à sortir de la tentation égologique, dès lors qu'on prétend fonder ontologiquement l'éthique, inversement aux yeux de Jonas, comme nous le verrons, il introduit une rupture entre le plan éthique et le plan ontologique, qui interdit d'en comprendre pleinement le caractère absolument impératif. En outre, ce type de responsabilité ne peut concerner que l'autre être humain. Levinas semble alors se montrer aveugle à la possibilité de fonder éthiquement une responsabilité envers l'animal et le vivant en général. Il semble d'ailleurs que la thématique même de la responsabilité pour autrui fasse passer au second plan toute responsabilité envers la nature en général. Jean Greisch [3] se demandant si Levinas pourrait concevoir la nature comme on conçoit cette altérité, cet « élu », qui nous prend en otage, répond par la négative. Levinas reste dépendant d'une conception cartésienne de la nature. Elle reste ce qui doit être maitrisée et mise au service de l'homme, de la satisfaction de sa faim. Comme le note Levinas :

> La condamnation de la Terre (…) est devenue, elle aussi, une rhétorique confortable, oublieuse des responsabilités auxquelles appelle une humanité

1. *Ibid.*, p. 67 *sq.*

2. La figure de l'orphelin est peut-être la figure d'une extrême fragilité qui exprime l'appel à une extrême responsabilité de notre part. La précarité d'autrui nous intime le devoir de répondre de son existence, prioritairement à la nôtre propre, qui n'a de justification que de manière dérivée par rapport à l'exercice d'un tel devoir. *Cf.* J.-P. Pierron, « La Possibilité et la Fragilité », *Revue Philosophique de Louvain*, 110 (1), 2012, p. 81-10.

3. « "Serviteurs et otages de la nature" ? La nature comme objet de responsabilité » dans *De la nature : de la physique classique au souci écologique*, Paris, Beauchesne, 1992.

de plus en plus nombreuse « en voie de développement » et qui, sans le développement de la technique, ne saurait être nourrie [1].

Or, pour le philosophe allemand, la valeur de l'éthique ne signifie en rien une disqualification de l'ontologie. L'être ne témoigne en effet pas seulement de ce qu'il est mais aussi ce qu'on lui doit. La relation éthique, le devoir de responsabilité est inscrit dans l'être. C'est au sein de ce monde que nous pouvons penser une relation à l'égard de l'autre. La question du rapport entre l'éthique et l'ontologie connaît une maturation entre la rédaction du *Phénomène de la vie* et celle du *Principe responsabilité*, et même au-delà. Dans le premier de ces deux livres Jonas concevait l'ontologie de la vie comme pouvant « fonder » l'éthique. Une certaine idée de la vie, établie sur une base phénoménologique, oblige à une révision de l'idée traditionnelle de nature et ouvre la question de l'inscription en son sein de normes, qui trouve à se révéler et à s'appliquer chez l'homme, mais qui le précèdent au sein de la vie. Cette promesse est exaucée dans son œuvre éthique maîtresse au point qu'il qualifie la question abordée dans ce livre d'« éthico-métaphysique » [2]. Il faut insister fortement sur un tel ancrage ontologique de l'éthique jonassienne car elle procède d'une décision qui démarque avec force son entreprise de celle de Levinas. C'est seulement depuis ce point de vue qu'on peut comprendre la sécheresse de sa réponse lorsque fut évoquée, dans le cadre d'un entretien, sa proximité possible avec le concept levinassien de responsabilité à partir de la notion de visage : « Une phénoménologie de la conscience morale comme celle de Levinas : « à la bonne heure ». Je lui souhaite tout le succès qu'il mérite » [3]. Cette fin de non-recevoir ne peut qu'étonner encore davantage lorsque Jonas explique que la description phénoménologique des significations éthiques ne suffit pas à formuler un impératif, qui a besoin d'une ontologie. Le visage d'autrui n'a–t-il pas la valeur d'une injonction « en dépit de » sa dimension phénoménologique ? La description jonassienne du nourrisson, qui nous ouvre au devoir de responsabilité parentale, n'a-t-elle pas une dimension phénoménologique tout comme celle de la responsabilité à l'égard des générations futures ? Les réserves jonassiennes ne peuvent se

1. « Sécularisation et faim », p. 107, dans *Herméneutique de la sécularisation*, Paris, Aubier, 1976

2. *PR*, p. 106.

3. *Esprit*, mai 1991, n°171 : « De la Gnose au Principe responsabilité. Un entretien avec Hans Jonas », p. 21. Mais Hans Jonas précise, d'une part, que sa tentative est complémentaire de celle de Levinas, d'autre part, que son âge est trop avancé pour qu'il puisse envisager de changer de perspective.

comprendre, nous semble-t-il, qu'à la lumière des considérations suivantes. Lorsque Jonas oppose la phénoménologie à l'ontologie, c'est lorsqu'il lui semble que la phénoménologie en question renvoie à une description des phénomènes depuis la sphère intentionnelle de la conscience coupée de toute inscription mondaine. La phénoménologie bien comprise doit conduire à une ontologie, à savoir à une description du mode d'être des phénomènes décrits. Ainsi la démarche du *Phénomène de la vie* consiste à rendre compte du mode d'être de l'organisme à partir de la description de son phénomène en tant qu'il échappe au partage dualiste et abstrait du vivant et du vécu, de la « matière vivante » et de la conscience. Loin que la vie ne soit objet pour une conscience ni même un vécu de cette conscience, c'est la conscience qui procède de la vie. Le phénoménologue rigoureux devra donc prendre en compte sa propre incarnation s'il veut comprendre l'être en vie, ce qui lui sera impossible s'il s'en tient à la sphère des vécus de la conscience pure. Par conséquent, le reproche larvé que Jonas adresse à l'approche levinassienne de la responsabilité est de ne pas inscrire cette dernière à la lumière d'une théorie de l'être qui en rende compte. Le risque de la description de la signification du visage d'autrui est d'en demeurer à un niveau d'abstraction qui interdise d'en comprendre la valeur véritablement impérative. C'est d'ailleurs bien, en un sens, ce que l'on pourrait reprocher à une telle conception. En majorant le poids de notre responsabilité à l'égard d'un autre véritablement autre qui réclame justice au point de défaire notre liberté de choix, on s'interdit non seulement de comprendre comment le sujet peut *accueillir* son devoir[1] mais aussi comment il peut *l'accomplir* faute de préserver sa liberté qui en est pourtant une condition essentielle[2]. Parce qu'autrui me convoque à mes

1. C'est ce que fait valoir Paul Ricœur. Si autrui est cela seul qui peut briser la clôture sur soi d'un je épris d'identification, on ne comprend pas alors comment ce moi, si hyperboliquement prisonnier de soi-même, peut véritablement se rendre réceptif à l'autre ? Ne faut-il pas thématiser la condition d'une telle réceptivité ? « Si, en effet, l'intériorité n'était déterminée que par la seule volonté de repli et de clôture, comment entendrait-elle jamais une parole qui lui serait si étrangère qu'elle serait comme rien pour une existence insulaire ? », écrit Ricœur dans *Soi-même comme un autre*, *op. cit.*, p. 391.

2. Certes Levinas met davantage en question le sens de notre liberté que la liberté elle-même. Il s'agit de la penser dans un horizon où elle ne soit pas la simple affirmation du moi mais d'abord réponse à l'exigence de l'autre. On pourrait dire que l'exigence de droit ne met pas en question la réalité de fait de la liberté puisqu'il la suppose toujours. Cependant, faute de justifier cet horizon ontologique d'autonomie, l'advenue à l'être d'une telle autonomie, Levinas rend difficile la compréhension d'une incarnation du devoir. Jonas élabore une fondation hétéronome du devoir tout en préservant un horizon d'autonomie du sujet, par quoi il peut être responsable, répondre de ses actes. Cette articulation de l'hétéronomie du devoir et de l'autonomie du sujet est naturellement problématique et marque la grande originalité de

devoirs sans que j'ai le choix, parce que le moi ne peut répondre qu'à condition d'être dépris d'une liberté qui vise l'appropriation de soi, on ne comprend plus bien comment le sujet peut *exercer* la responsabilité que réclame pourtant l'autre. Le clivage de l'éthique et de l'ontologie ne permet pas de comprendre comment je puis recevoir l'appel de l'autre, qui est absolument différent de moi, hors-monde tandis que, pour ma part, j'y suis toujours logé, ni comment je puis y répondre si je n'ai plus aucun pouvoir d'initiative[1].

En revanche Jonas préserve l'unité de l'éthique et de l'ontologie. Le principe responsabilité s'appuie et exploite en effet les acquis du *Phénomène de la vie*[2]. L'angoisse qui prend langue chez l'homme à propos de son être et de l'être de la vie dont il est solidaire, le rend conscient de son devoir vis-à-vis de l'humanité et de la vie. C'est donc parce que l'éthique reçoit un ancrage ontologique que Jonas parvient à penser la manière dont le sujet peut, d'une part, s'ouvrir à la responsabilité mais, d'autre part, en tirer des conséquences pratiques. Parce que le devoir de responsabilité est un impératif ontologique, c'est de l'être de l'homme et de la vie, dont nous devons répondre. L'heuristique de la crainte nous rend disponible et nous éveille au souci de notre propre être qui implique celui du monde de la vie dont nous provenons. Il ne s'agit pas ici de prendre en charge une altérité qui nous serait à ce point étrangère que nous n'aurions aucun point commun avec elle, puisqu'elle n'est rien d'autre que notre être-même et celle de la vie dont nous sommes partie prenante. À cette capacité de réceptivité, il faut ajouter notre capacité de répondre. C'est en conséquence du pouvoir technique de l'homme que la menace gronde sur l'humanité et la vie. C'est parce qu'il est libre dans son agir, qu'il est susceptible de responsabilité.

Jonas qui, de ce point de vue, se situe à un point médian entre les éthiques de l'autonomie et de l'hétéronomie, même si l'accent sur l'hétéronomie est naturellement plus prononcé. Pour lever cette contradiction, il faut montrer que l'autonomie n'exclut pas des relations « vitales » à autrui (dès le plan purement biologique.) C'est ce que nous thématisons dans le dernier moment de cet article en nous concentrant alors uniquement sur la figure de Hans Jonas au détriment de la pensée de Levinas.

1. C'est ce que mettent en lumière un certain nombre d'auteurs critiques. « Le projet éthique, en tant qu'il passe par l'irruption de la responsabilité, mobilise une référence incontournable à cet horizon d'autonomie sans la visée duquel on voit mal comment le sujet moral pourrait se penser comme en charge d'autrui », note A. Renaut, *L'ère de l'individu*, *op. cit.*, p. 257. « Que peut signifier une éthique fondée sur une responsabilité en deçà de la liberté ? » fait valoir Renaud Barbaras, en ajoutant que la responsabilité pour autrui suppose la limitation de ma propre volonté ce qui permet de constituer l'autre comme fin en soi. Cf. *Autrui*, Paris, Quintette, 1989, p. 51.

2. *Cf.* p. 120.

On pourra certes objecter l'accent que Jonas met sur la dimension hyperbolique de la menace technique. Son caractère fatal et irrésistible semble exalter le danger tout en déplorant notre impuissance ce qui peut créer un sentiment de panique et de désarroi ou d'indifférence. Mais l'heuristique de la crainte permet au contraire de mobiliser les consciences et les volontés en identifiant des dangers concrets et justifiés tout en dévoilant la valeur de cela qu'il faut préserver. Notre capacité d'agir découlera de notre prise de conscience. L'ontologie de la vie dévoile la liberté de l'homme en l'inscrivant dans l'être même du monde et l'éthique met au jour notre responsabilité qui est un appel à bien user de la liberté dont nous sommes pourvus.

Pourtant, il n'est pas sûr que Jonas puisse remplir les attendus de sa propre exigence de justification ontologique de l'éthique. En pensant la vie comme métabolisme, il accentue la clôture sur soi du sujet vivant. L'autre n'existe que sur le mode de l'appropriation ou de l'indifférence, le non-moi[1]. On peut expliquer cette lacune par une double raison[2]. En écrivant *le Phénomène de la vie*, Jonas reste marqué par l'enseignement de Heidegger et est tributaire de son héritage. Il conçoit donc le vivant à l'image du *Dasein*, comme projet solitaire orienté vers la mort. Quand bien même il faille incarner le *Dasein* pour comprendre comment la mort peut faire sens pour lui, puisque seul un corps inscrit dans un monde peut mourir, il n'en reste pas moins que la matrice d'une existentialité mortelle l'emporte sur toute autre considération. En outre, et de manière concomitante, Jonas n'évoque à aucun moment la sexualité lorsqu'il s'attache phénoménologiquement à la description de la vie. Certes, on peut rendre compte du vivant et du métabolisme indépendamment du phénomène de la reproduction. Pour autant, et dans la mesure où Jonas, entend décrire le caractère créateur de l'évolution, il importe de prendre en compte une telle donnée. Et quand bien même l'évolution pourrait être comprise sur la seule base de l'être-mortel et de l'être-fini de la vie, chaque progrès évolutif étant une « aventure en mortalité » qui marque une nouvelle audace de la vie, caractérisée par une plus grande liberté qui est aussi un plus grand risque

1. « Le défi de l'ipséité qualifie tout ce qui est au-delà des limites de l'organisme d'étranger et d'en quelque sorte opposé: de "monde" en lequel, par lequel, et contre lequel il se doit de se maintenir. Sans cette contrepartie universelle d'altérité il n'y aurait pas de "soi." » (*PhV*, p. 92.)

2. L. Kass, « Appreciating the phenomenon of life », *The Hastings Center Report*, vol. 25, 1995, n° 7 supplement.

pris[1], il n'en reste pas moins que la condition même de ce progrès requiert de prendre en considération l'acte par lequel les espèces peuvent évoluer, c'est-à-dire la reproduction. Comment dès lors le vivant peut-il sortir de lui-même pour faire une place non pas seulement à autrui mais aussi à celui qui n'est pas encore, mieux pour se reconnaître, quand il s'agit de l'homme, des devoirs vis-à-vis de lui ?

Il reste donc à comprendre, en premier lieu, ce qui peut justifier la réduction ontologico-éthique jonassienne, grâce à laquelle les hommes s'ouvrent à leurs devoirs envers l'humanité, prennent souci de ces autres que sont les générations futures et les êtres vivants. Si l'éthique s'enracine dans l'ontologie, alors il est nécessaire de comprendre comment le sujet individuel de l'ontologie jonassienne peut advenir à un tel sens des responsabilités. Qu'est-ce qui dans sa vie le prépare à être réceptif à l'inconditionnalité du principe éthique, que les médiations sociales pourront ensuite actualiser ? Il convient de rendre compte des conditions sous lesquelles l'heuristique de la crainte est tout simplement possible. Mais, par ailleurs, si une telle idée de responsabilité ne peut simplement être le produit d'une construction purement sociale – car elle ne pourrait pas alors s'imposer avec la force d'obligation nécessaire par-delà les consensus toujours contingents – il n'en reste pas moins qu'elle doit pouvoir s'épanouir et venir à la conscience d'elle-même dans l'espace social. Ainsi, et en second lieu, si c'est par des médiations institutionnelles et politiques que la conscience individuelle soucieuse de sa conservation parvient à s'élever à la conscience qui se préoccupe de l'avenir planétaire, quelle est la condition de possibilité biologique de ces médiations sociales ? Il faut donc prendre en compte deux questions. 1) Qu'est-ce qui biologiquement peut conduire l'individu à entendre l'inconditionnalité du principe éthique de responsabilité envers les générations futures ? 2) Qu'est-ce qui biologiquement peut expliquer que les hommes développent des *liens sociaux* permettant à terme de s'approprier ces principes en vue de les appliquer ?

1) Jonas signale furtivement dans le *Principe responsabilité* que la responsabilité parentale est sans doute le germe de toute responsabilité[2]. Mais cette remarque a valeur d'indication plutôt que de démonstration.

1. L'animal, contrairement à la plante, n'est pas contigu au milieu grâce auquel il pourra se restaurer. Il doit développer des facultés (de motricité, de perception et d'émotion), qui marquent un progrès de la liberté mais aussi la nécessité absolue de la mettre en œuvre sous peine de mort. *Cf.* chap. II.

2. *PR*, p. 259-260.

C'est ici que Levinas dessine une piste. Pour expliquer que le sujet excède la sphère de son soi et se décentre vers autrui, il évoque le rapport du sujet à l'égard de sa propre passivité. Je me découvre responsable d'autrui parce que je me comprends comme passif à l'égard des altérations dont mon corps vivant est le lieu. On peut également trouver chez Levinas les conditions pour penser quelque chose comme une responsabilité envers l'animal, dès lors que c'est l'altération de mon corps, la fragilité du vivant qui explique l'ouverture à l'autre. Certes contrairement à Husserl qui s'appuie sur l'intuition d'un appariement entre la chair animale et la chair humaine, l'autorisant à accorder une vie psychique à l'animal, quand bien même il ne penserait pas son altérité, Levinas laisse dans l'ombre la pensée d'un tel passage[1].

Non seulement ceci ne permet donc pas encore de comprendre comment l'homme peut avoir des devoirs à l'égard des autres vivants et non pas seulement à l'égard des autres hommes[2], mais en outre cela ne suffit pas pour comprendre la manière dont l'homme peut se reconnaître non pas simplement comme investi d'une responsabilité mais également comme *capable* d'y répondre, en tant qu'être libre.

Il n'est pourtant pas impossible de trouver dans la philosophie de Hans Jonas les lignes directrices qui permettraient de penser les conditions d'émergence d'un tel sens moral, au sein même de la *vie* individuelle. En effet, celui-ci évoque dans *Évolution et liberté*[3], l'idée d'une communication intuitive des êtres vivants entre eux. C'est donc à un niveau infrahumain que les individus d'une même espèce peuvent se reconnaître en tant que vivants et même comprendre le sens de leur conduite. Ce rapport de communication n'est certes pas encore une sollicitude. Mais il permet d'envisager les conditions d'un échange dès le niveau animal, échange qui ne soit pas réductible à un pur rapport d'utilisation. C'est l'expression d'autrui qui est appréhendée comme telle indépendamment de la conduite qu'elle implique chez le récepteur. C'est alors en se tournant vers le manuscrit d'origine du *Phénomène de la vie* déposé et conservé aux Archives de l'Université de Constance que l'on peut trouver les éléments d'une relation pré-éthique au plan biologique.

1. Sur ces différents points, *cf.* C. Pelluchon, *Éléments pour une éthique de la vulnérabilité*, Paris, Éditions du Cerf, 2011, p. 40-43, p. 50-55.

2. Même si Levinas reconnaît qu'« on ne peut refuser complètement le visage à l'animal » (« *Le paradoxe de la moralité : un entretien avec Emmanuel Levinas* », Philosophie, n° 112, 2011), il n'en demeure pas moins que celui-ci n'est en rien cette altérité radicale qui oblige à la responsabilité, mais plutôt une différence sans altérité.

3. *ÉL*, p. 100-102.

Dans les pages concluant ce que nous estimons être la quatrième partie du manuscrit original du *Phénomène de la vie*, Jonas montre que le soin accordé à la progéniture permet de faire passer des relations intra-spécifiques au caractère fugace, propre aux rencontres sexuelles, à un type d'association plus durable. De ce point de vue, le souci égoïste de soi n'est pas la première expérience que le vivant fait, puisqu'est premier l'expérience du souci qu'un autre a de lui[1]. Cette expérience fondatrice de la sociabilité est même présentée comme l'origine même de la technique[2]. Alors que la forme éditée du *Phénomène de la vie* nous présente le procès technique comme l'effet d'un surcroît de médiation rendue possible par l'apparition de l'imagination, à cause du progrès toujours grandissant mais toujours risqué réalisé par la vie contre le péril de la mort, le phénomène technique apparaît au contraire ici comme le prolongement d'une exigence de protection maternelle. C'est moins le risque de mort individuelle qui est premier que le danger encouru par la progéniture qui est en jeu:

> Si nous passons en revue les habiletés techniques des animaux nous observons que l'abri est leur thème presque universel, et l'abri n'est pas d'abord pour les constructeurs eux-mêmes mais pour la protection de leur progéniture. Ici nous discernons une connexion intéressante entre les origines du social et les facultés techniques. Ils semblent tous deux provenir du complexe reproducteur. Les procédures les plus élaborées de reproduction et de soin requièrent dans de nombreux cas des mesures protectrices qui vont des adaptations légères des traits existants dans l'environnement aux constructions artificielles élaborées[3].

Ce n'est plus ma propre mort qui est l'horizon de mon inquiétude vitale, mais celle de ma progéniture. Or cette intuition qui est aperçue dans le manuscrit conservé à Constance est absente du *Phénomène de la vie* et déployée dans *le Principe responsabilité* au plan humain du soin parental. Jonas laisse ouverte, dans ce livre, la question d'étendre aux autres formes de vie la portée morale du phénomène. Pourtant il y laisse entendre que la relation parentale n'est pas simplement un modèle épistémologique mais aussi un phénomène à valeur ontologique, au point que toute responsabilité

1. HJ, 10-15-1

2. Et, comme le fait remarquer Jonas, il n'est pas neutre que le procès de transformation technique de la matière, qui est la relation la moins émouvante qui soit, suppose la relation la plus émouvante qui soit, à savoir la relation sexuelle, comprise comme rapport désintéressé au partenaire et surtout condition de procréation.

3. HJ, 10-15-1. C'est nous qui traduisons

humaine semble s'enraciner dans ce phénomène primitif[1], et que rien n'interdit de voir, à des degrés divers, chez d'autres vivants les germes d'un tel sens des responsabilités, quand bien même ils sont plus captifs que l'homme de l'instinct de reproduction par lequel la loi de l'espèce s'impose. Quoi qu'il en soit, nous avons bien ici affaire à un type d'être dont la vie consiste à se dévouer à un autre, à renoncer au seul souci de son être pour être au service d'autrui.

2) En second lieu, parallèlement au phénomène de « la sollicitude maternelle » l'auteur s'attache au phénomène de la sexualité – quand bien même celui-ci demeure au second plan au regard de l'orientation thanatocentrique de la pensée jonassienne de l'évolution– comme autre figure de la relation désintéressée et pré-éthique à autrui observable au plan biologique. Dans les dernières pages du quatrième chapitre de la première version du manuscrit déjà évoqué – chapitre intitulé « Motilité » – l'auteur fait remarquer que l'activité sexuelle :

> n'a aucune référence aux demandes métaboliques de l'organisme. C'est un cas de satisfaction dans la dépense et non dans l'acquisition. Alors que dans le royaume de l'auto-préservation l'effort de faire a sa récompense dans le succès consécutif, qui sert à maintenir le soi, dans le royaume de la relation sexuelle le faire est son propre accomplissement et est donc exécuté pour lui-même. C'est vrai en termes d'émotion, indépendamment du fait qu'un but biologique ultérieur est servi sans le savoir. Par conséquent, l'objet physique de la force d'accouplement, c'est-à-dire le partenaire, est le seul objet du désir animal qui n'est pas recherché pour être détruit. L'importance de ce fait biologique pour le développement de l'échelle entière des émotions que nous comprenons sous le nom d' « amour » et qui en fin de compte va bien au-delà du royaume physique ne peut être surestimée[2].

1. Cf. *PR*, p. 88 et 259. Dans « Socio-Economic Knowledge and Ignorance of Goals », *PE*, Jonas montre comment la science économique prend son origine dans le phénomène de la responsabilité parentale. *Cf.* également É. Pommier, « Économie et éthique selon Hans Jonas », *Cahiers d'Économie politique*, n° 60, juin 2011.

2. C'est nous qui traduisons. Voici la version originale : « (…) which has no reference to the metabolic demands of the organism. It is a case of satisfaction in expenditure and not in acquisition. While in the realm of selfpreservation the effort of doing has its reward in the subsequent success, which serves to sustain the self, in the realm of sex-relation doing is its own fulfilment and is thus executed for its own sake? This is true in terms of emotion, notwithstanding the fact that unknowingly an ulterior biological purpose is served. Accordingly, the physical object of the mating drive, i.e. the mate, is the only object of an animal urge which is sought not to be destroyed. The importance of this biological fact for the development of the

Ainsi dans le champ de la rencontre intra-spécifique, force est de reconnaître un type de rapport à l'autre qui échappe à l'appropriation, sans pour autant sortir de la vie ou sans recourir à une dimension mentale qui serait en rupture avec elle. L'autre vivant n'est pas toujours une proie ou un ennemi, il peut aussi être un partenaire. Mais c'est très probablement la seule fois que Jonas prend en compte un tel phénomène dans son analyse de la vie. Non seulement *Le phénomène de la vie* n'en parle pas, mais, en outre, *Le principe responsabilité*, dont l'objet principal est l'éthique, n'envisage pas un tel fondement biologique aux relations humaines. Alors que la prise en compte du phénomène érotique aurait pu donner lieu à un autre type de rapport, dans lequel l'autre est pris en compte comme être singulier et où il est possible de nouer de libres relations de jeu[1], Jonas semble prisonnier, dans le *Phénomène de la vie*, d'une optique centrée sur la mort, qui conduit au repli de l'individu sur lui-même, et fait d'autrui au mieux un moyen, mais jamais une fin. C'est pourquoi il se tournera dans le *Principe Responsabilité* vers le phénomène de la relation parentale humaine pour penser les pré-conditions de l'éthique.

De telles remarques ne permettent naturellement pas de justifier en dernier ressort de quelle manière le sujet humain peut se hisser à la hauteur du principe de responsabilité envers les générations futures et envers la vie en général. Cependant, elles permettent d'ouvrir un champ d'investigation qui s'attacherait à décrire la nature pré-éthique des relations des êtres vivants entre eux. D'une part en tant que la relation sexuelle peut être au principe d'une relation de sociabilité où le soin de l'autre advient à l'être, nous avons là le germe d'une éthique horizontale qui peut donner lieu chez l'homme à une pensée de la relation sociale ouverte à la considération du prochain[2]. D'autre part, en tant que la relation envers la progéniture peut-être au principe d'une relation de protection et de service, nous avons là le germe d'une éthique verticale, qui donnera lieu chez l'homme à la responsabilité parentale[3] et par extension à une responsabilité envers les générations futures. Ces deux pistes s'équilibrent et sont complémentaires. C'est seulement dans la sociabilité intra-générationnelle que peut se faire

whole scale of emotions which we comprise under the name of "love" and which eventually reaches far beyond the physical realm, cannot be overestimated. » HJ 10-15-1

1. *Cf.* M.-G. Pinsart, *Jonas et la liberté, Dimensions théologiques, ontologiques, éthiques et politiques*, Paris, Vrin, 2002, p. 288.

2. Nous avons là les prodromes d'une relation entre « égaux » qui peut donner lieu, dans la vie sociale, à des relations politiques.

3. Celle-ci n'est plus simplement un modèle pour penser la responsabilité envers les générations futures mais sa condition génétique.

la prise de conscience d'une responsabilité trans-générationnelle. C'est dans cette dernière responsabilité que la première sociabilité peut trouver un horizon qui donnera sens au développement historique. Une éthique de la responsabilité suppose donc de voir comment les vivants peuvent s'éveiller au souci les uns des autres, en prenant pour sol la relation sexuelle et le souci « parental ».

Nous pouvons mesurer ce qui démarque Jonas de Levinas dans l'entreprise de justification de l'éthique, et partant, mieux comprendre les vertus et limites de la tentative jonassienne, mais par-delà elle le projet de fonder ontologiquement l'éthique. En premier lieu, ce qui sépare Jonas de Levinas est que ce passage de l'autonomie au devoir ne se fait pas en donnant congé à l'ontologie, mais au contraire en s'appuyant sur elle quitte à la renouveler. La relation éthique ne nous projette pas en dehors de l'être. Une telle démarche rend difficile de comprendre ce qui peut unir le sujet responsable à l'objet de la responsabilité. Si aucune affinité ne peut relier le moi à l'altérité, on voit difficilement comment je peux me tenir responsable d'elle. L'exigence éthique ne requiert donc pas de rompre avec l'ontologie – puisque la possibilité éthique exige de la comprendre comme un mode d'être inhérent au monde – mais avec l'obsession appropriante du même. En second lieu, la responsabilité levinassienne se fait au détriment de la liberté du sujet qui n'a pas le choix. Il est immédiatement sommé de s'occuper d'autrui. Au contraire, la responsabilité de Jonas est certes verticale, mais repose sur la liberté du sujet. C'est parce que le sujet est libre, parce qu'il peut nuire et qu'il a le choix, qu'il est responsable des conséquences de son agir au plan collectif. Il nous semble donc que cette seconde piste de confrontation éthique permet de prolonger la piste ouverte par Jonas d'une fondation ontologique de l'éthique, en portant au concept une responsabilité pour l'autre vivant et l'homme à venir. Cette éthique de la responsabilité suppose une certaine désillusion à l'égard de l'éthique du progrès, qui repose sur une anthropologie, où l'homme est vu comme voué à dépasser sa nature sauvage, vitale en direction d'une amélioration, au contenu indéterminé, qui se fait contre la vie, par rupture avec elle. Cette illusion entretenue par le potentiel technologique, qui nourrit l'idée que l'homme peut être reconfiguré afin d'être meilleur et que la nature peut être pleinement maitrisée pour être mise au service de nos besoins et ne plus avoir à s'en soucier, exige d'être surmontée. C'est au contraire par la prise de conscience de la vulnérabilité de la vie, par la découverte de la précarité de toute vie, y compris la nôtre, que peut naître une éthique de responsabilité et de préservation de la vie.

CHAPITRE VIII

L'HUMANITÉ QUI VIENT SLOTERDIJK, JONAS, HABERMAS

Avec Jürgen Habermas, nous sommes mis en présence d'une philosophie qui s'oppose à celle de Levinas en ce qu'elle part de la vocation du sujet à l'autonomie et en ce qu'elle met au premier plan l'exigence éthique d'une préservation de la naturalité de notre condition. Il semblerait, de ce point de vue, qu'une telle démarche soit dans une proximité essentielle avec celle de Hans Jonas. Encore une fois pourtant, il s'agira de montrer par où le raisonnement de ce dernier se démarque de celui de Habermas afin d'en identifier la singularité. Un chapitre majeur de la réflexion que Hans Jonas consacre à la bioéthique est la manière dont l'homme peut, grâce au pouvoir technique, reconfigurer son humanité[1]. Autre chose en effet est d'envisager techniquement la manière de remédier à des handicaps naturels empêchant la procréation, autre chose est d'intervenir sur la constitution génétique du futur individu. Non seulement c'est intervenir, semble-t-il, sur l'identité même de l'individu, mais c'est aussi agir, apparemment, sur « l'essence » même de ce qui constitue l'espèce humaine. Peter Sloterdijk, dans son ouvrage intitulé *Règles pour le parc humain*, ne semble pas loin de considérer une telle option de manière favorable et, en tout état de cause s'il n'en fait pas nécessairement l'éloge, considère que la question d'une reconfiguration génétique de l'homme mérite cependant d'être posée. Le propos de l'auteur est ambigu. D'un côté, il affirme que le processus d'hominisation est inachevé par essence. C'est la raison pour laquelle l'homme, contrairement à l'animal, n'est jamais pleinement déterminé et requiert donc une culture qui lui permette

1. Ce procès est tout particulièrement instruit dans le recueil intitulé : *Technik, Medizin und Ethik*.

de se porter à maturité. Cette indétermination est une chance pour l'humanité et lui permet de se produire elle-même comme elle l'entend, du moment qu'elle agit avec conscience[1]. D'un autre côté pourtant, cette indétermination ou cette ambivalence morale est plutôt considérée par l'auteur comme un risque patent de bestialité qui doit être pris en charge par une anthropotechnique efficace à même de conjurer une telle menace. L'humanisme a, de son point de vue, été une telle technique de domestication mais qui a échoué, notamment sous l'effet de la culture de masse, du développement des réseaux. Face à la perspective d'un nouveau déferlement de violence, on ne peut plus se satisfaire de l'idéal, essentiellement illusoire, selon lequel le livre servirait de rempart contre la tentation du cirque, comme on pouvait le croire du temps de Cicéron et comme l'institution de l'école publique a tenté de l'incarner. À la question de savoir quelle technique permettrait de produire l'homme et de l'apprivoiser, Sloterdijk semble suggérer le recours programmé à l'ingénierie génétique :

> Mais l'évolution à long terme mènera-t-elle à une réforme génétique des propriétés de l'espèce – une anthropotechnologie future atteindra-t-elle le stade d'une planification explicite des caractéristiques ? L'humanité pourra-t-elle accomplir, dans toute son espèce, un passage du fatalisme des naissances à la naissance optionnelle et à la sélection prénatale ?[2]

Qu'on mette l'accent sur la dimension descriptive ou interrogative plutôt que prescriptive d'un tel propos[3], il reste que, aux yeux de Sloterdijk, c'est la biotechnologie qui s'offre comme la possibilité la plus sûre de transformer l'humanité, et semble-t-il dans le sens assez flou d'une amélioration « morale »[4].

1. *Règles pour le parc humain*, trad. fr. O. Mannoni, Paris, Mille et une nuits, 1999, p. 58.
2. *Ibid.*, p. 43.
3. *Ibid.*, p. 56.
4. Sloterdijk semble, dans un premier temps, reprendre une analyse de type nietzschéen, en montrant comment « la » morale de type humaniste forme « le dernier homme », l'homme apprivoisé. Mais tout se passe ensuite comme si Sloterdijk rejetait la solution de Nietzsche, le modèle du surhomme, d'un être apte à se dépasser lui-même et à fortifier sa volonté, grâce à une culture supérieure (dont le modèle nous est offert par la Renaissance), au profit d'une conception techniciste de transformation de l'homme. Au lieu d'envisager la vie comme une volonté de puissance qu'il faut fortifier, il explique la vie sur la base d'une définition génétique, et en tire des conclusions techniques, ayant pour but de maîtriser la sauvagerie de l'homme. On ne sait donc pas si Sloterdijk conseille de préserver l'indétermination, la créativité, l'être-clairière de l'homme – selon une notion qu'il emprunte à Heidegger – ou bien s'il considère qu'il faut déterminer l'homme, par le moyen de l'ingénierie biologique. Il semble qu'aux yeux de Sloterdijk, une telle ingénierie ne serait qu'un moyen pour l'homme

Or c'est précisément parce que la technique peut mettre en question l'image même de l'homme, son humanité, qu'il faut, selon Jonas, en questionner, voire en limiter, le pouvoir lorsqu'il s'étend au contrôle biologique de l'homme[1]. Cette réflexion est d'autant plus nécessaire que le risque de déshumanisation engendré par la technique n'est pas ici indirect (comme c'est le cas lorsqu'elle détruit l'environnement, ou même lorsqu'elle modifie le rapport de l'homme à sa naissance avec la procréation médicalement assistée) mais direct, puisqu'il porte sur la constitution même de l'individu qui naît au monde. Il faut donc anticiper l'effet de telles techniques sur le devenir homme de l'homme et ne pas se condamner à en subir la loi. Il s'agit donc d'émettre des hypothèses sur ses conséquences et de s'ouvrir à la prudence. Pour procéder à l'examen des possibilités techniques qui peuvent s'avérer problématiques au plan éthique, Hans Jonas choisit de distinguer les modes disponibles de contrôle biologique (comme par exemple l'amniocentèse), et les modes futurs. Seuls les seconds pourront nous délivrer de la loterie génétique résultant du caractère sexué de la reproduction. Le hasard est le véritable obstacle à une maîtrise efficace de la gestion biologique de l'humanité. Or deux modes de contrôle encore à venir et permettant d'accroître le pouvoir de l'homme sur les propres conditions de sa constitution génétique peuvent être anticipés. Le premier est le clonage et c'est la méthode la plus conservatrice au regard de l'identité génétique de l'homme. Le second est la recombinaison génétique, qui nous fait entrer de plain-pied dans l'ingénierie biologique. Même s'il ne s'agit pas encore de fabriquer ou de créer un nouvel être humain, il est néanmoins le pouvoir d'en modifier la constitution élémentaire. Nous

d'assumer sa liberté tout en contrôlant de manière concertée sa bestialité. Le bon politique serait donc celui qui gère correctement « le parc humain », qui organise la technique de manière à transformer l'homme en ce sens. Ce sont sur ces règles qu'il s'agirait alors de s'entendre.

1. Dans un essai consacré à la philosophie de la technique (*TME*, chapitre 2, p. 42), Hans Jonas montre que la technique, *au plan formel*, a cessé d'être depuis l'époque moderne un ensemble de moyens atteignant un état d'équilibre. Au contraire, elle est un processus incessant de dépassement et ce « progrès » n'a aucune visée éthique. Simplement « on n'arrête pas le progrès. » *Au plan du contenu* des techniques, celles-ci se caractérisent par une « dématérialisation » ou une abstraction croissante. Après la mécanique, qui se contentait d'utiliser la matière, la chimie artificialise la nature au point de créer des substances nouvelles. L'électricité marque encore un progrès dans l'abstraction, puisqu'il faut des conditions scientifiques précises pour la fournir. L'électronique, quant à elle, produit des objets qui n'imitent en rien la nature. Avec elle, le projet technique n'est plus tant d'habiter la nature que de la reconstruire. La biologie, la génétique en particulier, est l'ultime étape de ce processus, car cette fois la technique prend directement l'homme pour objet. On entrevoit la menace. Si l'atlas des cartes génétiques est découvert, les conditions de réalisation d'une post-humanité sont données.

souhaitons nous interroger ici sur la pertinence axiologique de ces techniques encore à venir et, par une confrontation entre les doctrines de Jürgen Habermas et de Hans Jonas, soumettre à l'examen deux types de fondement possible de la normativité éthique, ontologique et « communicationnelle ».

1) Le clonage est une forme de reproduction asexuelle. C'est une technique qui consiste à insérer le noyau d'une cellule somatique dans un ovule énucléé, en vue d'une « fertilisation » au sein du ventre maternel. La rencontre sexuelle devient superflue, puisque le développement d'une nouvelle vie ne dépend plus de la rencontre de deux gamètes appartenant à deux individus différents et contenant chacun une information génétique propre. Avec le clonage, le hasard inhérent à la reproduction sexuelle est donc aboli. Et l'individu peut se développer sur la base d'un matériel génétique et identique à celui du « parent » sur lequel on a prélevé le noyau. On pourrait remarquer l'identité entre le clonage et la gémellité du point de vue de la ressemblance phénotypique, si ce n'était l'absence de contemporanéité du clone et de son donneur. Cet écart temporel ouvre d'ailleurs la porte de l'immortalité puisque les tissus conservés peuvent être utilisés bien après le décès du donneur. L'intérêt de cette technique est d'abolir le hasard en soustrayant le trait génétique considéré comme utile afin de le reproduire fréquemment. On pourra trouver toutes sortes de raisons pour justifier une telle pratique ou, au contraire, pour la condamner. Mais Jonas s'intéresse moins à ses avantages ou à ses dangers pour le reste de l'humanité qu'à ses effets sur l'humanité du clone. N'y a-t-il pas dans la production du clone une atteinte à la dignité humaine ?

Pour répondre à cette question, Hans Jonas se rapporte à la constitution biologique du clone non pas en la traitant comme une cause de son identité mais comme une condition, non pas en termes *d'essence* mais de *situation*. La singularité de cette situation provient, comme nous le disions auparavant, du caractère non-contemporain du clone et de son donneur. Par conséquent, ce que le clone sait, ou croit savoir de lui-même et ce que l'entourage sait, ou croit savoir du clone, va affecter négativement son élan existentiel et limiter son pouvoir d'être une surprise pour lui-même et pour les autres :

> Se savoir pâle copie d'un être, qui s'est déjà révélé dans une vie, doit étouffer l'authenticité d'être soi-même, la liberté de se découvrir comme une surprise pour soi-même et pour les autres avec ce qu'il y a en soi ; et ce

savoir illicite étouffe la spontanéité de l'environnement à l'égard du nouvel arrivant qui pourtant n'est justement pas nouveau [1].

C'est la raison pour laquelle il faut préserver un droit à l'ignorance de sa constitution génétique car c'est sous cette condition que l'individu peut faire l'épreuve de soi-même en se construisant une identité singulière, ce dont le priverait un *projet* de prédétermination génétique de son existence, quoi qu'il en soit de la vérité du déterminisme génétique, que Jonas d'ailleurs ne majore pas. Pour autant, l'argument n'acquiert sa pleine force qu'à condition de se remémorer son sous-bassement phénoménologique. L'homme ne peut en effet être considéré comme une surprise pour lui-même, qu'à condition d'identifier dans le mouvement même de la vie une ouverture au monde qui en préserve l'indétermination. C'est cette ouverture qui pourrait être mise en question par la technique du clonage.

2) La technique de recombinaison génétique se caractérise par son aspiration à introduire de nouveaux gènes plutôt qu'à en conserver d'anciens. Cette prétention se distingue de celle du clonage, puisqu'il s'agit cette fois d'intervenir directement sur la source même de la nouveauté en donnant par exemple le pouvoir à l'homme de substituer un gène sain à un gène défectueux. Cet avantage est patent dans le cas du diabétique, car au lieu d'agir sur le symptôme on agira sur la cause. Néanmoins Jonas s'inquiète des effets, dont nous ignorons tout, sur la descendance et par conséquent sur l'évolution future de l'humanité. En effet, on n'intervient pas sur le « matériel » génétique comme on réalise une transplantation d'organes, et les conséquences de la première intervention sont bien moins prévisibles que celles de la seconde. En outre, une telle technique risque de faire de l'homme non plus la valeur en soi dont l'évolution, en tout cas dans la logique jonassienne, l'avait dotée mais de l'inscrire dans une logique où il serait un étant reconfigurable en fonction de tel ou tel besoin social. Or si la compétence humaine prend la place de la contingence évolutive, le risque est grand de compromettre, paradoxalement, la capacité adaptative de l'homme, en mettant en question la source vive de l'évolution, qui peut offrir des ressources précieuses le moment venu encore qu'inattendues.

Au terme de cette analyse de la réponse éthique à apporter aux menaces techniques de transformation des conditions biologiques de la naissance humaine, on peut se demander si c'est bien sur la base d'un souci pour les générations futures et d'un respect de la valeur absolue de la *vie* humaine

1. H. Jonas, *L'art médical et la responsabilité humaine*, art. cit., p. 73.

qu'une limitation des techniques les plus inquiétantes peut être envisagée. Le ressort de la critique jonassienne repose sur l'idée, exposée dans *le Principe Responsabilité*, que nous pourrions, par notre agir technologique insouciant, compromettre les conditions d'une vie authentique pour l'humanité à venir. La vie humaine a, comme telle, une valeur absolue ; elle est un bien en soi et le devoir de la respecter est biologiquement inscrit en elle. Mais ne peut-on pas reprocher à cette démarche de moraliser, voire de resacraliser la nature humaine ? Une morale substantielle, voire une « religion de la vie », assurerait alors une tutelle sur les existences individuelles, prendrait le contrôle de leur vie de manière intolérable, par le biais des normes absolues qu'elle produirait. Une telle morale serait au fond une idéologie, soit un ensemble de croyances non fondées au service d'un pouvoir de nature politique. Or la modernité est une ère post-métaphysique, qui doit refuser d'essentialiser l'homme, de fonder ontologiquement ou théologiquement sa morale, car ce serait une atteinte au pluralisme essentiel des modes de vie. Chacun doit pouvoir vivre sa vie comme il l'entend, suivre l'éthique qui lui convient, sans imposer à autrui ses propres normes, sauf à porter atteinte au respect auquel tout individu a droit. Et dans cette perspective, on ne voit pas, de prime abord, pourquoi il ne serait pas loisible à des parents d'utiliser librement les techniques qui seraient offertes par le marché en vue d'intervenir sur le patrimoine génétique de leur progéniture ou à des chercheurs de faire un usage instrumental des gènes. Cet eugénisme libéral défendu par les libéraux invite à se demander si le recours aux biotechnologies est bien à même d'accroître l'autonomie des individus. Or Habermas, dans *L'avenir de la nature humaine. Vers un eugénisme libéral ?*[1], s'accorde à reconnaître que l'effacement de la différenciation entre la fabrication technique et la croissance naturelle est problématique pour l'existence humaine. Alors que l'agir technique supposait une intervention extérieure sur un matériau inerte, tandis que l'organisme avait un développement autonome, tributaire de la rencontre de cellules germinales indépendantes, voici que les biotechnologies viennent troubler cette division des tâches, puisque l'homme peut désormais se traiter comme un objet et intervenir sur son propre plan de construction. Il y a donc incontestablement ici une inquiétude commune de la part de Hans Jonas et de Jürgen Habermas. Dans les deux cas en effet, il s'agit de se demander si l'intervention biotechnologique ne risque pas de porter une atteinte significative à la liberté dont la vie humaine est le

1. J. Habermas, *L'avenir de la nature humaine…*, trad. fr. C. Bouchindhomme, Paris, Gallimard, 2002.

lieu[1]. Habermas ne s'inquiète pas de l'agir technologique en lui-même, mais plutôt de la redéfinition de ses finalités, après que le brouillage entre l'artificiel et le naturel ait été consommé par lui, tandis que Jonas fait porter son inquiétude sur le caractère quasi-irrésistible de la dynamique technologique en elle-même. Habermas estime que Jonas porte le débat à un niveau de généralité trop élevé, c'est-à-dire au fond trop métaphysique, lorsque celui-ci affirme que le pouvoir acquis par l'homme sur la nature, grâce à la raison scientifique, se retourne en un pouvoir de la technique sur l'homme, qui met en danger l'espèce dans son ensemble mais aussi l'individu qui est, malgré lui, mis à contribution pour améliorer l'espèce[2]. Pour Habermas, en effet, le danger est moins l'eugénisme autoritaire, celui organisé par l'État, que l'eugénisme libéral[3], où c'est la loi du marché qui invite à l'usage des biotechnologies. Et de ce point de vue on ne voit pas à quel titre, après tout, il faudrait interdire aux parents d'élever leur progéniture comme bon leur semble et, s'ils l'estiment nécessaire, par le recours à des interventions techniques, mettant en jeu le patrimoine génétique de leurs futurs enfants (grâce au clonage par exemple).

La réponse à cette question pourrait être trouvée à partir du cadre général de la philosophie de Jürgen Habermas. Alors que Kierkegaard trouvait l'articulation entre une éthique individuelle et les normes du vivre-ensemble en Dieu, c'est seulement grâce au *logos*, au discours rationnel, au langage, qui nous permet de nous comprendre et qui pourtant nous dépasse en nous introduisant dans un vaste circuit de significations engageant la collectivité, que nous pourrons, nous autres modernes, nous acheminer vers un consensus sur des normes de vie commune. Le passage de l'authenticité de la vie individuelle à l'autonomie, et donc à la liberté que garantissent des normes à vocation universelle incarnées par des lois, est donc assuré par la discussion au sein de l'espace public. Et nous serions renvoyés ici à l'éthique de la discussion telle que Habermas a pu la définir[4].

1. Habermas veut penser une éthique qui permette de limiter l'eugénisme libéral sans pourtant s'appuyer sur une morale naturaliste. Notre propos est de signaler qu'il est conduit, comme malgré lui, à un certain naturalisme, ce qui inviterait alors à l'assumer dès le départ et à entreprendre plutôt de le justifier, ce qui est la démarche de Jonas.

2. *Ibid.*, p. 76.

3. « C'est ainsi que je nomme une pratique qui laisse à l'appréciation des parents la possibilité d'intervenir sur des cellules germinales fécondées. », p. 117. Il faut cependant remarquer que Jonas ne craint pas seulement l'eugénisme d'État mais aussi et, pourrait-on dire, surtout l'eugénisme libéral, puisque la dynamique technologique est portée par les individus et leur désir, que le marché se propose de satisfaire.

4. *Cf.* par exemple : *De l'éthique de la discussion*, trad. fr. M. Hunyadi, Paris, Éditions du Cerf, 1992.

Mais, en l'espèce, s'il ne s'agit pas, bien entendu, de définir les critères d'une vie bonne, il n'est pas davantage question de s'intéresser aux conditions sous lesquelles une norme peut être validée, aux raisons grâce auxquelles la procédure du discours rend possible un accord juste[1]. À la question de savoir si la préservation du programme génétique est un droit, Habermas n'entend pas produire un argument ultime ou concluant ni décrire les conditions sous lesquelles on pourrait parvenir à un accord. Il entend simplement fournir des arguments au débat public, afin de renforcer l'attitude critique qu'une société peut avoir à l'égard d'elle-même, et ce faisant dénoncer les contradictions performatives qu'elle pourrait commettre.

Il apparaît alors que la biotechnologie ne relève pas d'une utilisation dépendant d'une éthique parmi d'autres et qui appellerait une tolérance propre au pluralisme de l'ère post-métaphysique, puisqu'elle représente au contraire un danger plus grave que la vision métaphysique d'un bien substantiel. La technicisation du matériau humain affecte en effet profondément la compréhension que l'homme a de soi-même, en tant qu'individu autonome et responsable. Au lieu de se saisir comme subjectivité pouvant disposer d'elle-même, il se conçoit en effet comme produit d'une intention initiée par autrui. C'est pour cette raison que la manipulation technique du vivant met en danger l'humanité de l'homme. Elle compromet le clivage du sujet et de l'objet, et risque de transformer le premier en second. Cela ne signifie pas que Habermas se fait une conception naturaliste de la dignité humaine, comme si celle-ci était un bien en soi. Elle ne s'acquiert en effet que dans un processus de socialisation grâce auquel chacun établit un réseau de fidélités qui lui permet de gagner des forces en reconnaissant publiquement ses fragilités. C'est par l'exposition de sa vulnérabilité que l'individu peut reconquérir son autonomie, toujours en jeu, et gagner le respect auquel il a droit. Une telle démarche n'est évidemment possible que par la médiation du langage. Et l'identité du nourrisson lui-même, être vulnérable par excellence, repose sur le bain de langage qu'on lui fait prendre, lorsqu'on s'adresse à lui, y compris *in utero*, lorsqu'on parle de lui ou lorsqu'on lui donne un nom. Nous avons ainsi les conditions de l'accession d'un individu au statut de sujet libre et responsable, pouvant

1. Habermas s'éloigne ici d'une approche purement « communicationnelle » de la morale. C'est un trait essentiel qui distingue, dès la seconde moitié des années 70, son projet de celui d'Apel, avec qui pourtant il partageait une véritable communauté d'esprit. *Cf.* C. Bouchindhomme, « Une querelle de famille I. Aux sources de la controverse entre Apel et Habermas. », *Habermas. L'usage public de la raison*, R. Rochlitz (éd.), Paris, P.U.F., 2002, p. 31.

jouir de l'égalité à laquelle toute personne a droit. Or c'est précisément cette autonomie et cette égalité que l'intervention génétique met en question. La liberté privée du parent d'altérer le patrimoine génétique de son enfant n'est certes pas un abus de pouvoir, elle ne porte pas atteinte à son droit, puisque cette personne n'existe pas encore. Simplement, il porte atteinte à une condition mentale permettant à l'individu de se reconnaître comme autonome et à égalité avec les autres membres de l'espace public. Il est certes possible d'objecter que la modification génétique subie par l'enfant est du même ordre que l'influence sociale que n'importe quel enfant reçoit. C'est le piquant inévitable de l'aventure de l'individuation que de se réapproprier ce qui pourrait être vécu comme un pur et simple conditionnement. De la même façon que la liberté humaine est mise à l'épreuve dans sa capacité à donner sens aux conditions sociales dans lesquelles elle évolue, et que nous sommes invités à ne pas confondre une situation avec une détermination essentielle, l'individu en devenir doit pouvoir affirmer son autonomie, y compris vis-à-vis du destin génétique voulu par ses géniteurs. Il n'y aurait donc pas de différence fondamentale entre une intervention génétique et une pratique éducative. Le détachement à l'égard de la première est du même ordre que l'indépendance à l'égard de la seconde. Toute autonomie se conquiert, soit sur l'environnement social d'abord passivement subi, soit sur la biologie technologiquement modifiée. Mon corps n'est qu'un environnement biologique qui évolue dans un autre environnement, social. *Je* peux toujours affirmer ma liberté dans la réappropriation de cette nécessité. Mais, selon Habermas, c'est précisément cette réappropriation qui est rendue difficile par l'intervention technique. En faisant de mon corps un objet manipulable, elle rend délicate l'émergence d'une subjectivité libre. L'individu ne peut plus se concevoir produit du hasard, ouvert à un avenir imprévisible dont il sera le maître. On ne se réapproprie pas une modification génétique comme on se réapproprie une influence psychologique ou sociale. La première est irréversible et place l'individu dans une relation d'asymétrie, qui l'empêche de se concevoir comme sujet libre et en situation d'égalité au sein de la sphère de communication sociale, grâce à laquelle il peut construire sa dignité[1]. En portant un coup fatal à la naturalité de la condition humaine, la technique empêche l'homme de se reconnaître porteur d'une dignité qui lui vient de son autonomie. Il s'agit donc de préserver une présupposition naturelle sous laquelle la personne peut développer une conscience d'être autonome

1. *Cf.* J. Habermas, *Une époque de transitions*, trad. fr. C. Bouchindhomme, Fayard, Paris, 2005, chap. IV : La nature humaine et le génie génétique.

et apte à la responsabilité. C'est la raison pour laquelle, s'il est impossible de limiter les biotechnologies en vertu d'une définition substantielle du bien, on le peut néanmoins en vertu d'une « éthique de l'espèce humaine » qui veille à la préservation des conditions biologiques, permettant aux sujets de se reconnaître comme autonomes et porteurs d'une égalité de droit. Cette solution permet par ailleurs de faire le départ entre un usage mélioratif et thérapeutique des techniques, puisque si l'on ne peut anticiper l'accord de l'individu sur une modification arbitraire de son capital génétique, on peut en revanche l'anticiper s'il s'agit de lui épargner un handicap lourd. On ne se placera pas ainsi dans une situation de surplomb ou de domination mais, au contraire, on « restituera » à l'individu et, par avance, les conditions biologiques de son autonomie.

On peut pourtant se demander si, alors que Habermas prétend surmonter la moralisation de la nature par une éthique affranchie de toute ontologie, celui-ci n'est pas conduit malgré tout à renaturaliser la morale. En effet un argument clef avancé par le philosophe consiste à affirmer que le support de notre subjectivité est corporel. Le corps a une dimension existentielle et ne saurait être une simple chose. Je le *suis* plutôt que je ne le *possède*. Il porte une intentionnalité en vertu de laquelle un je se dirige vers l'altérité du monde[1]. L'identification de la personne à son corps propre est donc compromise, dès lors que la technique le traite comme un pur objet. Mais surtout le pouvoir d'être soi-même, dont les prodromes se trouvent dans mon corps, requiert de préserver la continuité grâce à laquelle l'organisme provient de cellules germinales de deux individus différents. C'est en effet parce que mon existence corporelle est le fruit d'un hasard génétique que mon avenir est ouvert à l'aventure et reste indéterminé. Tant que ce hasard s'affirme avec tout le poids d'un destin, alors je reste l'être libre qui devra se définir par lui-même, dans l'aventure de la socialisation[2]. Or s'il est probant d'affirmer que la dignité de l'homme, son humanité suppose de préserver la naturalité de sa condition, il semble pourtant que l'argument d'Habermas souffre d'une certaine ambiguïté. Si l'homme se présente comme libre, comme promesse ou comme nouveau commencement, parce que son corps est ouvert au monde et que les conditions biologiques de sa naissance rendent une telle ouverture possible, alors

1. J. Habermas, *L'avenir de la nature humaine*, *op. cit.*, p. 88-92.

2. Habermas évoque ici le concept de natalité, tel qu'on le trouve chez Hannah Arendt, qui met en parallèle la naissance biologique de l'individu (et donc la contingence de ses caractéristiques physiques) avec celle de la découverte de son humanité, dans l'action et dans la parole.

force est de conclure que c'est le corps, dans sa naturalité, et la vie qui, de manière constitutive, sont les foyers *ontologiques* d'une telle liberté[1]. Nous retrouvons ainsi le constat établi sur une base phénoménologique par Jonas, en vertu duquel la vie est transcendance, condition de mon ouverture au monde, et habitée par la liberté[2]. Refuser d'accorder ce statut bio-ontologique à ma liberté, c'est en toute rigueur considérer que celle-ci peut s'affirmer contre toute « nature », dans un arrachement aux déterminations biologiques, et par conséquent tolérer les modifications techniques sur celles-ci, puisque la vie, même modifiée, ne détermine jamais à ce point l'homme, qu'il ne puisse s'en arracher. L'alternative nous semble donc la suivante. Soit on considère que la dignité humaine est irréductible à quelque nature que ce soit, parce qu'elle se conquiert dans le langage et la socialisation, mais alors il n'y a pas lieu de s'inquiéter des éventuelles interventions technologiques que notre corps pourrait subir. Une conscience humaine, dont le corps a subi une modification génétique, pourra certes considérer qu'une intention extérieure est intervenue volontairement dans la détermination de son patrimoine génétique. Mais sa liberté, transcendant le donné biologique et, en l'occurrence, la construction biologique, pourra toujours reconnaître que sa liberté est extérieure à ce matériau biologique, qu'elle se joue à un niveau culturel et social, bref qu'il faut distinguer la conscience personnelle et le corps, qui n'est qu'une chose. Soit on tient pour vrai que notre corps est originairement habité par la liberté, qu'il porte en lui une dignité et, dans ce cas, on peut conclure à la

1. Il nous semble retrouver une confirmation de ses vues dans l'analyse de *L'avenir de la nature humaine* proposée par S. Haber, lorsqu'il écrit : « Mais il reste que la théorie morale fait désormais allusion comme à un point de repère fondamental à cette intelligence de soi spontanée du vivant qui le fait apparaître à lui-même comme un être qui reste quand même un peu enraciné dans la facticité des trouvailles et des mécanismes souples dont la nature s'est dotée au cours de l'évolution des espèces. », *Critique de l'antinaturalisme, Études sur Foucault, Butler, Habermas*, Paris, P.U.F., 2006, p. 252. Mais il nous semble alors que l'effort de la philosophie morale devrait se porter sur l'élucidation de cette « intelligence de soi spontanée du vivant », en s'interrogeant sur les conditions de sa validité, plutôt que de la prendre comme un donné. C'est ce que prétend faire la phénoménologie jonassienne de la vie. En outre, cette évocation d'un mixte de « mécanisme » et de « trouvailles », terme qui a des résonnances finalistes, pour décrire l'activité formatrice de l'évolution, conduit à s'interroger sur les conditions qui rendent possibles une ontologie de la vie, permettant de délivrer une intelligence du processus vital, qui fasse droit à la possibilité pour la vie de devenir intelligente, d'avoir une conscience de soi, un *rapport* à soi en tant que vivant. Nous sommes alors renvoyés, par exemple, à la « critique » jonassienne du darwinisme et à son effort pour penser la dynamique vitale, selon un point de départ ici encore phénoménologique.

2. *PhV*, Essai III.

nécessité éthique de contrôler le contrôle opéré par la biotechnologie sur les modalités de notre naissance, de notre venue au monde.

En dernier ressort, c'est bien une décision ontologique qui prédétermine notre choix en la matière. On peut rester dépendant d'une ontologie de la science, affirmant que la vie a une essence, d'obédience technique, et que la notion de programme génétique en rend bien compte. Dès lors la liberté ne peut que consister dans l'arrachement à cette nature, et il paraît alors difficile de s'alarmer des modifications pouvant être opérées sur cette nature. On peut aussi, et tel est le projet de Jonas, refuser de souscrire à cette ontologie, sous prétexte qu'elle repose sur un dualisme de la vie et de l'humanité, qui paraît peu clair, et tenter de proposer une ontologie permettant de comprendre comment l'humanité provient de la vie, ce qui oblige à accepter l'idée que la liberté existe originairement dans les formes rudimentaires de vie, même si elles s'épanouit pleinement chez l'homme. Dans ce cas, on peut à juste titre s'inquiéter d'une intervention arbitraire sur le socle biologique de notre humanité, car il est à craindre, de ce fait, une remise en question de notre liberté.

CONCLUSION

DESTIN DE LA TECHNIQUE ET DESTINÉE DE L'HUMANITÉ LE RÉGIME DE TEMPORALITÉ DE LA TECHNIQUE FACE À L'ÉTHIQUE DU FUTUR

Pour conclure, nous souhaiterions revenir sur cela qui pour être répété dans le débat public sur le mode de l'injonction (« il faut que chacun prenne ses responsabilités ») n'en reste pas moins de signification obscure. La répétition mécanique d'un tel impératif pourrait en effet l'apparenter à un préjugé, aussi longtemps que le sens n'en est pas clairement dévoilé. Or, si la responsabilité s'impose comme l'impératif éthique du moment présent, c'est assurément parce qu'elle apparaît comme l'attitude la plus appropriée devant les effets que la technique, laissée à elle-même et impensée dans son principe, tend à produire. C'est notamment, nous semble-t-il, du point de vue de notre relation au temps que l'éthique peut se révéler d'une importance cruciale, en permettant à l'humanité de conserver la maîtrise de son agenda. Que le progrès que l'humanité porte en elle reste une affaire éthique et ne devienne pas un problème technique, qui aurait pour conséquence d'effacer le sens du futur, tel serait l'enjeu véritable du principe Responsabilité. Et c'est ce que nous souhaiterions montrer pour finir.

En quel sens une éthique du futur est-elle non seulement requise par la situation contemporaine mais également possible ? On pourrait douter en effet que l'avenir puisse être un objet de soin dès lors que n'étant pas encore, on ne peut dire qu'il est et par conséquent qu'on ait à s'en charger. Une telle éthique serait donc impossible, puisqu'elle nous renverrait à la prise en charge d'un non-être. À supposer même qu'elle soit envisageable et qu'on reconnaisse à l'avenir une certaine « réalité », on voit mal en quoi l'avenir aurait besoin de nous ou bien aurait à nous demander des comptes. Ce dernier s'occupe de lui-même ce qui ne signifie rien d'autre qu'advenant ou devenu présent, les contemporains le prennent en charge. Le respect de l'autonomie des hommes à venir oblige à leur reconnaître une responsabilité qui les rend capable d'œuvrer à la résolution de leurs propres problèmes. Admettons cependant qu'une telle éthique soit non seulement possible mais également moralement nécessaire, qu'en fait comme en droit elle puisse et doive être, ne faut-il pas saluer dans l'éthique progressiste, appelant de ses vœux un demain meilleur qu' hier, cette éthique du futur, prenant en charge l'avenir ? Pourquoi faudrait-il une autre éthique du futur que celle, disponible au sein de notre culture, qui fait du progrès une valeur cardinale ?

La thèse de Hans Jonas affirme que la technique, qui provient de la vie est, de par cette provenance même, une condition de notre ouverture au monde et orientée vers l'avenir. Mais en un mouvement paradoxal, la vie est aussi cela qui se dissimule sous l'effet de la technique, notamment dans la forme moderne de la technique, et qui du même coup se désoriente, perd le rapport à l'avenir qui la définit pourtant de manière essentielle. Seule alors une éthique du futur, qui elle aussi s'origine dans la vie, peut servir de remède, afin de rendre à la technique son sens le plus propre, en la réinscrivant dans un mouvement d'ouverture au monde orienté vers l'avenir, avenir qui donne son sens au passé et au présent, plutôt que dans un mouvement de clôture qui tend à faire perdre au présent, aussi bien qu'à l'avenir, tout poids ontologique, en éparpillant les moments du temps, sans parvenir à penser leur unité.

En d'autres termes, la technique moderne tend à comprendre l'être de la vie et l'être de l'homme sur le mode de l'étant, de la chose parfaitement déterminée, sans reste, et elle comprend la temporalité humaine selon ce même modèle, sous la forme d'instants qui passent sans qu'on puisse comprendre le lien grâce auquel le passé, le présent et l'avenir peuvent se définir mutuellement. Pour comprendre le présent, il faut le saisir dans sa *relation* au passé et au futur : le présent est en ce qu'il *n'est pas* le passé et le futur. Mais si l'on prend pour norme ontologique, l'étant donné, pleinement déterminé, on ne pourra comprendre le sens de ce non-être. Passé et futur seront eux-mêmes une énigme, eux qui ne sont pas, l'un parce qu'il n'est plus et l'autre parce qu'il n'est pas encore. Le modèle de la chose présente nous interdit donc de comprendre la temporalité propre à l'homme. Dans cette hypothèse et dans le régime de temporalité de la technique, il n'y aurait que des présents qui passent, c'est-à-dire qui meurent et renaissent, mais sans qu'on puisse comprendre comment. L'homme technologique serait donc l'homme qui vit dans l'instantanéité, accaparé par les choses présentes, sollicité par des nouveautés qui sont aussitôt périmées, dont l'orientation vers le futur est vide de sens et dont l'emprise sur le présent est toujours évanescente, comme en une sorte de fuite à perdre haleine qui peut tout aussi bien être décrite comme un piétinement sur place.

À l'opposé, l'éthique du futur, en redonnant un poids d'être au futur, en lui accordant une signification permettrait d'orienter la technique conformément à ce sens, et c'est sous cette condition que notre présent de même que notre passé pourraient être alourdis du poids propre à la destination de l'homme. *Au destin de la technique* qui telle une machine infernale fait s'évanouir aussi bien le présent que l'avenir en une répétition vide de sens, il faudrait rappeler *l'humanité à sa destination*, qui est précisément de se reconnaître une destinée, à savoir une existence orientée vers un avenir fait de possibilités qu'elle a à prendre en charge et à actualiser. Le sens de l'homme serait alors le maintien de sa responsabilité, condition de la préservation des possibilités dont il est le lieu et qui font qu'il a un avenir.

L'ORIGINE VITALE DE LA TECHNIQUE

Nous avons déjà montré en quel sens la représentation jonassienne de la vie doit être appréhendée au plan ontogénique à partir du métabolisme et au plan phylogénétique, à partir de la notion de prise de risque croissante, correspondant à une plus grande ouverture au monde. Plus la possibilité de la mort s'accentue, plus la vie progresse. Portons-nous donc directement vers la dernière étape connue de nous de ce processus.

L'humanité marque en effet un nouveau progrès en mortalité et en liberté au regard de l'animal. La faculté de représentation, l'émergence de la puissance symbolique élargit l'horizon humain, qui s'étend au-delà de la présence brute des choses en direction de l'imagination de nouvelles possibilités de vie. C'est dans ce cadre que peut se comprendre l'émergence de l'outil et de la technique, car la production de l'image permet non seulement de prendre des libertés avec le réel et est donc pouvoir de nouveauté, mais aussi de contrôler son corps, conformément aux images produites : l'écriture comme la danse manifestent la traduction motrice de la forme dans l'extériorité et c'est là, écrit Jonas, la « condition de toute technique » [1]. « Le contrôle eidétique de la motricité n'est pas gouverné par le modèle établi stimulus-réponse mais par la *forme* librement choisie, représentée de manière interne et projetée à dessein.» [2]. La liberté interne

1. *PhV*, p. 180.
2. *Ibid.*

de l'imagination qui esquisse telle ou telle image se complète d'une liberté corporelle qui incarne ces images. La faculté imageante rend donc à la fois possible l'émergence de la technique de même qu'en réalisant des abstractions sur les images on rend possible l'intelligence rationnelle : « l'*homo pictor* représente le point de jonction entre l'*homo faber* et *l'homo sapiens* » [1]. On voit donc que la faculté imageante est le seuil même de l'humanité, avant même l'émergence de la parole[2] et de la raison, qui la supposent. On voit également que la technique est pour ainsi dire le seuil inférieur de l'humanité et qu'elle permet à l'homme d'habiter le monde, en l'investissant de nouvelles possibilités, qui grâce à la technique ne restent pas abstraites mais s'incarnent concrètement dans la réalité extérieure. Du monde biologique émerge donc un monde technique qui en est la continuité et qui comme lui permet d'ouvrir un horizon orienté vers l'avenir. On pourrait ajouter, bien que Jonas ne le fasse pas explicitement, que cet élargissement est une nécessité pour l'homme, que ce gain en liberté doit être à toute force exécutée, que cette plus grande indépendance doit être accomplie de manière inévitable, dans la mesure où l'homme est encore moins adapté que l'animal à son milieu. Son absence d' « instinct » le rend vulnérable et le pousse à développer la technique pour pouvoir habiter le monde, sous peine de mort. Telle est d'ailleurs également la leçon du mythe de Prométhée. La technique émerge dans la continuité du progrès vital en accroissant la transcendance à l'œuvre dans la vie et en contribuant à ouvrir davantage son être-au-monde. Le sens de la technique est dans le sens de la vie et est une manifestation de la préoccupation qu'elle est pour elle-même et grâce à laquelle elle se tourne vers le futur. C'est donc de manière ontologique que la technique et le temps sont inscrits dans la vie. La futurition est d'essence vitale et le temps de la technique ne fait que prolonger ce temps vital de l'avenir.

Mais on voit aussi ce qu'implique une telle conception du rapport entre la vie et la technique. Si la technique trouve son origine dans la transcendance même de la vie, dans son pouvoir d'ouvrir un monde, cela veut certes dire que la technique provient de la vie mais aussi qu'on pourrait être tenté de faire de la vie l'horizon de la technique. Celle-ci ne tire son sens et sa légitimité qu'à condition de rester dans l'orbe des possibilités vitales déjà connues de nous et dans les limites imposées par la nature. On peut penser,

1. *PhV*, p. 181.

2. Hans Jonas a tendance à majorer la fonction représentative du langage ce pour quoi il le considère comme dérivé par rapport à l'imagination et minore sa fonction signifiante, qu'il n'évoque guère que dans *PE*, p. 224-236.

en guise d'illustration, aux techniques biomimétiques. Mais à vrai dire le modèle d'une technique qui reste conforme à la nature ne saurait être que la technique ancienne, antérieure à l'âge moderne. Une fois l'idéal du savoir-faire atteint, celui-ci est proposé à l'imitation des disciples qui n'ont aucune prétention à la nouveauté mais plutôt à l'acquisition parfaite d'une maîtrise déjà possédée par d'autres. C'est donc sous la condition d'une certaine stabilité de la technique, d'une dépendance maintenue à l'égard de la nature que celle-ci peut demeurer habitable et que l'homme peut continuer d'avoir un avenir, celui-là même qui était inscrit dans la tendance vitale du métabolisme à regarder en avant.

Mais ne peut-on pas considérer qu'une telle conception se montre extrêmement régressive ? N'est-ce pas en effet le progrès technique, en tant qu'il peut se détacher des limites imposées par la biologie et en tant qu'il peut aller au-delà des possibilités pressenties dans la nature, qui permettra à l'homme de s'ouvrir un avenir véritable ? En s'affranchissant des limites de la nature et de sa nature, il pourra modifier sa vie et les conditions de sa vie. Il pourra se porter vers un avenir qui ne sera plus conditionné et limité par une base biologique et un habitacle toujours trop naturel pour lui et pour son humanité. Ce n'est donc pas en inscrivant la technique dans l'orbe de la vie métabolique qu'il pourra s'ouvrir à un avenir authentiquement humain sur Terre, c'est plutôt seulement en quittant les limites frileuses d'une technique trop conservatrice parce que restreinte aux limites assignées par la vie, qu'il pourra envisager un avenir conforme à sa destination d'être libre.

Une éthique qui s'alarmerait donc de voir l'homme, à cause de la technique, s'éloigner des conditions biologiques, internes ou externes, de son existence, en invoquant la menace de la destruction de son essence et le spectre de la catastrophe reposerait donc sur une conception figée de l'essence de l'homme, invitant à la patrimonalisation du donné biologique et naturel, enfermant l'homme dans un présent figé au nom même du caractère orageux de l'avenir. C'est donc seulement en rejetant une telle éthique et en comprenant que l'homme ne s'affirme lui-même qu'à condition de s'écarter de ses limites naturelles qu'il pourra enfin prendre possession d'un avenir véritablement nouveau et éviter le « présentisme ». La technique sera alors le bras armé de ce progressisme, d'une éthique du futur invitant l'homme à se projeter librement en avant.

LE FAUX-SEMBLANT DE L'ÉTHIQUE DU FUTUR : LA TECHNIQUE AU SERVICE DE L'UTOPIE

Tel est bien par exemple l'éthique du futur que promeut Ernst Bloch dans son livre intitulé *Principe Espérance*[1] (et je me reporte ici à la lecture qu'en propose Hans Jonas.) Il faut d'abord faire remarquer qu'il s'agit de prime abord et en apparence d'une éthique qui nourrit un souci pour le futur, contrairement d'une part à l'éthique de l'accomplissement dans l'au-delà qui en présentant l'ascèse comme la meilleure des manières de vivre continue à s'inscrire dans le présent et à viser le présent, contrairement d'autre part à la conception pré-moderne de l'éthique de la responsabilité de l'homme politique qui cherche avant tout la préservation en l'état de la communauté, l'équilibre actuel étant le modèle de l'équilibre futur, la sagesse requise pour régler les affaires humaines étant toujours la même. Ces éthiques qui semblent viser l'avenir ne prennent en réalité en charge que le présent. Ce sont donc des éthiques de la *présence* ou de la simultanéité comme le dit Hans Jonas[2].

Au contraire, il s'agit avec Ernst Bloch de transformer concrètement le monde afin d'y voir surgir l'homme nouveau, délivré de l'aliénation que lui imposait ses conditions d'existence. Bloch lui-même distingue son utopie des utopies abstraites, qui ne prennent pas en compte les conditions réelles de transformation du monde. C'est à l'école du marxisme qu'il se met pour identifier les bases matérielles concrètes d'une transformation du monde, qui ne saurait pourtant être seulement l'accomplissement automatique des lois de l'histoire, des lois du devenir socio-économique mais qui exigent également une aspiration à un monde meilleur. Concentrons-nous sur ce dernier point. Que dit donc cet idéal ? Quelle est cette utopie à laquelle Bloch aspire. Si Marx n'en précise pas les termes, il indique en revanche, selon Jonas, que c'est le royaume d'une liberté affranchie de l'esclavage du travail, autrefois nécessaire à l'appropriation de la nature. Bloch hérite de cette conception et en dit davantage sur le contenu de l'utopie : l'homme nouveau évoluera vers une société de loisir actif. Une fois que la machine aura délivré l'homme du travail, celui-ci possédera de fait une réserve d'énergie intellectuelle qu'il lui faudra dépenser. Le violon d'Ingres prendra donc la place du labeur.

Mais Jonas procède à une critique très sévère d'un tel idéal, surtout sur un point. Avec la société de loisir, l'homme tout autant que le réel perdront

1. E. Bloch, *Principe Espérance*, Paris, Gallimard, 1976.

2. *PR*, p. 42-47.

leur dignité. Quel sens en effet une activité peut-elle avoir en dehors de toute signification sociale et si aucune nécessité ne la requiert ? Le hobby peut ou non être pratiqué, peut ou non être bâclé, sans que cela affecte de quelque façon l'ordre des affaires humaines. L'action réellement digne ne commence pas quand finit la lutte contre la nécessité naturelle. Au contraire, cette dignité n'a de sens que pour une liberté qui se confronte à une telle nécessité, sauf à devenir une activité qui tourne à vide. Force est donc de reconnaître qu'un tel objectif n'est même pas souhaitable. On peut toujours rétorquer à Jonas que la figure de l'homme rendu nouveau grâce au loisir conserve une valeur critique pour rejeter les figures du passé et mobiliser l'avenir de l'homme. D'ailleurs, on ne doit même pas chercher à définir cette dernière image, puisqu'étant radicalement nouvelle et dépendante de circonstances matérielles non encore réunies, personne ne peut prétendre en déterminer à ce jour les contours. L'utopie conserverait donc un rôle moteur par la négation du passé qu'elle porte en elle et l'appel à un avenir meilleur. C'est elle qui saurait prendre véritablement au sérieux l'avenir, précisément en mettant en avant son caractère radicalement nouveau et donc non représentable.

Or Jonas fait à bon droit remarquer que le passé ne doit pas seulement être vu comme l'étape préparatoire d'un avenir meilleur, ce qui conduirait à nier la valeur propre de ce passé. L'histoire ne doit pas être lue à partir d'une idée d'homme qu'elle préparerait. Les meilleurs des hommes ont déjà existé. Cela revient à dire que la racine de l'utopie dérive d'une certaine idée de l'homme, en vertu de laquelle il serait possible d'éradiquer le mal qui lui est inhérent et qui se manifeste dans l'histoire. Or un tel homme privé de la possibilité du mal serait l'homme transformé par la technique, l'homme unilatéral, robotisé, satisfait et pleinement déterminé. Ce souhait repose donc sur une erreur anthropologique fondamentale selon Jonas, qui s'est attaché à montrer dans sa biologie, comment l'homme, au contraire, se caractérisait par son ambivalence, son essentielle indétermination. Ni pur esprit ouvert au bien, ni instinct purement animal, l'homme se distingue, en deçà de tout dualisme, par sa capacité à transcender tout état donné, en s'ouvrant à la contingence de sa présence au monde. C'est précisément parce qu'il pourrait ne pas être et être autre qu'il n'est que sa vie est ouverte aux possibles et s'affirme dans un espace et une temporalité qui sont siens. Le mal comme le bien ne sont donc que des options alors que la possibilité de l'un et de l'autre est seule avérée. L'ambiguïté humaine est ce qui doit donc être préservée contre tout risque d'abolition, et il est vain ou dangereux de croire que les circonstances techniquement modifiées pourront produire un homme enfin humain. Elles ne sont pas des causes qui détermineraient unilatéralement la nature dernière de l'humanité. L'homme est depuis toujours tout ce qu'il peut être et force est de conclure qu'il est authentique depuis son apparition dans le paysage de la vie.

Le reproche ultime que Jonas adresse à Bloch porte donc sur sa conception de la temporalité. Vouloir supprimer l'aliénation de la situation dans laquelle se trouve l'homme ordinaire, c'est au fond croire en la possibilité d'un homme délivré de son inscription dans une situation, et par conséquent parvenu à son achèvement. Pour le dire autrement, c'est penser que l'homme pourrait cesser d'exister sur le mode de la possibilité et du dépassement du donné, ce qui reviendrait à le priver de sa temporalité, de sa capacité d'être en tant qu'il a à être. Comme l'écrit Jonas : « On peut donc presque exprimer l'erreur de l'utopisme en disant qu'il pense que le *nunc stans* subjectif de l'instant mystique est transposé dans l'objectivité permanente d'un état public (...) »[1] L'instant fugace dans lequel le mystique fait l'expérience d'une saisie de soi hors du temps et des circonstances devient le modèle d'une transformation politique généralisée, ce qui suffit à en décrire l'irréalisme. À la temporalité close de Bloch qui pense l'homme nouveau comme possibilité, mais comme possibilité dont la vocation est de parvenir à son accomplissement, Jonas oppose une temporalité humaine ouverte, inachevable par définition. C'est elle qu'il convient de préserver si l'on veut préserver l'humanité de l'homme.

Le temps de la technique

Derrière l'idéal d'achèvement de l'histoire de Bloch, masqué par l'espérance de l'avènement de l'homme nouveau et en-deçà de la vision eschatologique de notre avenir existe en vérité une logique non eschatologique qui est celle de la dynamique technologique. Si c'est l'utopie qui anime le cœur humain et qui donne un visage désirable à cette dynamique technique, il faut cependant reconnaître que c'est la dynamique technique qui commande très essentiellement le progrès en avant de l'homme. L'utopie n'est que la forme extrême des possibilités offertes par la technique. C'est donc vers cette dernière qu'il faut se tourner si l'on veut appréhender le régime de temporalité qu'elle met en jeu. Et c'est l'idée de progrès qu'elle véhicule qu'il faut analyser si l'on veut saisir le temps dans lequel elle nous plonge.

1. *PR*, p. 412.

Comme l'écrit Jonas :

> La critique de l'utopie qui est ainsi parvenue à sa fin aurait été excessivement explicite si l'utopisme marxiste, dans son alliance étroite avec la technique, ne représentait pas une version « eschatologiquement » radicalisée de ce vers quoi est en route de toute façon et tout à fait non eschatologiquement la poussée technologique mondiale sous le signe du progrès – cela veut dire : si la *technologie*, comme pouvoir efficient en soi, ne contenait pas de dynamique *quasi utopique*. [1]

Dynamique quasi utopique, puisque, d'une part, en elle-même elle vise l'apparition d'un homme et d'une nature rêvés et que d'autre part ce mouvement d'accomplissement est *réel*, quand bien il ne produirait peut-être pas ce que l'on souhaitait. Il faut donc se tourner vers cette dynamique de la technique telle que Jonas l'envisage pour voir le temps dans lequel elle évolue et dans lequel elle nous fait évoluer, temps encore une fois non eschatologique. Derrière l'apparente visée terminale d'un futur, n'y-a-t-il donc pas une autre logique temporelle qui est à l'œuvre ?

Nous avons signalé que la technique se caractérise par son caractère dynamique et global, qui la porte à se comporter « comme » un destin. Ces deux traits dérivent eux-mêmes d'une certaine représentation du rapport entre la science et la technique, et en dernier ressort d'une manière de se représenter la nature. En la réduisant à des éléments matériels, on se rend capable de la modifier selon nos souhaits, sans aucune limite. Le sens de l'histoire des techniques témoigne tout à fait de ce « progrès » dans la décomposition et la maîtrise qui va de pair avec une dénaturalisation de la nature et une plus grande abstraction dans sa représentation [2].

Insistons ici sur le régime de temporalité dans lequel la technique nous fait évoluer. Parce qu'elle est cela qui envisage l'être sous la forme de l'étant pleinement déterminé et manipulable, force est de reconnaître que le temps de la technique ne peut que se concentrer sur le présent compact, enfermé en lui-même, asservi au maintenant ponctuel. On pourrait dire que l'homme technologique se disperse dans l'actualité paradoxale d'une nouveauté qui ne cesse de se périmer. Le maintenant est condamné à s'effondrer dans l'insignifiance d'un maintenant nouveau déjà ancien. Ce qui manque est le lien entre les différentes ekstases temporelles – le passé, le présent et l'avenir – puisqu'on ne vit alors que dans un présent qui

1. *Ibid.*, p. 417.

2. Cf. *TME, I* : « *Pourquoi la technique moderne est un objet pour la philosophie* », Jonas y propose une histoire de la technique, dans laquelle il met au jour un progrès croissant de l'abstraction.

disparaît et renaît sans cesse, dans une suite d'instants que rien ne relie et qui faute de ce lien ne permette pas de définir une temporalité authentique : comment parler de présent authentique si rien ne le relie au passé, qui n'étant plus présent n'est pas, et si rien ne le relie à l'avenir, qui n'étant pas encore n'est pas non plus ?

Ce qui atteste de l'enfermement de la technique dans cette conception réifiée, close sur elle-même d'un présent qui passe incessamment sans qu'on comprenne la raison de ce passage, c'est justement ce caractère constamment périmé du passé qu'évoque Jonas et cet avenir sans lien au passé et au présent dont témoigne la dimension propulsive du progrès. L'homme n'est plus pris dans les rets d'un déterminisme qui le tire en arrière mais au contraire dans une course en avant, « à en perdre haleine » écrit Jonas, et il semble en rupture constante avec tout ce qui précède. Le progrès est une logique qui ne va vers rien et ne semble venir de rien. Contre toute apparence donc la technique n'est pas une logique qui nous tourne vers l'avenir, c'est une logique qui nous enferme dans un présent incessant, qui éradique toute possibilité de nouveauté. Jonas évoque par exemple les perspectives futures du clonage, de l'ingénierie génétique ou de suppression de la mort. Avec le clonage [1], nous fixons un trait génétique jugé avantageux et nous le soustrayons au hasard. Nous diminuons ou abolissons le surgissement de la nouveauté, nous nous inscrivons dans une logique de production de l'identité et de perpétuation du même. De même, et contre toute apparence, avec l'ingénierie qui ne se contente pas de conserver mais de produire un trait génétique avantageux, puisqu'elle le fait en référence à une possibilité prédéterminée, souhaitée en fonction de tel avantage jugé fonctionnel, mais au détriment par là-même d'une irruption de nouveauté imprévisible. Enfin, l'idée d'opérer un renouvellement artificiel de type biochimique de nos cellules offre la perspective d'une immortalité qui ne serait pas l'autre de la vie – comme pour les Dieux – mais inhérente à la vie et que Jonas considère comme contradictoire avec le surgissement de la nouveauté. Au plan individuel, que vaudrait en effet la vie d'un vieillard immortel, pris entre l'exigence d'oublier ses souvenirs pour pouvoir s'adapter et donc condamné à perdre sa singularité et celle de les conserver faisant de lui un anachronisme ambulant ? Au plan collectif, quelle place assigner à la jeunesse, qui seule peut assurer le renouvellement de l'humanité, si elle est encombrée de vieillards impénitents ? Les promesses de la technique sont donc des promesses qui nous enferment

1. *Cf.* chap. VIII.

dans un présent figé, déterminé, répétitif, au mépris de tout rapport au passé et à l'avenir.

On peut d'ailleurs mettre en rapport ce régime de temporalité avec un certain type d'affectivité. L'affect qui correspond le mieux à ce type de rapport au temps selon Jonas est en effet l'anxiété (*Ängstlichkeit*) comme incapacité à assumer la contingence de notre être (l'autre nom de l'avenir), par quoi la technique se signale comme mode de rapport inadéquat ou inauthentique à nous-mêmes. Elle prétend résoudre par la maîtrise manipulatoire ce qui ne peut que s'assumer. L'apparent optimisme technologique qui nous propose un avenir meilleur est donc en réalité impitoyable (*erbarmungslos*[1]), selon le mot même de Jonas, puisqu'il prive, comme nous le verrons, l'humanité de la possibilité d'être elle-même. Il est sans pitié pour l'avenir. Cet apparent optimisme est donc un *authentique* pessimisme puisqu'il considère que l'humanité est incapable de se prendre en charge elle-même, d'assumer sa contingence, les possibilités qu'elle est, au point de vouloir la débarrasser de cette contingence. Tout se passe comme si la technique était là pour délivrer l'homme d'une nature gênante car incontrôlable et imprévisible. L'irrésistible attrait de la dynamique technologique lui viendrait donc de cette promesse implicite de débarrasser l'homme de sa contingence pour le rendre manipulable et aussi contrôlable que la nature qui l'entoure. Cette réification de l'existence humaine jure avec son être-possible, cet enfermement dans un présent inerte avec son sens de l'avenir. Comme nous le verrons, Jonas ne voit de remède à cette anxiété que dans la peur, et de remède à cet authentique pessimisme promoteur d'un faux optimisme que dans une responsabilité qui, en rupture avec la frivolité sans pour autant céder sur le tragique, se révèle compatible avec l'espérance.

En attendant, on peut comprendre pourquoi l'humanisme traditionnel ne semble pas pouvoir prendre en charge les dangers propres à la civilisation technologique. C'est qu'il continue de se référer à une humanité éternelle au lieu de la considérer en tant qu'elle est affectée par l'agir technologique. Karl Otto Apel, évoquant le kantisme, lui reproche de ne pas se confronter à la dimension temporelle de l'humanité[2]. Faute d'envisager l'effet du développement technique sur elle, l'éthique kantienne se retrouve peu à même de prendre en charge le futur de l'humanité, qui pour cette raison requiert une éthique spécifiquement occupée de cette charge.

1. Jean Greisch traduit ce terme soit par implacable soit par impitoyable.

2. É. Pommier, « La responsabilité en discussion. Apel-Jonas », *Revue philosophique de la France et de l'Étranger*, tome 137, n° 4, 2012.

C'est que la dimension temporelle et mortelle de l'humanité (qui est plus que celle de tel ou tel individu) est à la fois, comme on l'a vu, voilée par la technique – puisqu'elle enferme l'humanité dans un présent inauthentique, qui se répète et donne l'illusion d'un perpétuel renouvellement – et mise en question par elle, puisqu'elle porte atteinte à l'être de l'humanité, à sa dimension temporelle, en la réifiant, en abolissant son caractère de futurition et d'avenir. La question du devoir être de l'humanité devient donc, « grâce » à la technique, la question centrale de l'éthique. Telle est la question à laquelle l'éthique du futur se doit de répondre. « « L'éthique du futur » ne désigne pas l'éthique dans l'avenir – une éthique future conçue aujourd'hui pour nos descendants futurs –, mais une éthique d'aujourd'hui qui se soucie de l'avenir et entend le protéger pour nos descendants des conséquences de notre action présente »[1].

L'ÉTHIQUE DU FUTUR AUTHENTIQUE

Sans revenir ici sur le fondement et la méthode permettant de justifier le devoir de perpétuer une humanité authentique, c'est-à-dire capable de prendre en charge sa responsabilité à l'égard de la vie et de l'humanité qui n'existe toujours que sur le mode de la possibilité, insistons à nouveau sur le rôle de la crainte. À l'anxiété technologique, Jonas oppose en effet la crainte raisonnée. À l'enfermement dans un présent répétitif et déterminé que la technique réalise, Jonas oppose un rapport à l'avenir dont l'être s'impose à nous dès lors que celui-ci ne prend plus pour modèle l'étant donné, pleinement déterminé. Être, c'est l'à être, la transcendance, la relation à, l'ouverture que permet le possible en tant que possible. C'est depuis ce primat de l'avenir qu'on peut saisir le sens du passé et du présent. De fait c'est dans l'horizon d'une humanité qui doit continuer d'être ce champ des possibles que se révèle notre passé comme cela qui nous a mis en possession d'un tel pouvoir de promettre. C'est aussi dans cet horizon que se révèle le sens de notre présent : transmettre aux générations futures le sens d'un tel avenir, ce qui suppose de leur transmettre cela qui donne sens à notre présent, le sens de la responsabilité, en ne les privant pas du fardeau qu'elles devront assumer et en quoi consiste leur manière propre de définir et de limiter leurs possibilités. Or c'est en dégradant leur environnement, c'est en portant atteinte au siège même des possibilités

1. *PEF*, p. 69.

qu'elles sont, en révisant cela qui permet de tout réviser qu'on les priverait à la fois de leur avenir et de leur responsabilité, en même temps qu'on perdrait le sens même de notre présent. Parce que ce qui est en jeu est l'être même de l'homme, il faut convenir que lorsqu'il s'agit des générations futures il s'agit en un sens aussi de nous, non pas certes au plan ontique (nous ne serons plus quand les générations à venir seront) mais au plan ontologique : nous nous perdrions nous-mêmes (nous perdrions le sens de notre avenir, la vocation du présent que nous vivons) en empêchant les futures générations d'accomplir leur propre devoir de responsabilité.

Face au *destin* que représente la technique, qui peut décider pour nous, à l'avance, et de manière de plus en plus définitive, de notre avenir en nous enfermant dans un présent répétitif qui annule notre historicité, Jonas revendique l'exigence d'une éthique qui préserve la vocation même de l'humanité à avoir une *destinée*, à savoir une histoire qui ne soit prédéterminée d'aucune autre façon que par la capacité de choisir entre ces possibilités sans que jamais ne soit remis en cause son pouvoir de se donner des possibilités. La destination de l'homme est dans le refus du destin. On pourra certes se demander comment échapper au destin si celui-ci est bien un destin. Sa fatalité n'en est-elle pas une caractéristique essentielle ?

Cette question permet de signaler la prudence philosophique de Jonas qui en vérité dit que la technique agit « presque à la manière d'un destin »[1] (*fast wie ein Schicksal*), ce qui le démarque de Heidegger qui semble mettre davantage l'accent sur l'autonomie de la technique[2]. C'est la nature du rapport qu'il faut nouer à elle qui distingue les deux penseurs. Puisque la technique provient selon Heidegger de l'auto-voilement de l'être, le dévoilement (qui seul nous sauvera en ne nous privant plus de la possibilité de nous savoir en détresse, en manque d'être) ne pourra venir que de l'être lui-même. C'est seulement si celui-ci s'ouvre suffisamment à nous que nous pourrons nourrir un rapport à lui. Aucune action n'est donc requise pour cela et il serait même préjudiciable d'en réaliser une, puisque ce serait continuer de se mouvoir au sein de la logique de la maîtrise de la volonté que la métaphysique de la subjectivité promeut et qui donne lieu au règne de la technique. Il n'y a donc d'autre issue que de ne rien faire, de laisser-être. C'est la sérénité, le quiétisme qui constitue l'horizon de la pensée

1. *PR*, p. 417.

2. Là où Heidegger diagnostique un oubli de l'être qui provient de l'être lui-même en ce qu'il dissimule sa dissimulation, Jonas considère qu'une telle approche est trop spéculative. Mieux vaut exposer l'origine ontologique de la technique – elle provient de la vie – et procéder à une analyse de son histoire en en dévoilant la logique.

heideggérienne de la technique. Dans une formule très discrètement anti-heideggérienne Jonas affirme au contraire : « on doit comprendre qu'on est ici en présence d'une dialectique dont on ne viendra à bout que par un niveau supplémentaire de pouvoir et non par un renoncement quiétiste au pouvoir »[1]. À la maîtrise technique, il faut donc opposer une maîtrise éthique. Cela signifie certes qu'il faut développer une pensée éthique qui est déjà un acte éthique en ce qu'elle permet de dénoncer la logique à l'œuvre dans la technique et, en éclairant la pensée, de fortifier la volonté. Mais de ce point de vue-là, on reste encore assez proche de la démarche heideggérienne, pour laquelle la pensée est une forme d'agir. Cependant Jonas considère que l'éthique de la responsabilité doit permettre de mettre au jour des obligations concrètes que le pouvoir politique doit prendre ensuite en charge. L'intervention publique est donc requise, par quoi le sort de l'humanité demeure entre ses mains et non entre celle de l'Être. Il n'y aura donc de destin technique pour l'humanité que si celle-ci le décide. À la manière de la mauvaise foi sartrienne, on pourrait dire que c'est toujours librement que l'homme choisit de se délester de sa responsabilité en se la masquant. Il ne sera victime du destin que s'il décide activement de vivre sa destination sur le mode de la passivité et de l'abandon à la fatalité. À lui donc de voir s'il souhaite vivre dans un présent qui se répète sans cesse et pourrait le conduire à sa perte ou bien s'il souhaite continuer de se projeter librement dans l'avenir, en transmettant ce sens de la projection aux générations qui lui succèderont. Cette alternative ne se résume pas à être pour ou contre la technique, mais plutôt dans l'acceptation ou dans le refus de se voir assigner son mode d'être par la technique. L'ouverture responsable à l'avenir n'exclut pas en effet le développement technique, puisque Jonas parle à son propos d'un « progrès avec précaution », mais exclut l'unilatéralité de sa main mise sur le régime ontologique de nos existences.

1. *PR*, p. 270.

BIBLIOGRAPHIE

APEL (K.-O.), *Discussion et responsabilité, II : Contribution à une éthique de la responsabilité*, trad. C. Bouchindhomme et R. Rochlitz, Paris, Le Cerf, 1998.

BARBARAS (R.), *Introduction à une phénoménologie de la vie*, Paris, Vrin, 2008.

DEWITTE (J.), « La réfutation du nihilisme », dans Hottois (G.) (dir.), *Aux fondements d'une éthique contemporaine. H. Jonas et H. T. Engelhardt*, Paris, Vrin, 1993.

DONNELEY (S.), « Whitehead and Hans Jonas. Organism, Causality, and Perception », *IphQ*, n° 3/75, 1979, p. 301-315.

– « Whitehead and Jonas : on biological Organisms and Real Individuals », *Philosophy and Medicine*, n° 7, Dordrecht-Boston, D. Reidel Publishing Company, 1978, p. 155-175.

HOTTOIS (G.) et PINSART (M.-G.) (dir.), *Hans Jonas. Nature et responsabilité*, Paris, Vrin, 1993.

JANICAUD (D.), « L'adieu critique aux utopies », dans Hottois (G.) (dir.), *Aux fondements d'une éthique contemporaine. H. Jonas et H. T. Engelhardt*, Paris, Vrin, 1993.

KASS (L.), « Appreciating the Phenomenon of Life », *The Hastings Center Report*, vol. XXV, n° 7, 1995.

LARRÈRE (C.) et (R.), *Du bon usage de la nature*, Flammarion, 2009 (1997).

LARRÈRE (C.) et POMMIER (É.) (dir.), *L'Éthique de la vie chez Hans Jonas*, Paris, Publications de la Sorbonne, 2013.

LORIES (D.) et DEPRÉ (O.), *Vie et liberté*, Paris, Vrin, 2003.

PINSART (M.-G.), *Jonas et la liberté*, Paris, Vrin, 2002.

RICŒUR (P.), « La responsabilité et la fragilité de la vie. Éthique et philosophie de la biologie chez Hans Jonas », *Le Messager européen*, n° 5, 1991, p. 203-218.

SÈVE (B.), « La peur comme procédé heuristique et comme instrument de persuasion », dans Hottois (G.) (dir.), *Aux fondements d'une éthique contemporaine. H. Jonas et H. T. Engelhardt*, Paris, Vrin, 1993.

TAMINIAUX (J.), « Les enjeux d'une lecture gnostique de *Sein und Zeit* », dans Taminiaux (J.), *Sillages phénoménologiques. Auditeurs et lecteurs de Heidegger*, Bruxelles, Ousia, 2002.

INDEX NOMINUM

TABLE DES MATIÈRES

DEUXIÈME PARTIE
L'ÉTHIQUE DE LA RESPONSABILITÉ

Imprimé sur les presses de Jouve - Mayenne
2121984S - dépôt légal : octobre 2013 - date d'impression : septembre 2013